Hubrecht Duijker

Weinland Frankreich

Hubrecht Duijker

Weinland Frankreich

Redaktionelle Mitarbeit Maja Krans
Fotografien von Hubrecht Duijker und Peter van der Velde

Albert Müller Verlag
Rüschlikon-Zürich · Stuttgart · Wien

Bildnachweis
Die Fotos in diesem Band stammen von Hubrecht Duijker, mit Ausnahme jener des Amsterdamer Berufsfotografen Peter van der Velde auf den folgenden Seiten (die Buchstaben bezeichnen die Reihenfolge von links nach rechts und von oben nach unten):
6a, 9b, 10a, 11a, 47b, 49b, 50a/b, 51a, 53a, 54a, 55a, 60a/b, 62a, 65, 67a, 69a, 70a, 71a/b, 73b, 74a, 75b, 77a/b, 79a, 155a.

Gestaltung
Alpha Design, Amsterdam, in Zusammenarbeit mit Arie van Rijn, Bloemendaal

Aus dem Holländischen von Clemens Wilhelm.
Titel des holländischen Originals: «WIJNLAND FRANKRIJK», erschienen bei Trendboek BV, Maarssenbroek/Niederlande.

ISBN 3 275 00938 9. – 1/7-88.
Printed in the Netherlands

Inhalt

Geschichte des französischen Weinbaus

In vielen französischen Weingebieten findet man Überreste aus der Römerzeit, so auch bei La Roquebrussanne in den provenzalischen Coteaux Varois.

In Aix-en-Provence ist die Geschichte Gegenwart. Die Stadt wurde im Jahre 122 v. Chr. von den Römern gegründet.

Der Weinbau hat wahrscheinlich im östlichen Mittelmeerbecken seinen Anfang genommen. Von dort breitete sich die Rebenkultur allmählich nach Griechenland, Italien und Frankreich aus. Das heutige Frankreich war schon im 13. Jahrhundert v. Chr. Ziel des mächtigen Seefahrervolks der Phönizier, das selbst Weinbau trieb und u.a. nach Ägypten exportierte. Es spricht vieles dafür, daß die Phönizier den Weinbau auch an den Küsten des westlichen Mittelmeers und über die Flüsse teilweise sogar im Binnenland heimisch machten. Bedeutung erlangte der Weinbau in Frankreich jedoch erst unter der Herrschaft der Phokaier. Diese stammten aus der Stadt Phokaia, dem heutigen Foça im asiatischen Teil der Türkei. Etwa im 10. vorchristlichen Jahrhundert wurde dieser am Golf von Smyrna gelegene Ort von den Griechen erobert. In den folgenden Jahrhunderten entwickelte sich Phokaia zu einer bedeutenden Handelsmacht, die für den eigenen Handel Kolonien gründete. Diese insgesamt zwölf Kolonien lagen hauptsächlich im westlichen Teil des Mittelmeers. Die größte von ihnen, Massalia, entstand etwa 600 v. Chr. Es ist das heutige Marseille. Nach der Eroberung Phokaias durch die Perser im Jahre 540 v. Chr. wanderten die meisten Bewohner aus. Ein Teil von ihnen ging nach Massalia, ein anderer Teil nach Korsika, und wieder andere ließen sich in Elea in Süditalien nieder. Lakdyon, der heutige Alte Hafen von Marseille, war der Ort, an dem die Kolonisten vor Anker gingen. Der klare Himmel und das milde Klima erinnerten sie an ihre Heimat. Der Ankerplatz war weitläufig, geschützt und lag in der Nähe einer breiten Flußmündung. Mit der zunehmenden Zahl von Siedlern entstanden an der französischen Südküste immer mehr griechische Orte, u.a. Nikaia (heute Nizza), Antipolis (Antibes) und Monoïkos (Monaco).

Der Weinhandel

Schließlich war ein etwa dreihundert Kilometer langer Küstenstreifen von griechisch-asiatischen Kolonisten besiedelt. Sie dehnten ihre Aktivitäten jedoch auch auf das Landesinnere aus. Als geschäftstüchtige Kaufleute beschränkten sie sich nicht auf die Seefahrt, sondern nutzten ebenso die Möglichkeiten der Binnenschiffahrt, um ihre Waren zu verkaufen. Eine dieser Waren war der Wein. Dies belegen Amphoren, die in Rom und Athen gefunden wurden und deren Form den Amphoren von Massalia ähnlich war. Wo sie sich niederließen, brachten die Phokaier den Weinbau zur Blüte. Sie pflanzten ihre eigenen Reben, sie verbesserten den Anbau und verwendeten neue Methoden

Bacchus bewacht den Wein in den Kellern von Château du Taillan, einem Gut im Haut-Médoc.

Altes Getränk

Niemand weiß, wann zum ersten Mal Wein gemacht und getrunken wurde. Vermutlich trinkt die Menschheit jedoch seit etwa 5000 Jahren Wein – und sie tut es offenbar mit Genuß.

des Rebschnitts. Im Laufe der Zeit übernahm dann die einheimische Bevölkerung diese Arbeitsweisen.

Die Römerzeit

Auch im Norden Frankreichs wurde die Rebkultur frühzeitig eingeführt. Waren es im Süden die phokaischen Siedler, so kamen über die Landroute andere Völker nach Gallien. Weinbau treibende Hirten zogen vom Kaukasus aus die Donau hinauf durch Europa. Wo sie sich niederließen, pflanzten sie Reben: an der Nordküste des Schwarzen Meeres, in Rumänien, in Ungarn, längs des Rheins und schließlich auch in Frankreich – im Elsaß und Jura, in Burgund und anderswo.

Erst danach kamen die Römer. Als sie etwa ein Jahrhundert vor unserer Zeitrechnung in Gallien eindrangen, fanden sie dort ausgedehnte und gut unterhaltene Rebgärten vor. Sie besetzten das ganze Hinterland von Massalia und machten es zu einer römischen Provinz, wovon noch heute der Name Provence zeugt. Die Bedeutung der Römer für den französischen Weinbau wurde früher bei weitem überschätzt. Ihre Leistung bestand vor allem darin, daß sie die vorhandenen Rebgärten verbesserten und weitere anlegten. Insofern waren die vierhundert Jahre römischer Besatzung für den französischen Weinbau durchaus von Bedeutung. Als Julius Cäsar um 50 v. Chr. durch Gallien zog, gab es dort noch keine Straßen. Die natürlichen Verbindungswege bildeten die Flüsse. Cäsar hatte gute Gründe, warum er die Flußufer und -hänge abholzen und dort Rebgärten anlegen ließ. Zum einen lassen sich in Weinbergen keine Hinterhalte legen, und zum anderen band er dadurch die Bewohner der Flußufer an sich und an ihren Wohnort, weil sie die Rebgärten pflegen mußten. Allerdings haben die Römer den Weinbau in Frankreich nicht immer gefördert. Als Italien gegen Ende des 1. Jahrhunderts n. Chr. Absatzschwierigkeiten für seine Weine und gleichzeitig dringenden Bedarf an Getreide hatte, ließ Kaiser Domitian einen großen Teil der französischen Rebgärten roden. Vor allem die Rebgärten der Provence waren davon betroffen.

Interessanterweise blieb Bordeaux von der römischen Besetzung völlig unberührt. Die dortigen Rebgärten blieben unbehelligt, ebenso ihre Besitzer. Der im 4. Jahrhundert in Bordeaux (Burdigala) geborene Senatorssohn Ausonius ist einer der vielen, die hierüber berichten. Von ihm wissen wir, daß der Weinbau schon damals in der Umgebung der Stadt, die später Bordeaux genannt wurde, in hoher Blüte stand. Erst um 280 machte Kaiser Probus das berühmte Edikt seines Vorgängers Domitian wieder rückgängig. Damit konnten die Reben auf dieser Seite der Alpen ihren Siegeszug wieder fortsetzen.

Die Rolle des Christentums

Das Jahr 312 ist ein Meilenstein in der Geschichte des französischen Weinbaus. In diesem Jahr besiegte der nachmalige römische Kaiser Konstantin der Große seinen Widersacher Maxentius. Kurz vor der entscheidenden Schlacht an der Milvischen Brücke im Norden von Rom sah Konstantin am Himmel eine Vision mit dem Kreuzzeichen, das die Inschrift trug «Hoc signo vinces»

Reste eines römischen Rebgartens bei Château Soutard in Saint-Émilion. Die Römer pflanzten die Reben in Furchen und in etwa dem gleichen Abstand, wie er heute noch üblich ist.

Gemälde zum Thema Wein findet man auf vielen französischen Weingütern. Dieser erwartungsfrohe Weinfreund hängt in einem Schlößchen im Beaujolais.

(In diesem Zeichen wirst du siegen). Nachdem er tatsächlich als Sieger aus dieser Schlacht hervorgegangen war, bekehrte er sich zum Christentum. Im Mailänder Toleranzedikt (313) erklärte er das Christentum zur *religio licita,* zur erlaubten Religion. Damit war der Grundstein für die Macht der Kirche gelegt. Überall in Frankreich entstanden Klöster und Kirchen, und mit ihnen Rebgärten. Das Christentum spielte für die Verbreitung und die qualitative Verbesserung des Weinbaus von Anfang an eine außerordentlich wichtige Rolle. In der Bibel wird über fünfhundertmal der Wein oder die Rebe erwähnt, weshalb das Christentum eine ganz besondere Beziehung zum Wein und zu den Weingärten hat. Schließlich braucht die Kirche den Wein sogar für die Heilige Messe.

In diesem Buch wird noch des öfteren von der wichtigen Rolle der Klöster und Mönche die Rede sein. An der Loire steht Martin von Tours, der spätere heilige Martin, am Anfang der Entwicklung. In dem Kapitel über Burgund werden wir uns mit den Benediktinermönchen von Cluny und den aus ihnen hervorgegangenen Zisterziensern von Cîteaux befassen. Dom Pérignon von der Abtei von Hautvillers gab im 17. Jahrhundert überdies den Anstoß zur Vervollkommnung des golden moussierenden Weins, der Champagner heißt.

Die Reblauskatastrophe

Jahrhundertelang ging es mit dem französischen Weinbau stetig voran. Die Qualität der Weine stieg beständig, die Erzeugung nahm zu, und der Absatz im In- und Ausland wuchs und wuchs. Doch dann brach die Katastrophe in Gestalt der Reblaus (Phylloxera vastatrix) herein, eines kleinen Parasiten, der die Wurzeln der Rebe angreift und die Pflanzen zum Absterben bringt. Es schien kein Mittel gegen die Plage zu geben. Unaufhaltsam wie die Pest suchte die Reblaus in den letzten Jahrzehnten des vorigen Jahrhunderts alle europäischen Rebgärten heim. Einer nach dem anderen wurde verwüstet. Auch die drastischsten Mittel wie z.B. das Überfluten der Weingärten nützten nichts. Nur wenige Parzellen auf stark sandigen Böden blieben verschont. Die Reblaus war mit amerikanischen Reben nach Frankreich verschleppt worden – und es waren wiederum die amerikanischen Reben, die die Rettung brachten. Man fand nämlich heraus, daß die amerikanischen Wurzelstöcke gegen die Reblaus unempfindlich waren, und so kam man auf die Lösung, europäische Reben auf Amerikanerreben zu pfropfen. Dieses Verfahren wird noch heute angewandt, denn trotz aller Fortschritte in Chemie und Technik gibt es auch heute noch kein Mittel, mit dem sich diese Parasiten wirksam bekämpfen ließen.

Eselkarawanen

Die Phokaier brachten den Esel als Last- und Zugtier aus dem Orient nach Europa. Mit Eselkarawanen transportierte dieses Volk seine Waren nach Frankreich: Wein, Olivenöl, bearbeitete Metalle, Tonwaren usw. Da sie meist weniger Waren mit zurücknahmen, wurden die Tiere auf dem Rückweg häufig verkauft.

Ideale Bedingungen

Der Wein wächst in vielen Gegenden der Welt. Die meisten Anbaugebiete liegen zwischen dem 30. und 50. Breitengrad auf der nördlichen und südlichen Halbkugel. Es gibt weltweit mindestens vierzig weinerzeugende Länder. Daß unter ihnen gerade Frankreich als das erste Weinland gilt, hängt in erster Linie mit einer glücklichen Verbindung natürlicher Faktoren zusammen. So ist das Klima praktisch in ganz Frankreich mit Ausnahme des äußersten Nordens und Nordwestens für den Weinbau hervorragend geeignet, wenn nicht ideal. Temperaturextreme sind weder im Winter noch im Sommer zu verzeichnen, die Sonne scheint ausreichend, und es fallen genügend Niederschläge.

Dieses bevorzugte Klima herrscht dazu noch in einem Land, in dem sich auch der Boden in sehr vielen Gegenden hervorragend für den Weinbau eignet: vom Kreideboden in der Chamapagne bis hin zu den kieselhaltigen Anhöhen des Médoc. Schon vor Beginn unserer Zeitrechnung standen die Reben dort, wo sie heute noch stehen. Die Weine selbst sind indes längst nicht mehr die gleichen, denn durch die Jahrhunderte hin haben viele Generationen von Winzern die Qualität der Weine Frankreichs immer weiter vervollkommnet.

Die Weinbereitung

Gär- und Lagertanks aus Edelstahl sind in den Weingebieten Frankreichs ein vertrauter Anblick. In den östlichen Ebenen von Korsika bilden die beschneiten Berggipfel eine dramatische Kulisse.

Sehr viele französische Weinfirmen und -genossenschaften sind bereits mit modernen, schnellen Apparaturen zur Weinanalyse ausgerüstet.

Die Traube ist die Grundlage allen Weins und bestimmt wesentlich seine Qualität. Dicke, wäßrige Beeren liefern dünne wäßrige Weine, und kleine, kompakte Trauben ergeben Weine mit viel Geschmack und Konzentration. Die Stoffe, von denen sich die Rebe nährt, sind auch in ihren Früchten vorhanden und damit auch im Wein. Deshalb liefern Böden mit komplexer Zusammensetzung meist entsprechend komplexe Weine. Dies ist vor allem dann der Fall, wenn alte Stöcke auf solchen Böden stehen. Je älter nämlich eine Rebe ist, desto tiefer sind ihre Wurzeln in den Boden eingedrungen und desto mehr wertvolle Nährstoffe können sie diesem entziehen. Der Alkoholgehalt des Weins hängt vom Zuckergehalt der Trauben ab. Bei der Gärung wird nämlich Zucker in Alkohol und Kohlensäure gespalten. Klimatische Bedingungen und der Zeitpunkt der Lese sind dafür maßgebend, mit welchem Zuckergehalt die Trauben in die Kelter kommen. Im letzten Stadium der Reife nimmt in den Früchten die Zuckermenge zu, während der Säuregehalt sinkt. Sonnige, warme Tage begünstigen diesen Prozeß. Die Winzer müssen meist sehr genau festlegen, wann sie lesen wollen. Trauben mit zuviel Säure (und zuwenig Alkohol) sind unerwünscht, ebenso Trauben mit zuwenig Säure (und zuviel Alkohol). In nördlichen Gebieten läßt man die Trauben daher so lange wie möglich hängen, während man in sonnenreichen südlichen Gebieten lieber zeitig mit der Lese beginnt. Trotz aller Anstrengungen, gesunde Trauben von guter Qualität zu erhalten, ist man damit noch nicht am Ziel. Die Trauben müssen ja noch in Wein verwandelt werden – und hierbei besteht die Aufgabe des Winzers vor allem darin, alle in den Trauben vorhandenen Vorzüge so weit wie möglich im Wein zu erhalten.

Temperaturregelung

Während der Monate der Traubenreife gelangen über Insekten und mit dem Wind Hefezellen auf die Traubenhäute. Das Äußere der Traubenschale ist von einer wächsernen Schutzschicht überzogen, auf der diese mikroskopisch kleinen Hefezellen haften bleiben. Durch Regen werden die Hefezellen abgewaschen; ein verregneter Herbst kann daher zu Gärproblemen führen. Die Hefezellen bringen die Gärung in Gang, die dann einen stürmischen Verlauf nimmt. Die Hefezellen vermehren sich explosionsartig, wodurch der gärende Traubensaft in Bewegung gerät und zu kochen scheint. Diese Bewegung wird durch die entweichende Kohlensäure verursacht, die wie schon erwähnt durch

Guter Wein kann nur unter hygienischen Bedingungen entstehen. Die Gärhalle der Domaine du Vieux Télégraphe in Châteauneuf-du-Pape ist daher auch makellos sauber. Im Hintergrund eine Horizontalpresse.

die Aufspaltung des in den Beeren vorhandenen Zuckers in Alkohol und Kohlensäure entsteht. Bei dieser ersten, alkoholischen Gärung ist die Regelung der Temperatur von großer Wichtigkeit. Die besten Rotweine entstehen durchweg bei einer Temperatur von höchstens 30° C, während für Weißweine 20° C als Maximum gelten. Weil Hefezellen bei einem Alkoholgehalt von über 15% nicht mehr leben können, hört die Gärung von selbst auf, wenn dieser Grenzwert erreicht ist. In der Regel kommt es aber nicht so weit, denn der vorhandene Zucker ist meist vorher schon vergoren und aufgebraucht. Es besteht auch die Möglichkeit, durch künstliche Eingriffe die Gärung vorzeitig zu beenden. Zweck dieser Maßnahme ist es, etwas Restzucker im Wein zu erhalten.

PRICKELN

Bei manchen Weißweinen ist auf der Zunge ein leichtes Prickeln zu spüren. Die Ursache ist ein Rest Kohlensäure. Sie wird häufig absichtlich im Wein belassen, um ihm eine optimale Frische zu geben.

Rotwein
Die blauen Trauben für den Rotwein werden heute meist ganz oder teilweise von Stielen und Kernen befreit. Damit will man vermeiden, daß der Wein zuviel Gerbsäure oder Tannin enthält und damit nicht nur zu hart wird, sondern auch zu lange braucht, um trinkfertig zu werden. Ohnehin ist auch in den Schalen noch Tannin enthalten (neben den Farbstoffen), das während der Gärung entzogen wird. Dieser Stoff gibt dem Wein Rückgrat und Haltbarkeit. Bei jungen Rotweinen ist das Tannin sehr ausgeprägt und beschlägt die Zähne. Im Laufe der Jahre verbindet sich jedoch die Gerbsäure mit anderen Inhaltstoffen und schlägt sich schließlich als Depot in der Flasche nieder.

Bei dem traditionellen Verfahren der Weinbereitung werden die Trauben gemahlen, so daß der Traubensaft, der Most, mit den Hefezellen in Berührung kommt und die Gärung einsetzt. Nach Beendigung dieses Prozesses werden die zurückgebliebenen Beerenhäute – der Tresterkuchen – häufig gepreßt, wodurch man noch etwas Wein gewinnt. Dieser sogenannte Preßwein kann in kleineren oder größeren Mengen dem ersten Wein hinzugefügt werden, damit dieser etwas mehr Farbe und Tannin bekommt. Der ersten Gärung folgt bei allen Rotweinen eine zweite. Dies ist die Äpfel-Milchsäuregärung, auch malolaktische Gärung oder biologischer Säureabbau genannt. Dabei wandelt sich die im Wein vorhandene Äpfelsäure in die mildere Milchsäure um. Gleichzeitig gewinnt der Wein an Duft, Geschmack und Stabilität. Nach Beendigung der Gärung läßt man den Wein noch reifen.

Einfache, jung zu trinkende Rotweine lagern in der Regel in Tanks aus Stahl, Beton oder Glasfaser, während die besseren Sorten in Holzfässern liegen. Dies können kleine Fässer sein (in Bordeaux ist die übliche Größe 225 Liter) oder große Fuder. Wenn die Fässer nicht zu alt sind, teilt das Holz dem Wein weitere interessante Aromen mit, wobei er gleichzeitig reifer und milder wird.

Während der Ausbauphase des Weins hat der Kellermeister die Wahl, ob er den Wein verschiedenen Behandlungen unterzieht, u.a. einer Filtrierung. Grundsätzlich gilt jedoch, daß der Wein durch jede Behandlung an Charakter und Klasse verliert. Die größten Rotweine der Welt werden daher niemals filtriert. Man reinigt sie ausschließlich im Faß, indem man Eiweiße oder Eiweißersatzstoffe in den Wein gibt, ein vollkommen natürliches Verfahren, das keinerlei Nachteile hat.

Zum Probieren wird auf Château Clinet in Pomerol Wein aus einem Faß gezapft.

Kohlensäure-Mazeration
Ein anderes Weinbereitungsverfahren ist die *macération carbonique*, die Kohlensäure-Mazeration. Hierbei werden die Früchte nicht entstielt, entkernt oder gemahlen, sondern kommen unversehrt in einen speziellen Gärtank. Dieser wird mit Kohlensäure aufgefüllt und vollkommen dicht geschlossen. Durch das Befüllen platzt immer ein Teil der Beeren auf, so daß sie ihren Saft verlieren. Es kommt eine Gärung in Gang, die jedoch hauptsächlich innerhalb der Früchte abläuft (intrazelluläre Gärung). Dieser Prozeß dauert etwa zehn Tage. Anschließend wird der Inhalt des Tanks gemahlen und vergoren. Dieses Weinbereitungsverfahren liefert stets Weine mit viel Farbe und primären Fruchtaromen. Die Aromastoffe der Traube befinden sich nämlich direkt unterhalb der Innenseite der Schale. Vor allem im Beaujolais wird die Macération carbonique angewandt. Sie findet jedoch auch in anderen Gegenden wie z.B. im Roussillon und Languedoc immer mehr Verbreitung.

Weißwein
Mehr noch als bei der Herstellung des Rotweins ist es beim Weißwein wichtig, zügig zu arbeiten und sicherzustellen, daß die Trauben bei der Lese nicht beschädigt werden. Andernfalls kommt es zu einer Oxidation der Trauben, was

Trotz der Vorteile von Gärtanks aus Edelstahl sind noch überall in Frankreich die traditionellen Gärbottiche in Gebrauch. Hier wird der gärende Wein mit Hilfe von Schläuchen über den Tresterhut gepumpt, der auf der Oberfläche schwimmt. Damit soll erreicht werden, daß der Wein den Beerenhäuten möglichst viel Farbe und Tannin entzieht.

FARBLOSER SAFT

Rotweine haben ihre Farbe von den Beerenschalen, die sich im gärenden Saft befinden. Der Saft selbst ist mehr oder weniger farblos. Deshalb kann man aus blauen Trauben Weißwein erzeugen. Das bekannteste Beispiel ist Champagner, der meist zu mehr als der Hälfte aus dem Saft blauer Trauben besteht.

die Qualität sehr nachteilig beeinflußt. Es tritt nicht nur eine Braunfärbung ein, sondern auch der Verlust bestimmter Aromen.

Bei der Weißweinbereitung gärt meist nur der Saft der Trauben ohne die Beerenhäute und Kerne. Die Vinifikation beginnt in diesem Fall mit dem Pressen der Trauben. Anschließend wird der Most geschwefelt, wiederum um eine Oxidation zu verhindern. Die Gärtemperatur hält man heute meist zwischen 15 und 20^0 C, um möglichst viele Aromastoffe im Wein zu erhalten. Die Gärung bei niedriger Temperatur dauert länger als die normale Gärung, in der Regel zwei bis vier Wochen. Am häufigsten benutzt man für die Vergärung von Weißwein Tanks aus neutralem Material, doch gibt es auch Verfechter der Gärung in Holzfässern oder Fudern. Vor allem in Burgund und Bordeaux erzielt man mit der Gärung in neuen oder fast neuen Eichenholzfässern hervorragende Ergebnisse. Nur sehr wenige der französischen Weißweine werden auch auf Holz ausgebaut.

Rosé

Die Trauben für den Rosé sind die gleichen wie für den Rotwein. Der Charakter eines typischen, frischen, leichten Rosés liegt dem des Weißweins aber näher. Es gibt verschiedene Möglichkeiten, einen Rosé zu erzeugen. Zwei Verfahren stehen dabei im Vordergrund. Beim ersten beginnt die Weinbereitung wie beim Rotwein, doch beläßt man die Beerenhäute nur kurz am gärenden Traubensaft. Der Wein weist daher eine hellrote Färbung auf und enthält weniger Tannin. Beim zweiten Verfahren arbeitet man wie beim Weißwein. Die blauen Trauben werden also vor der Gärung gepreßt, so daß nur ein Teil der Farbstoffe aus den Beerenhäuten in den Saft übertritt. Schließlich gibt es auch Rebsorten, deren Saft von Natur aus lediglich leicht gefärbt ist. Sie werden u.a. in Portugal kultiviert. In Frankreich ist es nur in einem einzigen Fall zulässig, Rosé durch Vermischung von Weißwein mit Rotwein zu erzeugen, nämlich beim Champagne rosé.

Vins doux naturels

Frankreich erzeugt eine Reihe sogenannter Vins doux naturels. Diese Likörweine kommen aus südlichen Gebieten wie dem Languedoc, Roussillon und dem Rhonetal. Bei diesem Weintyp wird die Gärung durch Hinzufügen von Alkohol (Aufspriten) unterbrochen. Das Resultat ist ein meist sehr süßer Wein, der vorzüglich zu süßen Desserts paßt. Sehr häufig wird er auch als Aperitif getrunken. Das Abstoppen der Gärung durch Alkohol darf nicht mit dem Chaptalisieren verwechselt werden. In sonnenarmen Jahren kann es geschehen, daß der Zuckergehalt der Beeren zu niedrig ist, um den gewünschten Alkoholgehalt des Weins zu erreichen. Es gibt sogar Gebiete, in denen die Winzer praktisch immer vor diesem Problem stehen. Um diesem natürlichen Mangel abzuhelfen, ist es im Rahmen sehr strenger Vorschriften zulässig, dem Most Rohrzukker beizufügen, damit der Wein einen angemessenen Alkoholgehalt und ein besseres Gleichgewicht bekommt. Die Bezeichnung Chaptalisierung geht auf den 1832 verstorbenen Chemiker Jean Antoine Chaptal, Graf von Chanteloup zurück, der dieses Verfahren entwickelte.

Das französische Weingesetz

Die Erntemenge pro Hektar ist gesetzlich beschränkt. Mit nur 25 Hektolitern pro Hektar ist für Sauternes ein besonders niedriger Ertrag festgelegt. Châteaus wie etwa Lafaurie-Peyraguey erzeugen in diesem Bordeaux-Bezirk ungemein köstliche Dessertweine.

ORGANISATIONEN

Die Organisation, die in Frankreich für die Tafelweine zuständig ist, ist das Office National Interprofessionnel de Vins (ONIVINS). Die Qualitätsweine stehen unter der Kontrolle des Institut National des Appellations d'Origine des Vins et Eaux-de-vie (INAO). Beide haben ihren Sitz in Paris.

Seit 1970 produziert die Europäische Gemeinschaft (EG) einen stetigen Strom von Verordnungen über den Wein. Eine der wichtigsten von ihnen betraf die Einführung von zwei Kategorien Wein, der Tafelweine – Vins de table – und der Qualitätsweine bestimmter Anbaugebiete (Q.b.A.). In Frankreich heißen sie *Vins de qualité produits dans des régions déterminées,* abgekürzt V.Q.P.R.D. Auch im französischen Weingesetz sind diese beiden Kategorien berücksichtigt, die in je zwei Gruppen zerfallen.

Die einfachste Sorte Tafelweine heißt Vins de table. Sie kommen meist als Markenweine in Literflaschen in den Handel. Die einzige wichtige Kennzeichnung ist der Alkoholgehalt. Wenn der Wein aus Frankreich selbst stammt, ist dies auf dem Etikett angegeben. Viele Vins de table werden indes mit Weinen aus anderen europäischen Ländern verschnitten. Von deutlich höherem Niveau sind die *Vins de pays,* die man als bessere Vins de table mit geographischer Herkunftsbezeichnung betrachten kann. Für diese Gruppe gelten Erzeugungsvorschriften, die u.a. die Rebsorten, den höchstzulässigen Hektarertrag, den Mindestalkoholgehalt und natürlich das Herkunftsgebiet betreffen. Diese Vorschriften sind weniger streng als diejenigen für die Qualitätsweine, wodurch die Winzer die Möglichkeit haben, mit gebietsfremden Rebsorten zu experimentieren. Diese Experimente haben teilweise zu erstaunlichen Erfolgen geführt. Übrigens müssen alle Vins de pays einer Analyse und Sinnenprobe unterzogen werden, bevor sie dieses Prädikat tragen dürfen.

Vins de pays

Der Gesetzgeber unterscheidet drei Sorten Vin de pays: Regionale Weine, deren Erzeugungsgebiet mehrere Departemente umfaßt (z.B. Vin de Pays d'Oc), Departementsweine, die ausschließlich aus dem bezeichneten Departement stammen (z.B. Vin de Pays de Vaucluse), und Gebietsweine aus einem begrenzten Gebiet (z.B. Vin de Pays de la Principauté d'Orange). Auf dem Etikett dürfen verschiedene Angaben über den Wein erscheinen. Hierzu gehören neben dem Alkoholgehalt der Jahrgang, die Rebsorte, die Art der Weinbereitung oder des Weins (*sur lie, vin de primeur* usw.), der Name des Weinguts, der Genossenschaft oder des Handelshauses, der Abfüllort und eventuelle Auszeichnungen. Nicht zulässig ist die Verwendung der Ausdrücke *château* und *clos.* Der überwiegende Teil, etwa 85 Prozent, der etwa 130 Vins de pays kommt aus den Mittelmeerdepartementen. In vielen Fällen werden diese

Von der Ebene der Vins de pays *an werden alle französischen Weine einer Sinnenprüfung unterzogen. Hier ein Degustationsraum in Lézignan-Corbières.*

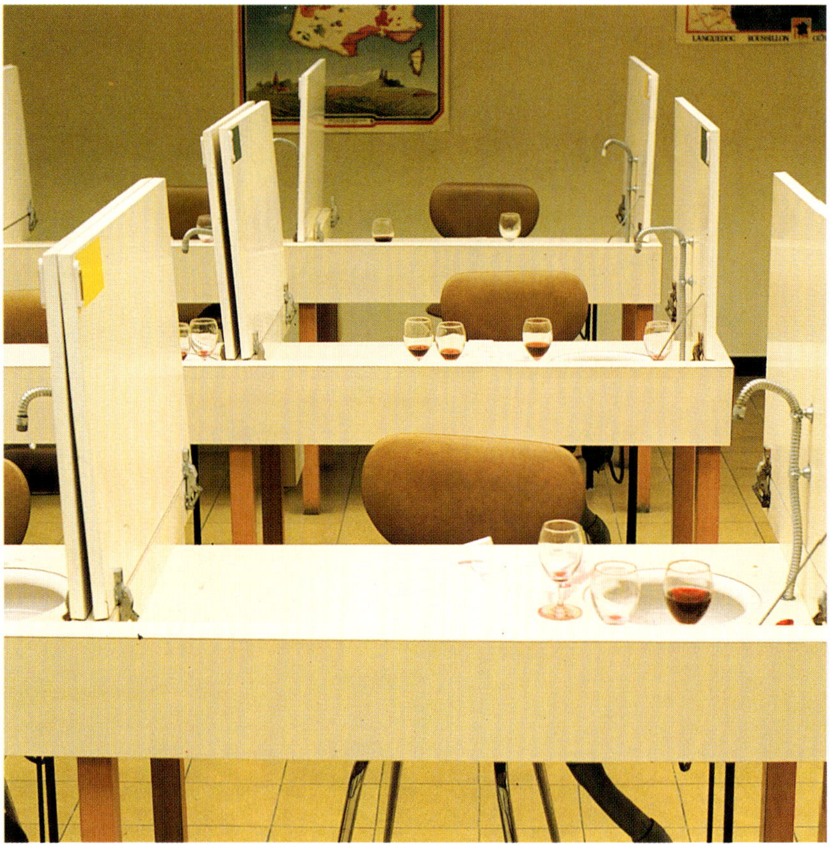

WEINZEITUNG

In Frankreich wird so viel über Wein veröffentlicht, auch durch offizielle Instanzen, daß es sogar eine (dünne) Zeitung gibt, die nur dem Thema Wein gewidmet ist. Sie heißt La Journée Vinicole *und erscheint in Montpellier.*

Landweine von Genossenschaften erzeugt. Gelegentlich steigen Vins de pays in eine höhere Kategorie auf.

Qualitätsweine

Die Kategorie der Qualitätsweine trägt eine geschützte Herkunftsbezeichnung und umfaßt ebenfalls zwei Gruppen. V.D.Q.S. *(Vins délimités de qualité supérieure)* steht für Weine höherer Qualität aus begrenzten Anbaugebieten, A.O.C. *(Vins à appellation d'origine contrôlée)* für die höchste Klasse der französischen Weine, die Weine mit kontrollierter Ursprungsbezeichnung. Die seit 1949 bestehenden VDQS-Weine müssen eine Vielzahl von Vorschriften und Forderungen erfüllen, die höher sind als für die Vins de pays, jedoch niedriger als für die AOC-Weine. Sie können bei einer beständigen Qualitätsverbesserung in die AOC-Kategorie höhergestuft werden. Die wichtigsten Vorschriften für die VDQS-Klassifikation betreffen die Herkunft des Weins aus einem genau umschriebenen Gebiet, die vorgeschriebenen Rebsorten, den höchstzulässigen Hektarertrag, den Mindestalkoholgehalt, die strenge Sinnenprüfung durch Fachleute, den Rebschnitt und die Vinifikationsverfahren.

Die Kategorie der AOC-Weine ist etwas älter. Sie stammt aus dem Jahre 1935. Die Forderungen sind gegenüber jenen für die VDQS nochmals verschärft. Man erwartet, daß die meisten VDQS-Weine in absehbarer Zeit in die AOC-Kategorie umgestuft werden; die Zahl der VDQS-Weine schrumpft immer mehr, und es wird sie wohl bald nicht mehr geben. Diese Umstufung wird auf den heutigen Etiketten bereits vorweggenommen; neben einem kleinen aufgedruckten Siegel steht neben Vin délimité de qualité supérieure heute schon Appellation d'origine.

Klassifikationen

Für bestimmte Herkunftsgebiete wurden Klassifikationen geschaffen, gesetzlich festgelegte Selektionen der besten Weinorte, Rebgärten oder Weine. Einige dieser Klassifikationen stammen aus dem vorigen Jahrhundert. Diejenigen für Médoc und Sauternes entstanden zum Beispiel anläßlich der Weltausstellung von 1855. Die wichtigsten Klassifikationen sind am Ende dieses Buches aufgeführt.

ÜBERSICHTSKARTE DER WEINREGIONEN

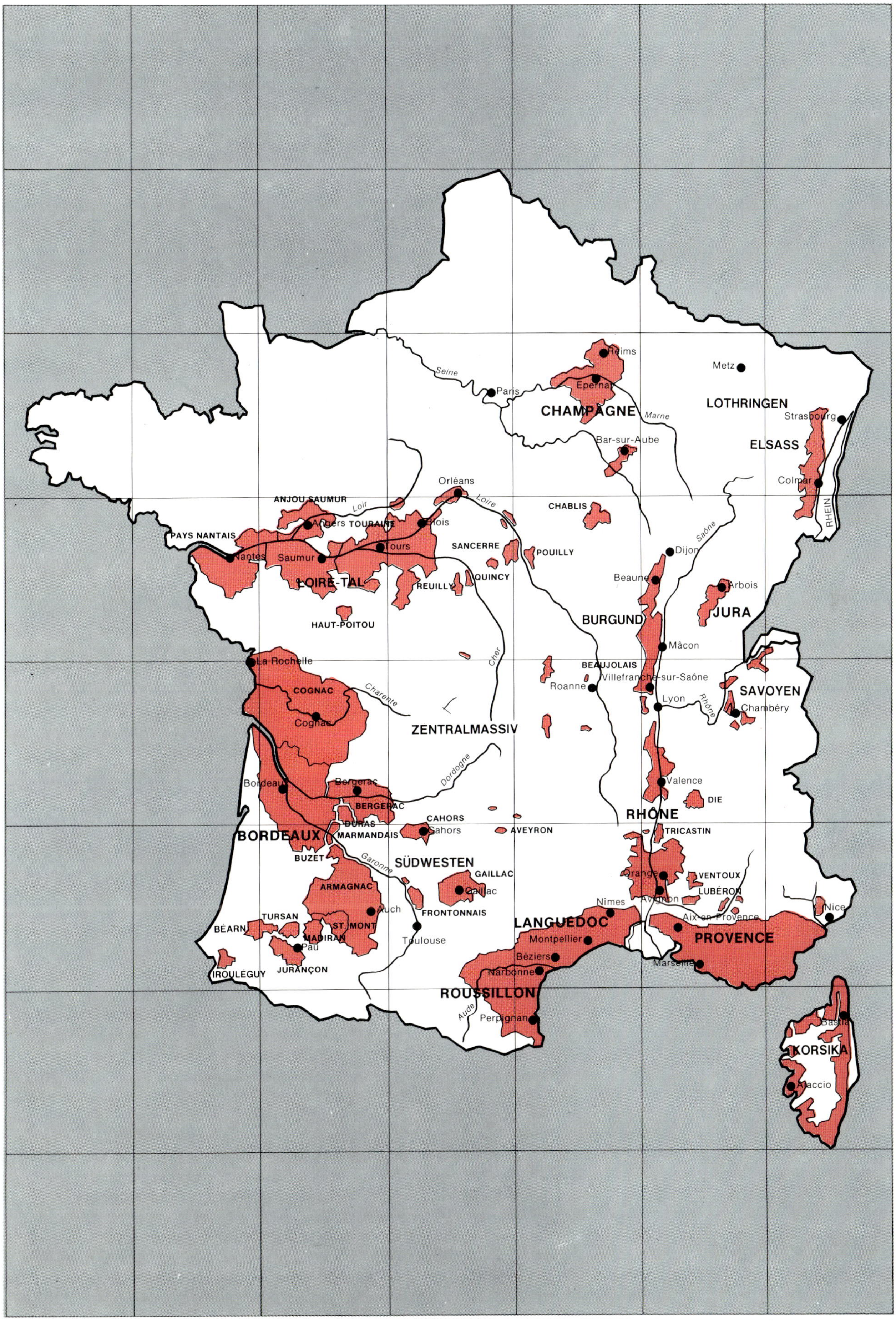

Elsaß

Grüne Rebenhänge und romantische Dörfer wie das unter Denkmalschutz stehende Riquewihr machen das Elsaß zu einem besonders reizvollen Weingebiet.

Aushängeschild einer Elsässer Weinfirma im Zentrum von Riquewihr.

Das Weingebiet Elsaß, rund hundert Kilometer lang und relativ schmal, liegt im Nordosten Frankreichs zwischen den Vogesen und dem Rhein. Es ist eine klimatisch bevorzugte Gegend, da die hoch aufragenden Vogesen die vom Meer kommenden Niederschläge und Winde abhalten. Die durchschnittliche jährliche Niederschlagsmenge bleibt deshalb auf etwa 700 mm beschränkt, während in den Vogesen etwa die dreifache Menge fällt. Landschaftlich ist das Elsaß eines der reizvollsten Gebiete Frankreichs. Da es lange Zeit zum Deutschen Reich gehörte, hat man hier nicht unbedingt das Gefühl, in Frankreich zu sein. Man braucht wenig Phantasie, um sich vorzustellen, die Märchen der Brüder Grimm spielten hier. Außerdem wird im Elsaß teilweise noch der heimische alemannische Dialekt gesprochen. Die Weinorte mit ihren schmucken Fachwerkhäusern, den prächtigen Toren, den typischen Kirchen und schönen Brunnen sind vielfach schon jahrhundertealt. Viele Häuser tragen im Sommer reichen Blumenschmuck. Rings um diese Dörfer liegen die Ausläufer der Vogesen; die meisten dieser Hänge sind mit Reben bepflanzt. Die Vogesen selbst bilden mit ihren Gipfeln, den dunklen Wäldern, den saftigen Weiden und den tiefen Seen eine prachtvolle Kulisse. Vielerorts findet man auch noch Reste von Raubritterburgen. Die Hauptstadt des Elsaß ist Straßburg, das nicht nur wegen seiner Kathedrale berühmt ist; hier wurde auch im Jahre 1792 zum ersten Mal die Marseillaise gesungen. Eine andere wichtige und ebenso schöne Stadt ist Colmar. Im Gegensatz zu Straßburg liegt es mitten im Weingebiet. Aber nicht nur wegen seiner Städte, Dörfer und der Landschaft ist das Elsaß einen Besuch wert, sondern auch wegen seiner Küche. Diese bildet eine geglückte Kombination von deutscher Gediegenheit und französischer Raffinesse. Auf allen Ebenen, von der einfachen Winstub bis zum Dreisterne-Restaurant, kann man hier vorzüglich speisen.

Gebietsabfüllung vorgeschrieben

Das Weingebiet liegt in zwei Departementen, in Bas-Rhin im Norden und Haut-Rhin im Süden. Qualitativ wird Haut-Rhin höher eingestuft als Bas-Rhin, u.a. wegen des etwas trockeneren und wärmeren Klimas. Trotzdem werden auch im Bas-Rhin hervorragende Weine erzeugt. Die gesamte Rebfläche umfaßt knapp 13 000 Hektaren, die etwa 9 000 Winzern gehören. Die kleineren Bauern liefern ihre Ernte in der Regel an Genossenschaften oder Handelshäuser, während eine erhebliche Zahl größerer Winzer den Wein selbst erzeugt

Lesehelferin bei der Arbeit in der Nähe von Katzenthal. Die Herbstsonne überzieht die Rebenblätter mit goldener Glut.

und vermarktet. Elsässer Wein kommt nur in Flaschen in den Handel. Dies ist seit Anfang der siebziger Jahre gesetzlich vorgeschrieben. Abgefüllt wird er in die schlanke Schlegelflasche. Das Lesen der Etiketten gibt zumeist keine Probleme auf. Die Weine haben nämlich sämtlich das Recht auf die Ursprungsbezeichnung Elsaß. Die einzige weitere Auszeichnung ist die Qualifikation *Grand cru* für eine beschränkte Zahl besserer Rebgärten, deren Name auf dem Etikett angegeben wird. Man kann davon ausgehen, daß die Zahl der Grand crus sich im Laufe der Zeit bei etwa 10 Prozent der Elsässer Erzeugung einpendeln wird. Im übrigen werden die Weine einfach nach ihrer Rebsorte benannt. Nur in ganz wenigen Ausnahmefällen sind andere Namen als der des Grand cru angegeben. Es handelt sich dabei sehr häufig um Rebgärten, die eigentlich Grand cru-Status verdient hätten; ein Beispiel hierfür ist der Kaefferkopf in Ammerschwihr.

Pinot noir

Das Elsaß ist ein klassisches Weißweingebiet. Die einzige Ausnahme bildet der Pinot noir mit einem Anteil von 6 Prozent an der gesamten bestockten Fläche. Diese Rebe liefert sowohl Rosé als auch Rotwein. Zuweilen ist aber auch der Rotwein so hell, daß nicht ohne weiteres klar ist, ob es sich um einen Rosé oder Roten handelt. Die Qualität ist meist nicht beeindruckend. Gegenwärtig zeichnet sich jedoch ein Umschwung ab. Immer mehr Erzeuger verarbeiten den Pinot noir mit großer Sorgfalt zu einem vorzüglichen Rotwein. Manche rote Pinot noir werden sogar im Eichenfaß ausgebaut.

Edelzwicker

Ansonsten ist aller Elsässer Wein Weißwein. Wie bereits erwähnt, werden die meisten Weine aus einer einzigen Rebsorte erzeugt. Diese Praxis hat sich erst nach dem Ersten Weltkrieg eingebürgert. Bis dahin waren Elsässer Weine immer Verschnittweine in zwei Qualitätskategorien, von edlen und unedlen Trauben. Letztere sind inzwischen aus den Rebgärten verschwunden. Verschnittwein aus edlen Trauben, den Edelzwicker, gibt es noch immer. Häufig kommt der Edelzwicker als Markenwein in den Handel, vielfach auch mit der Herkunftsbezeichnung Alsace oder Vin d'Alsace, ohne daß die Bezeichnung Edelzwicker auf dem Etikett angegeben ist. Es versteht sich, daß sowohl die Zusammenstellung als auch die Qualität des Edelzwickers von Erzeuger zu Erzeuger ganz unterschiedlich sein können.

SAUERKRAUT

Eine der vielen Elsässer Küchenspezialitäten ist Sauerkraut. Choucroute *wird hier immer in mächtigen Portionen serviert, dazu Kartoffeln und nicht selten mindestens fünf Sorten Fleisch. Der Weißkohl kommt hauptsächlich aus der Ebene südlich von Straßburg. Dort gibt es sogar eine Sauerkrautstraße.*

Einer der schönsten und bekanntesten Elsässer Weinorte ist Kaysersberg, der Geburtsort von Albert Schweitzer.

Dieses Schaufenster erinnert daran, daß Störche einst im Elsaß in großer Zahl heimisch waren. In einem Storchenpark in der Nähe von Hunawihr bemüht man sich mit Erfolg, die großen Vögel wieder in der Gegend einzubürgern.

Riesling
Unter den weißen Reben ist der Riesling die verbreitetste Sorte. Dies ist um so erfreulicher, als die Rebe die vorzüglichsten Weine der Region liefert. Sie zeichnen sich durch einen frischen, trockenen Geschmack mit Eleganz und Rasse aus. Im Gegensatz zu den meisten deutschen Rieslingen haben ihre Elsässer Vettern keinen Hauch Süße. Sie sind die idealen Begleiter zu allen möglichen Fischgerichten. Die Riesling-Rebe ist im Elsaß schon seit dem 15. Jahrhundert heimisch, wahrscheinlich sogar schon länger. Die Elsässer sind sehr stolz auf ihren Riesling und nennen ihn den «König».

Gewürztraminer
Die erzeugte Menge an Gewürztraminer ist etwas kleiner als diejenige des Rieslings, während die bestockte Fläche in etwa gleich ist. Im übrigen sind es jedoch sehr unterschiedliche Reben, die entsprechend unterschiedliche Weine liefern. Die Traube trägt ihren Namen sehr zu Recht. Ein guter Gewürztraminer ist ein beeindruckender Wein, duftet er doch nach Obst und Kräutern und ist zudem kraftvoll, ausgeprägt und sehr charakteristisch. Sein gelegentlich schwerer Duft stiebt manchmal förmlich aus dem Glas. In sonnenreichen Jahren kann durch entsprechend spätes Ernten eine füllige, noch etwas kräftigere Version entstehen, die *vendange tardive* (Spätlese). Wein von noch reiferen und süßeren Trauben wird als *sélection de grains nobles* bezeichnet. Diese beiden Typen müssen stets einige Jahre reifen. Daß der Gewürztraminer sehr lange die charakteristische Rebe des Elsaß war, geht aus dem Ehrentitel des Weins hervor, der als der «Kaiser» des Elsaß bezeichnet wurde.

Bei einem Elsässer Essen kommt ein klassischer Gewürztraminer als letzter Wein auf den Tisch, häufig als Begleiter zu Münsterkäse aus den Vogesen. Traditionellerweise wird der Käse in Kümmelsamen gedrückt.

Tokay d'Alsace
Die dritte weiße Qualitätsrebe ist der Pinot gris. Da man sich in der Gegend nicht an diesen Namen gewöhnen kann, heißt er, dem Verbot der EG aus dem Jahre 1980 zum Trotz, nach wie vor Tokay d'Alsace. Es ist nicht viel Grund mit dieser Rebe bestockt, da sie sehr krankheitsanfällig ist. Am Plattensee in Ungarn wächst dieselbe Rebe unter dem Namen *szürkebarát,* was «Grauer Mönch» bedeutet. Ein klassischer Tokay d'Alsace ist ein kraftvoller Wein –

Im Elsaß wird man oft unvermutet an Wein erinnert, wie hier bei der Einfassung einer Zisterne in Kientzheim.

Die Winzer des Elsaß sind gastfrei und empfangen Weinfreunde gerne in ihren zahlreichen Degustierlokalen.

goldfarben, exotisch und üppig, mit einem leisen Duft nach Honig, Nüssen und anderem. Der Beiname «Sultan» drückt das Besondere dieses Weins treffend aus.

Muscat

Wegen ihrer außerordentlichen Empfindlichkeit ist die Muskatrebe noch seltener als der Pinot gris. Auf nur 3 Prozent der Elsässer Rebfläche steht diese Sorte in zwei Varietäten. Das Wenige an Muscat, das erzeugt wird, verdient indes alle Aufmerksamkeit. Der Wein duftet und schmeckt nach frischen Trauben, hat viel Aroma und einen außerordentlich reizvollen trockenen Geschmack. In der Gegend selbst trinkt man den Muscat gerne als Aperitif, doch paßt er auch gut zu milden Vorspeisen.

Pinot blanc

Die Bestockung mit Pinot blanc hat in den letzten Jahrzehnten stark zugenommen. Dies gilt sowohl für den normalen Pinot blanc als auch für den verwandten Auxerrois. Dieser letztere Typ gedeiht gut in tiefgelegenen Rebgärten, da er Nachtfröste verträgt. Die meisten Winzer vermischen Pinot blanc und Auxerrois; der hieraus entstehende Wein wird üblicherweise als Pinot blanc angeboten. Es gibt aber auch reinsortige Weine von beiden Reben. Ein reiner

GRAND CRU

Die Rebgärten der Grand-cru-Kategorie dürfen nur mit Riesling, Gewürztraminer, Pinot gris und/ oder Muscat bepflanzt werden. Außerdem liegt der gesetzliche Höchstertrag niedriger.

Das vorbildlich erhaltene Turckheim. An Sommerabenden geht hier ein Nachtwächter in alter Tracht mit Hellebarde und Laterne durch die Straßen. Diese Tradition geht auf das Jahr 1540 zurück.

Ein Winzer und seine Frau kehren in Ammerschwihr nach einem langen Arbeitstag im Weinberg nach Hause zurück.

Auxerrois-Wein heißt im Elsaß meist Klevner, Clevner oder Auxerrois. Normalerweise schmecken die verschiedenen Pinot blanc-Sorten frisch und leicht aromatisch. Einige Erzeuger verstehen es, dem Wein soviel Rasse und Klasse zu verleihen, daß er qualitativ einem Riesling nahe kommt. Das zunehmende Interesse an Pinot blanc hat auch mit der rasanten Zunahme des Crémant d'Alsace zu tun. Dieser nach der Méthode champenoise erzeugte Wein wird aus dem Pinot blanc erzeugt und erfreut sich unaufhaltsam steigender Beliebtheit.

Zwei Rebsorten, deren Namen man selten auf Etiketten findet, sind der Chasselas und der Klevener de Heiligenstein. Der Chasselas liefert in der Schweiz, das heißt im Kanton Wallis, als Fendant köstliche Weine, fiel jedoch im Elsaß in Ungnade. Die bestockte Fläche geht daher ständig zurück, und was noch erzeugt wird, endet – mit wenigen Ausnahmen – anonym im Edelzwikker. Klevener de Heiligenstein ist eine seltene Rebsorte, die nur in und um den Ort Heiligenstein vorkommt und sowohl mit dem Gewürztraminer als auch dem Savagnin (Schweiz) und Savagnin rosé (Frankreich) verwandt ist.

Sigillé

Im Elsaß gibt es eine aktive Weinbruderschaft, La Confrérie Saint-Étienne d'Alsace. Sie prämiert in seriösen Verkostungen alljährlich die besten Weine des Gebiets. Die ausgewählten Weine bekommen das Prädikat Sigillé *und dürfen ein numeriertes Halsetikett tragen. Die Bruderschaft ist Besitzerin des Schlosses von Kientzheim, das nicht nur bei den Feiern benutzt wird, sondern auch als Weinmuseum dient.*

Obstbranntweine

Die nicht selten reichlichen Elsässer Mahlzeiten werden vielfach mit einem Obstbranntwein abgeschlossen. Dieser *eau-de-vie de fruit* ist eine weitere Spezialität der Region. Die klaren, hochprozentigen Wässer werden aus etwa dreißig verschiedenen Früchten, Beeren, Blüten, Knospen und Wurzeln erzeugt. Es gibt fast nichts, woraus die Elsässer Destillateure keinen Obstler brennen könnten. Zu den bekanntesten Branntweinen gehören Kirsch, Mirabelle, Poire Williams, während Alisier (Elsbeere), Eglantine (Hagebutte), Fleur d'Acacia (Akazienblüten) und Bourgeon de Sapin (Fichtenknospen) in geringeren Mengen hergestellt werden. Schließlich erzeugt das Elsaß auch eigene Biere und Mineralwässer – in dieser Gegend Frankreichs braucht wirklich niemand zu verhungern und zu verdursten.

Lothringen

Rebgärten und blühende Mirabellenbäume, aus deren Früchten ein berühmter Obstbranntwein destilliert wird, umgeben den Ort Lucey in den Côtes de Toul.

Die mächtige Kathedrale von Toul, mit deren Bau im 13. Jahrhundert begonnen wurde.

Lothringen, ein großes Gebiet, das sich über vier Departemente erstreckt, war früher ein wichtiges Weingebiet. Schon kurz nach 1200 hatten die Rebgärten einen guten Namen, und dies blieb bis weit in das vorige Jahrhundert hinein so. Lothringen liegt im Norden Frankreichs zwischen der Champagne im Westen und dem Elsaß im Osten in den Départements Meuse, Meurthe-et-Moselle, Moselle und Vosges. Seinen einstigen Ruhm als Weingebiet verdankte Lothringen in erster Linie dem *vin gris,* einem sehr hellen Rosé aus Gamay, sowie seinen Schaumweinen.

Das Schicksal hat es mit Lothringen in den letzten Jahrhunderten nicht eben gut gemeint. Durch mehrere Kriege und die Reblaus wurden die Rebgärten Lothringens weitgehend verwüstet. Es kam jedoch noch etwas hinzu. Bis zum Beginn dieses Jahrhunderts wurden viele Schaumweine als Champagner verkauft, und zwar nicht nur in der Champagne selbst, sondern auch solche aus Lothringen. Diese Praxis wurde unterbunden, nachdem die Winzer der Champagne nach einem für sie katastrophalen Jahr dagegen Sturm liefen. Sie erreichten es schließlich, daß die Bezeichnung «Champagner» gesetzlich geschützt wurde.

So muß man es fast als kleines Wunder betrachten, daß in diesem Gebiet Anfang der fünfziger Jahre dieses Jahrhunderts noch genügend Elan für einen Neubeginn vorhanden war. Heute gibt es in Lothringen zwei Herkunftsbezeichnungen mit VDQS-Status: Côtes de Toul und Vins de Moselle, wovon Côtes de Toul bei weitem die größte ist. Die Herkunftsbezeichnung gilt für Rosé (vin gris), Rotwein und Weißwein. Die Bestockung – im Südwesten und Nordwesten der Festungsstadt Toul – besteht zum größten Teil aus Gamay noir à jus blanc, doch werden auch Pinot noir und der weiße Auxerrois angebaut. Die Rosés und Weißweine trinkt man am besten ganz jung. Vor allem der leichte, frische Rosé paßt gut zur Spezialität des Gebiets, der Quiche Lorraine. Pinot noir-Rotwein verbessert sich gelegentlich auf der Flasche.

Auch die Vins de Moselle können weiß, rosé (gris) oder rot sein. Das Gebiet ist in drei Bereiche unterteilt. Die relativ interessantesten Weine sind die Weißweine aus der Umgebung von Sierck-les-Bains an der Grenze zu Luxemburg, die Vins gris von Vic-sur-Seille auf der Höhe von Nancy und die hellen Rosés aus der Gegend von Metz.

Champagne

Einen Teil seiner besonderen Qualität verdankt der Champagner der mächtigen Kreideschicht, auf der die Reben stehen.

Schon um die Zeit von Christi Geburt gedieh die Rebe in dem Gebiet, das heute *La Champagne* heißt, im Mutterland von *Le Champagne,* dem festlichsten aller Weine. Dieser Wein muß von Anfang an eine besondere Qualität besessen haben. Andernfalls hätten sich die Römer 92 n. Chr. nicht die Mühe gemacht, hier die Rebstöcke auszureißen; sie fürchteten, daß die Weine des Mutterlandes der Konkurrenz nicht gewachsen wären. Fast zweihundert Jahre lagen die Rebgärten damals brach.

Erst Kaiser Probus – Marcus Aurelius Probus, Roms letzter Kaiser (276 bis 282) – beendete die rebenlose Zeit. Vermutlich wollte er damit weniger der Gegend einen Gefallen tun, als seine Soldaten beschäftigen: Müßiggang schien wohl auch ihm aller Laster Anfang. Wenn es nichts zu kämpfen gab, mußten seine Soldaten andere Arbeit verrichten: Sümpfe trockenlegen, Rebgärten anlegen und verschiedenes mehr. Diese strenge Zucht wurde dem Kaiser schließlich zum Verhängnis: im Jahre 282 wurde er von seinen Soldaten getötet.

Kreideschicht

Vor hundert Millionen Jahren war die Champagne ein Binnenmeer, in dem sich eine dicke Kreideschicht ablagerte. Diese ist fast zweihundert Meter mächtig und zu einem großen Teil für die Qualität und den Charakter der Weine der Champagne verantwortlich. In weite Teile dieser Schicht sind Keller eingehauen, in denen der Wein unter perfekten Bedingungen reifen kann. Die ersten Keller wurden bereits von den Römern angelegt, freilich nicht wegen des Weins, sondern zur Gewinnung von Baumaterial. Nach dem Abzug der Römer gerieten die Kreidegruben jahrhundertelang in Vergessenheit. Erst vor etwa zweihundert Jahren wurden sie durch Zufall wiederentdeckt und dann als Weinkeller genutzt. Die schönsten *crayères* findet man in Reims, der Hauptstadt des Gebiets. Verschiedene Champagnerhäuser verfügen hier über großartige unterirdische Komplexe. Die Kellerwände sind teilweise mit Plastiken verziert.

Ein Korb voll Festlichkeit vor einem Geschäft in Reims.

Dom Pérignon

Eine der legendärsten Gestalten aus der Geschichte der Champagne war Dom Pierre Pérignon. Er lebte von 1638 bis 1715 und verwaltete die Keller der Abtei von Hautvillers.

Standbild des brillanten Kellermeisters Dom Pierre Pérignon (1638–1715), dessen Experimente für die Erzeugung von Champagner bahnbrechend waren.

Diesem genialen Mönch gelang es, aus blauen Trauben einen vollkommen klaren Weißwein zu machen. Außerdem entwickelte er das Prinzip der *cuvée.* Für die Erzeugung eines wirklich guten Champagners müssen nämlich Weine aus verschiedenen Lagen sorgfältig zu einer homogenen Komposition verschnitten werden, der Cuvée, wobei das Ganze eine höhere Qualität besitzt als die Summe der Teile. In seinen letzten Lebensjahren war Dom Pérignon blind. Wie erzählt wird, soll er die Cuvée aber weiterhin zusammengestellt haben, und zwar dadurch, daß er frühmorgens noch vor dem Frühstück Trauben von verschiedenen Rebgärten probierte. Dom Pérignon soll auch der erste in der Gegend gewesen sein, der die Flaschen mit Korken verschloß. Der Name Dom Pérignon lebt im besten Wein von Moët & Chandon fort, dem größten Champagnerhaus. Diese Firma hat auch die Abtei von Hautvillers gekauft, in der Dom Pérignon begraben ist, und dort ein Museum eingerichtet.

Drei Rebsorten

Die Champagne, die flächenmäßig etwa ein Prozent der französischen Rebfläche ausmacht, ist das nördlichste große Weinbaugebiet Frankreichs. Dies bringt es mit sich, daß man im Frühjahr immer mit Nachtfrösten rechnen muß und daß lange Regenfälle im Herbst die Ernte bedrohen. Die Rebe braucht zum Reifen eine durchschnittliche Jahrestemperatur von mindestens 9^0 C; in der Champagne liegt sie gerade 1^0 C über diesem Minimum. Die Reben gedeihen hier also unter kritischen Umständen.

Die Reben der Champagne stehen in den drei Departementen Marne, Aube und Aisne. Rund 80 Prozent der Rebgärten liegen im Departement Marne. Dort befinden sich auch die drei wichtigsten Erzeugungszentren. Das erste ist im Norden die Montagne de Reims; hier steht der Pinot noir. In der zweiten, mittleren Zone, dem Vallée de la Marne, wird ebenfalls Pinot noir angepflanzt, daneben aber auch Pinot Meunier. Der dritte Bezirk, die Côte des Blancs südlich von Épernay, liefert die weißen Chardonnay-Trauben. Für die Erzeugung von Champagner sind ausschließlich die genannten drei Rebsorten zulässig. Zwei Drittel der Bestockung sind blaue Reben. Die blauen Trauben werden dabei wie weiße verarbeitet; sie werden sofort gepreßt, damit die farbgebenden Beerenschalen nicht mitgären können.

GEWALTTÄTIGE VERGANGENHEIT

Es ist eine Ironie des Schicksals, daß die Champagne, in der der festlichste Wein der Welt erzeugt wird, so häufig unter Kriegsgewalt zu leiden hatte. Im Jahre 451 kämpften die Römer hier gegen den Hunnenkönig Attila, und im Ersten Weltkrieg lag Reims an der Frontlinie. Die Hälfte der Häuser wurde damals in Schutt geschossen, und die imposante Kathedrale wurde von vielen Dutzenden von Granaten getroffen. In Europa endete der Zweite Weltkrieg am 7. Mai 1945, als Deutschland in Reims die Kapitulation unterzeichnete.

Detaillierte Vorschriften

Die hart arbeitenden, nüchternen, aber auch gastfreundlichen Champenois haben die gesamte Weinerzeugung genauestens geregelt. So sind alle Rebgärten in Qualitätskategorien eingestuft. Kurz vor der Lese legt das C.I.V.C. (Comité

Herbstliche Champagnerrebgärten unweit von Verzenay.

Interprofessionnel du Vin de Champagne) den Preis für die Trauben aus Rebgärten der höchsten Kategorie, die *grand crus,* fest. Der Preis für das Lesegut aus niedriger eingestuften Rebgärten richtet sich nach diesem 100%-Preis. So bezahlt man für Trauben von *premier cru-Lagen* 99 bis 90 Prozent dieses Preises und für die Ernte von einfachen, nicht klassifizierten Rebgärten weniger als 90 Prozent.

Die Handelshäuser

Es gibt sehr viele Winzer in der Champagne, doch sind längst nicht alle von ihnen auch Weinerzeuger. Etwa 16 500 kleine bis mittlere Winzer bearbeiten 85 Prozent der insgesamt 35 000 Hektar Champagner-Rebgärten, zum Teil nur im Nebenerwerb. Einige von ihnen besorgen die Vinifikation ihrer Trauben selbst; andere bringen die Ernte zu einer Genossenschaft. Die meisten indes verkaufen die Trauben an die großen Champagnerhäuser. Von den etwa 140 Firmen verarbeiten die dreizehn größten zwei Drittel der Gesamtproduktion. Über die Hälfte der Handelshäuser verfügt selbst nicht über einen einzigen Quadratmeter Grund; sie müssen alle Trauben einkaufen. Die Handelshäuser, die *négociants-manipulants,* sind es, die den Namen des Champagners in allen Teilen der Welt berühmt gemacht haben. Die Winzer, die selbst abfüllen, die *récoltants-manipulants,* verkaufen ihre Erzeugung hauptsächlich in Frankreich. Nur wenigen Genossenschaften ist es gelungen, eine Marke aufzubauen, die sich im In- und Ausland neben denjenigen der Handelshäuser halten kann. Jedes Haus hat seinen eigenen Stil. Es gibt Firmen, die eher milde Champagner auf den Markt bringen, während andere ihre Weine trocken und straff halten. Manche Häuser entscheiden sich für Durchschnittsweine, andere nur für die Spitzenklasse, wieder andere für eine möglichst preiswerte Qualität. Deshalb ist es wichtig, den Ruf und den Stil eines Hauses zu kennen, um «seinen» Champagner finden zu können. Zu den bedeutendsten größeren Firmen zählen in alphabetischer Reihenfolge: Ayala, Billecart-Salmon, Bollinger, De Castellane, Veuve Cliquot, Deutz & Geldermann, Gosset, Alfred Gratien, Heidsieck Monopole, Charles Heidsieck, Henriot, Krug, Lanson, Moët & Chandon, Mumm, Perrier-Jouët, Joseph Perrier, Laurent Perrier, Piper-Heidsieck, Pommery & Greno, Louis Roederer, Pol Roger, Ruinart, Salon und Taittinger.

Die Weinbereitung

Erzeugt wird Champagner im Prinzip wie folgt: Die Weine werden gemäß strengen Vorschriften nach Rebsorten und Rebgärten getrennt vinifiziert. Nach der Weinbereitung wird die bereits erwähnte Cuvée mit großer Sorgfalt zusammengestellt. Dieser Cuvée, einem stillen, noch nicht schäumenden Wein, fügt man anschließend den *liqueur de tirage* hinzu. Dies ist ein Gemisch aus Wein, Zucker und Hefezellen; anschließend wird sofort abgefüllt. Die Flaschen werden mit einem vorläufigen Verschluß versehen, meist einem Kronenkorken. Dann werden sie liegend im Keller gelagert. Bei einer Temperatur von etwa 10° C beginnt der Wein unter der Wirkung der hinzugefügten Hefezellen langsam zu gären. Die Kohlensäure, die bei dieser zweiten Gärung entsteht, kann nicht entweichen und verteilt sich allmählich in Form feiner Bläschen im Wein. Durch die Menge der hinzugefügten Hefezellen kann man den endgültigen Kohlensäuredruck regeln. Für den Champagne Crémant werden sehr viel weniger Hefezellen verwendet. Die Folge ist, daß der Kohlensäuredruck nur etwa halb so groß wird und der Wein später weniger stark schäumt. Nach Ablauf der zweiten Gärung enthält der Wein außer Bläschen auch ein Depot, bei dem es sich hauptsächlich um abgestorbene Hefezellen handelt. Es ist wichtig, daß der Wein eine gewisse Zeit mit diesem Depot in Kontakt bleibt, da es feine Nuancen in Duft und Geschmack bewirkt. Außerdem baut der Wein im Keller Säuren ab. Deshalb lassen alle besseren Erzeuger ihren Champagner länger als das vorgeschriebene Jahr reifen; wirklich gute Champagner liegen mindestens drei Jahre im Keller. Für die Firmen, die in dieser Weise arbeiten, ergibt sich hieraus ein Finanzierungsproblem: für jede verkaufte Flasche müssen drei im Keller liegen.

Weitere Behandlungen

Natürlich kann das Depot nicht in den Flaschen bleiben. Das klassische Verfahren wurde im vorigen Jahrhundert von Nicole-Barbe Clicquot-Ponsardin erfunden, besser bekannt als Veuve Clicquot. Es wird noch heute von den mei-

GASTFREUNDLICH

Bei vielen Champagnerfirmen, vor allem in den Städten Reims und Épernay, sind Besucher willkommen. Bei einigen von ihnen werden die Gäste sogar mit elektrischen Bahnen durch die ausgedehnten Keller gefahren (u. a. bei Piper-Heidsieck und Mercier).

Ein mildes Licht liegt über den Reben, während die blauen Trauben zur Kelter gefahren werden. Dort werden sie sofort gepreßt, damit die Beerenhäute den Saft nicht färben können.

REGULIERUNG

Die Montagne de Reims ist ein ausgedehntes waldreiches Plateau südlich von Reims. Es steht unter Naturschutz, weil es eine regulierende Wirkung auf das Klima hat. In der Nähe des Orts Verzy stehen die Faux de Verzy, eigenartig aussehende jahrhundertealte Bäume in Pilzgestalt. Rings um das ganze Plateau liegen Rebgärten, die hauptsächlich mit Pinot noir bestockt sind.

Der Pinot noir ist die wichtigste Rebe der Champagne. Die beiden anderen sind der ebenfalls blaue Pinot Meunier und der weiße Chardonnay.

sten Erzeugern angewandt. Das Prinzip dieses Verfahrens besteht darin, daß das Depot zum Korken gerüttelt wird. Dazu werden die Flaschen unter einem Winkel von 45 Grad mit dem Hals nach unten in schräge Gestelle gesteckt, die sogenannten Rüttelpulte. Anschließend machen täglich die *remueurs* ihre Runde. In den dunklen, kühlen, stillen Kellern tun diese Spezialisten nichts anderes als Flaschen schütteln. Diese Arbeit wird sehr rasch und mit beiden Händen gleichzeitig ausgeführt. Ein erfahrenen Remueur kann täglich bis zu 50000 Flaschen behandeln. Die Flaschen werden dabei nicht nur geschüttelt, sondern auch um ein Achtel des Umfangs gedreht und etwas steiler gestellt. Nach etwa sechs Wochen stehen die Flaschen praktisch senkrecht auf dem Kopf in den *pupitres,* während sich das Depot unten am Korken befindet. Anschließend werden die Flaschen mit dem Hals in ein tiefgekühltes Salzbad getaucht. Dadurch entsteht oben in der Flasche ein Eispfropf, der das Depot enthält. Die Flasche wird dann umgedreht und mechanisch (teilweise noch von Hand) geöffnet, wodurch der Eispfropf herausfliegt. Anschließend wird die Flasche mit dem gleichen Weintyp wieder aufgefüllt und endgültig verkorkt. In der Regel wird dem Wein dabei auch eine sorgfältig bemessene Dosis *liqueur d'expédition* hinzugefügt. Meist ist dies eine Mischung aus Champagner und Rohrzucker, durch die der Wein etwas mehr Milde erhält. Auch der übliche trockene Champagnertyp, der Brut, wird stets etwas dosiert. Die Typen Extra dry, Dry oder Sec enthalten etwas mehr Süße, Demi-sec erheblich mehr. Zucker überdeckt auch, weshalb man für einen Demi-sec immer etwas geringere Weine verwenden kann als für die trockenen Sorten. Völlig trockenen Champagner gibt es auch, aber er ist meist nur dann gut, wenn der Wein genügend lange reifen konnte und auf diesem Wege eine gewisse Milde erlangte.

Unter Reims und Épernay erstrecken sich ausgedehnte Kellerkomplexe mit Millionen von Flaschen Wein. Bei Charles Heidsieck wurde ein ganzer Kellergang vollgestapelt.

Moderne Entwicklungen

Da das traditionelle Verfahren der *remuage* arbeitsintensiv, zeitraubend und damit teuer ist – ganz zu schweigen von dem für die Pupitres benötigten Kellerraum –, hat man in der Champagne nach Verfahren gesucht, um diese Arbeit rationeller zu erledigen. Dies war die Geburtsstunde der *gyropalettes.* Hierbei handelt es sich um große Metallkörbe, die etwa 500 Flaschen aufnehmen können. Sie sind auf einer Maschine montiert, die computergesteuert die gleiche Arbeit verrichtet wie die Remueurs mit ihren Händen – dies allerdings für alle Flaschen gleichzeitig, 24 Stunden am Tag, auch am Wochenende. Dadurch wird das gesamte Verfahren von sechs Wochen auf sieben bis zehn Tage verkürzt. Solche Anlagen können sich nur die großen Häuser leisten. Einige von ihnen arbeiten nur noch mit diesen Apparaten; Besuchern werden sie jedoch nur ungern, wenn überhaupt gezeigt. Eine Erfindung jüngeren Datums könnte wiederum die Gyropalettes überflüssig machen. Man hat nämlich einen Stoff entdeckt, der das Depot in kleinen Kügelchen ausfallen läßt, die von selbst nach unten zum Korken rollen. Es dürfte allerdings noch etliche Jahre dauern, bis dieses Verfahren die rechtlichen Hürden passiert haben wird.

Weinsorten

Champagner besteht meist aus verschiedenen Rebsorten von verschiedenen Rebgärten und aus verschiedenen Jahren. Praktisch alle besseren Erzeuger lagern Vorräte von verschiedenen Jahrgängen, die zur Zusammenstellung der Cuvée verwendet werden. Nur wenn ein Jahrgang von außerordentlicher Qualität ist, wird dieser Wein für sich und mit Jahrgang verkauft. Ein solcher Champagner wird *millésime* oder *vintage* genannt. Er ist stets trocken und teurer als ein einfacher Brut. Die letzte Steigerung schließlich ist der Cuvée de prestige. Dies ist der allerbeste Champagner eines Hauses, der praktisch immer ein Jahrgangswein ist. Dieser Wein erhält eine spezielle, besonders schöne Flasche, und es versteht sich von selbst, daß er auch besonders teuer ist. Bekanntestes Beispiel ist der Dom Pérignon von Moët & Chandon.

Es gibt auch reinsortige Chardonnay-Champagner. Diese werden Blanc de Blancs genannt und sind elegante, leichte Champagner. Die besten Sorten werden mit Jahrgang angeboten. Es gibt auch einen Blanc de Noirs, allerdings nur in sehr geringen Mengen. Hierbei handelt es sich um einen weißen (oder eher blaßroten) reinsortigen Pinot noir-Champagner.

Eine weitere Variante ist Champagne rosé. Der besondere Reiz dieses Weins liegt eigentlich nur in dem hübschen Farbkontrast der weißen Bläschen, die man in einem rosa Wein aufsteigen sieht. Geschmacklich unterscheidet sich nämlich ein Champagne rosé kaum von einem weißen Champagner. Die rosa Farbe kommt in aller Regel dadurch zustande, daß normalem Champagner etwas stiller Rotwein aus dem Gebiet hinzugefügt wird. Der etwas weniger schäumende Crémant wurde bereits erwähnt. Einer der berühmtesten ist der

FLASCHENGRÖSSEN

Champagner wird nicht nur in normale Flaschen von 75 cl abgefüllt, sondern auch in anderen Größen. Davon sind die halbe Flasche (37,5 cl) und die Magnum (2 Flaschen) am häufigsten. In Flugzeugen werden ¼ Flaschen (20 cl) gereicht. Für besondere Gelegenheiten mit vielen Gästen gibt es die Jéroboam (sechs Flaschen), die Méthusalem (acht Flaschen) und die Salmanazar (ein Dutzend Flaschen).

Crémant de Cramant von Mumm. Der Ort Cramant liegt in der Côte des Blancs; es handelt sich also um einen feinschaumigen Blanc de Blancs.

Coteaux Champenois
Außer dem berühmten Schaumwein gibt es in der Gegend auch Stillwein. Dieser trägt die Herkunftsbezeichnung Coteaux Champenois. Meist ist weder der Weißwein noch der Rotwein oder der Rosé ein besonders überzeugendes Produkt, für das man jedoch verhältnismäßig viel bezahlen muß, weil in der Champagne die Trauben nun einmal teuer sind. Es gibt nicht viele Erzeuger, die einen Coteaux Champenois von gleichbleibend guter Qualität und in nennenswerter Menge liefern. Der wichtigste von ihnen ist Laurent Perrier. Ganz im Süden der Champagne, im Departement Aube, gibt es einen Coteaux Champenois mit eigener Herkunftsbezeichnung. Dies ist der Rosé de Riceys aus Les Riceys, einer Gemeinde, die aus drei Weilern besteht. Auch dieser sehr seltene Wein ist in der Regel wenig bemerkenswert.

Servieren
Champagner wird kühl, jedoch nicht eisgekühlt serviert; 6 bis 8^0 C sind ideal. Beim Öffnen der Flasche darf der Korken nicht mit lautem Knall durch den Raum schießen. Dies ist nicht nur gefährlich, sondern führt auch zu einem Verlust von Wein. Der Korken muß vorsichtig herausgedreht oder -gerüttelt werden, bis er sich mit einem leisen Zischen aus dem Hals löst. Die besten Champagnergläser mit einem sehr schlanken, tulpenförmigen Kelch findet man in der Gegend selbst. Man kann den Wein jedoch auch in hohe, schlanke Flöten oder in normale Weingläser einschenken. Unbedingt abzuraten ist dagegen von flachen Sektschalen. Der Wein entwickelt hierin kaum Bukett, und auch die festlichen, so sorgfältig erzeugten Bläschen kommen nicht zur Geltung. Schalen sind gut für Eisbomben, aber nicht für Champagner.

Am Ortsanfang von Cramant (Côte des Blancs) steht diese Riesenflasche.

CHURCHILLS CHAMPAGNER

Winston Churchill war ein großer Liebhaber von Champagner Pol Roger, und er nahm diese Marke auch auf seine Auslandsreisen mit. Nach dem Tod des großen Staatsmanns beschloß das Haus Pol Roger, das Etikett der speziell für England reservierten Qualität extra dry *mit einem Trauerrand zu versehen. Dieses Etikett wird immer noch geführt.*

Winternebel läßt die Konturen eines Dorfs im Marnetal verfließen.

Loire

Die markante Silhouette des hoch auf einem Hügel gelegenen Sancerre; höchster Punkt ist der Tour des Fiefs (12. Jahrhundert).

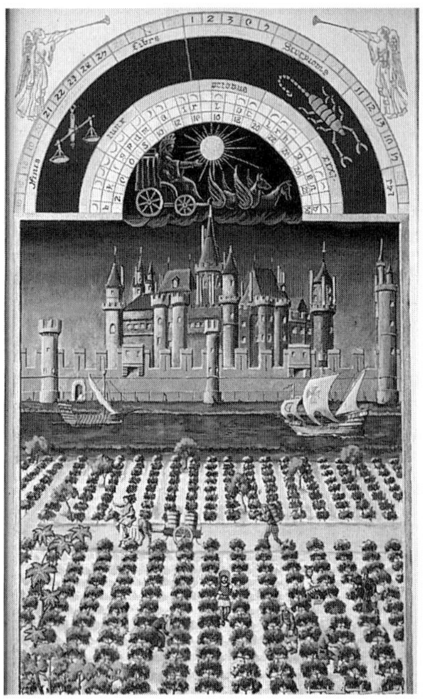

Alte Darstellung des Schlosses von Saumur; im Vordergrund werden Trauben gelesen.

Die Loire, Frankreichs größter Fluß, ist genau 1012 Kilometer lang. Sie entspringt im Departement Ardèche am Gerbier de Jonc in 1400 Meter Höhe. Durch die Schluchten des Zentralmassivs und fruchtbare Täler strömt der Fluß mit starkem Gefälle nach Norden. Vorübergehend verläuft die Loire parallel zur Rhone, später zur Saône. Während sich diese beiden Flüsse jedoch nach Süden wenden, strömt die Loire anfangs genau nach Norden. Bei Nevers ändert sie ihre Richtung und wendet sich nordwestlich nach Orléans. Dort erreicht sie ihren nördlichsten Punkt und biegt dann südwestlich nach Tours ab, von wo aus sie praktisch in gerader Linie dem Atlantik zueilt. Als mächtiger Fluß ergießt sie sich schließlich bei Saint-Nazaire in den Golf von Biskaya.

Die Loire ist ein faszinierender Fluß, der, je breiter er wird, immer mehr Nebenflüsse «anzieht»: Allier, Cher, Indre, Vienne und Sèvre zur Linken, Arroux, Nièvre, Maine und Erdre zur Rechten. Durch ihre vielen Nebenflüsse wird die Loire zu einem so gewaltigen Strom, daß von Tours an abwärts vielfach Dämme das Land vor Überschwemmungen schützen müssen.

Wie man sich denken kann, ist das Klima in einem so großen Gebiet wie jenem der Loire nicht überall gleich. In der Nähe des Meeres findet man ein gemäßigtes maritimes Klima, weiter im Landesinnern ein kontinentales Klima.

Die Loire ist vielleicht der französischste aller französischen Flüsse. Sie entspringt in Frankreich und beendet auch dort ihren Lauf. Sie passiert fünfzehn Departemente, und ihr Einzugsgebiet umfaßt etwa ein Fünftel der Fläche Frankreichs. Vor allem wegen ihres zentralen Verlaufs und ihrer Länge war die Loire früher eine sehr wichtige Wasserstraße, ebenso bedeutend wie die Seine und viel bedeutender als der Rhein.

Martin von Tours

In der Entwicklung des Weinbaus an der Loire spielte Martin von Tours, der spätere heilige Martin, eine wesentliche Rolle. Er wurde als Sohn eines römischen Tribuns im Jahre 316 oder 317 in Savaria (Szombathely) im heutigen Westungarn geboren. Als Fünfzehnjähriger trat er in die Dienste des römischen Heers und kam zur Reiterei in Gallien. Schon wenig später soll er an einem der Stadttore von Amiens einem Bettler die Hälfte seines Mantels gegeben haben. Die Legende berichtet, daß dem hl. Martin in der Nacht darauf Christus erschien, mit eben diesem Mantel bekleidet. Als Achtzehnjähriger ließ sich Martin taufen. Er nahm seinen Abschied vom Heer und wurde Schü-

Loire-Köstlichkeiten

Eine Spezialität aus der Loire ist der frische Lachs. In den besseren Restaurants der Gegend findet man ihn gelegentlich auf der Speisekarte. Auch der Spargel des Loire-Tals ist berühmt, besonders der aus der Touraine. Beide Gerichte passen perfekt zu einem der trockenen Weißweine aus der Gegend.

ler von Bischof Hilarius von Poitiers. Um 360 ließ sich Martin südlich von Poitiers als Einsiedler nieder. Er fand viele Anhänger, mit denen er die erste Klostergemeinschaft Frankreichs gründete. Trotz der Intervention anderer Bischöfe wählte ihn das Volk im Jahre 371 zum Bischof von Tours. Der neue Status änderte jedoch wenig an seinem Leben. Er blieb Asket und Mönch und gründete um 375 in Marmoutier eine Abtei. Marmoutier ist eine Verstümmelung des lateinischen *maius monasterium,* d.h. «größeres Kloster». Da aber eine Abtei ohne Rebgärten nicht denkbar war, veranlaßte Martin von Tours im letzten Viertel des vierten Jahrhunderts die Anpflanzung eines Rebgartens. Später förderte die Kirche kontinuierlich die Anlegung neuer Rebgärten sowie die Entwicklung des Weinbaus und der Weinbereitung.

Krieg mit England

Ein großer Teil Frankreichs, insbesondere auch das Loire-Gebiet, hatte lange unter den Wirren des Hundertjährigen Krieges zu leiden. Man versteht darunter eine Serie von Kriegen mit England, die mit Unterbrechungen von 1339 bis 1453 dauerten. Es würde hier zu weit führen, im einzelnen auf diese Kriege einzugehen; jedenfalls war die Vermählung, die den Weg der Bordeaux-Weine nach England freimachte, nämlich diejenige der Erbtochter Eleonore von Aquitanien im Jahre 1151 mit Heinrich Plantagenet, der 1154 König von England wurde, zugleich auch die Ursache für die Feindseligkeiten. Zunächst waren die Engländer auf dem Vormarsch: 1347 eroberten sie Calais und 1356 gingen sie als Sieger aus der Schlacht von Maupertuis bei Poitiers hervor. Plündernde Soldaten, eine Pestepidemie, die die Reihen der Franzosen lichtete, der Währungsverfall – die Not des Landes schien kein Ende zu nehmen. Erst 1429 wandte sich das Kriegsglück zugunsten Frankreichs. Jeanne d'Arc, ein Bauernmädchen, dessen heilige Überzeugung es war, von Gott zur Befreierin Frankreichs erkoren zu sein, eroberte am 8. Mai 1429 Orléans, im Juni darauf die ganze Champagne. In Reims ließ sie den Dauphin, den rechtmäßigen Thronfolger, als Karl VII. zum König von Frankreich krönen. Zu diesem Zeitpunkt hatte der König die Chance, das ganze Reich zurückzuerobern. Er nutzte indessen die Gunst der Stunde nicht. Noch einmal gelang den Engländern ein schwerer Schlag. Sie bekamen im Jahre 1430 Jeanne d'Arc in ihre Gewalt und ließen sie am 30. Mai 1431 auf dem Scheiterhaufen verbrennen. 1450 eroberten jedoch die Franzosen die Normandie, und nach der Schlacht bei Castillon befand sich 1453 das ganze Land wieder in ihren Händen. Damit ging

Eine Spezialität aus der Gegend ist frischer, geräucherter Loire-Lachs. Hervorragender Begleiter des Gerichts ist Pouilly-Fumé.

Das berühmte Schloß von Chenonceau im Cher-Fluß.

eine lange Reihe von Kriegen zu Ende, auch wenn niemals ein offizieller Friedensvertrag geschlossen wurde.

Königsschlösser

Nach dem Krieg mit England fanden die französischen Herrscher wieder Zeit für andere Dinge. Viele von ihnen waren leidenschaftliche Jäger, und in den ausgedehnten Wäldern der Loire-Region konnten sie dieser Leidenschaft ausgiebig frönen. Das Klima der Gegend ist ja sehr angenehm und die Landschaft grün und üppig. Kein Wunder, daß sich die französischen Könige mit ihrem Hof hier jahrhundertelang bevorzugt aufhielten. Die Einkünfte, die bisher für den Kampf gegen die Engländer gebraucht wurden, verwandte man nun für den Bau von Landgütern und Schlössern. Ein herrlicher Landsitz nach dem anderen entstand – Perlen am silbernen Band der Loire.

Fruchtbares Tal

Vom Hinterland bis zum Seehafen Saint-Nazaire fließt die Loire auf einer schiffbaren Strecke von 250 Kilometern durch eine ebenso schöne wie abwechslungsreiche Landschaft, vorbei an Wäldern, Schlössern, Rebgärten und geschichtsträchtigen Orten. Der Fluß hat allerdings in unserer Zeit seine wichtige Funktion als Handelsweg verloren, und auch die Fürsten mit ihren Mätressen gehören endgültig der Vergangenheit an. Die Schlösser jedoch verbreiten noch immer eine Atmosphäre ruhmreicher Vergangenheit. Inmitten all der Reminiszenzen an eine vergangene Zeit läßt man sich hier gerne zum Träumen verführen.

Das sehr milde Klima ermöglicht den Anbau von Rosen und sonstigen Blumen, sehr vielen Obstsorten (von Erdbeeren beispielsweise, Johannisbeeren, Himbeeren, Quitten, Kirschen, Birnen und Pflaumen), Nüssen, Champignons und natürlich von Reben. Von den Früchten ist die aus dieser Gegend stammende Reineclaude die berühmteste. Sie hat ihren Namen von Claude de France, der im Jahre 1499 geborenen Tochter von Ludwig XII. und Anne von Bretagne. Im Jahre 1415 vermählte sie sich mit Franz von Valois, dem späteren König Franz I. Einer ihrer Söhne – sie hatte vier Töchter und drei Söhne – war der spätere König Heinrich II. Ihr Gemahl scheint sie übrigens sehr vernachlässigt zu haben. Sie war freilich keine Schönheit und hinkte überdies, während er selbst für die Begriffe der damaligen Zeit ein recht lockeres Leben

LIEBENDE

In Le Pallet (Muscadet) ist ein Museum sowohl dem Wein als auch Pierre Abélard (1079–1142) gewidmet. Als Dozent der Theologie begann Abaelardus ein Verhältnis mit der zwanzig Jahre jüngeren Schülerin Héloïse. Als sie schwanger wurde, heirateten sie insgeheim und bekamen einen Sohn. Wenig später trat Héloïse in ein Kloster ein. Als die Beziehung ruchbar wurde, rächte sich ein Onkel von Héloïse, indem er Abélard entmannte. Auch wegen seiner kontroversen theologischen Veröffentlichungen geriet Abélard in Schwierigkeiten. Er sammelte Geld, um Héloïse und ihr Kloster zu unterstützen. Die Briefe, die er ihr schrieb, sind berühmt geworden. Erst gegen Ende seines Lebens konnte sich Abélard ungestört seinen Studien widmen. Im Jahre 1800 wurden die Gebeine von Abélard und Héloïse auf den Friedhof Père Lachaise in Paris überführt.

führte. Das Volk aber verehrte die junge Königin. Im Juli 1425 starb sie im Schloß von Blois, wo zehn Jahre zuvor auch ihre Mutter hingeschieden war.

Variationen in Wein

Obwohl die Rebe im Loire-Tal nicht die absolute Vorherrschaft innehat, spielt der Weinbau doch eine bedeutende Rolle. An den Ufern der Loire und ihrer Nebenflüsse findet man sehr unterschiedliche Bodenarten, und auch die Klimabedingungen können von Rebgarten zu Rebgarten schwanken. Dies bringt es mit sich, daß es sehr viele verschiedene Rebsorten und noch mehr unterschiedliche Weine gibt. Aus dem Loire-Tal kommen eine Vielzahl ordentlicher bis hervorragender Weine: Rotwein, Rosé und Weißwein, von knochentrocken bis vollsüß. Auch unterschiedliche Weintypen findet man hier: Stillweine, Perlweine und Schaumweine. Wenn es eine Gemeinsamkeit gibt, dann ist es ihre frische und lebendige Art und ihre frühe Trinkreife. Wie im Elsaß und Burgund sind die meisten von ihnen reinsortige Weine.

Die Rebsorten

Wenn auch wie erwähnt die Zahl der Rebsorten an der Loire groß ist, so haben sie doch nicht alle die gleiche Bedeutung. Bei den weißen Rebsorten spielt der Chenin blanc oder Pineau de la Loire eine Hauptrolle, vor allem in Anjou und der Touraine. Diese ertragreiche Rebsorte treibt früh aus (und ist deshalb durch Nachtfröste gefährdet), reift jedoch spät. Sehr häufig liest man die Trauben erst im November.

Chenin blanc-Weine haben im allgemeinen einen nicht sehr ausgeprägten Geschmack und einen hohen Säuregehalt. Daneben sind sie harmonisch und kräftig. Die Rebe liefert viele verschiedene Weintypen, die häufig überaus trokken, aber auch leicht süß und manchmal sogar üppig sind. Eine weitere häufig angepflanzte weiße Sorte ist der Sauvignon blanc, der auch Blanc fumé genannt wird. Unter dieser Bezeichnung findet man ihn nicht nur in der Appellation Pouilly-Fumé, die auch als Blanc-Fumé de Pouilly bezeichnet wird, sondern ebenso in der Neuen Welt (Vereinigte Staaten, Australien usw.). Rings um Pouilly-sur-Loire und Sancerre beherrscht diese Rebe das Bild. Im charakteristischen Duft ihrer sehr aromatischen Weine kann man Spargel, Gemüse, Obst und Blumen entdecken.

Die dritte wichtige weiße Rebe ist der Muscadet oder Melon de Bourgogne, der – wie sein zweiter Name andeutet – aus Burgund stammt. Schon im 16. Jahrhundert wurde diese Rebe, die mit dem Gamay noir à jus blanc des Beaujolais entfernt verwandt ist, an die Atlantikküste verpflanzt, da sie weniger frostempfindlich war als die Rebsorten, die hier früher angebaut wurden. Der Muscadet ist eine frühe, frostharte Rebe, die jedoch für Graufäule (pourriture grise) anfällig ist. In der Gegend von Nantes gedeiht er ausgezeichnet und liefert leichte, frische Weißweine, die man meist in ihrer frühesten Jugend trinkt.

Der Chardonnay, hier auch Auvergnat blanc oder Auvernat blanc genannt, liefert viele der größten Weißweine der Welt. An der Loire spielt er aber nur eine untergeordnete Rolle.

Auch der Anteil des Pinot gris (andernorts als Malvoisie, Pinot Beurot, Pinot grigio, Tokay d'Alsace, Ruländer bekannt) ist relativ gering. Der Ertrag dieser Rebsorte ist eher niedrig. Die Weine sind in der Regel fest mit gutem Alkoholgehalt. Im Loire-Gebiet liefert diese Rebe trockene und halbsüße Weine.

Der Pineau menu, Menu pineau oder Arbois ist eng mit dem Chenin blanc verwandt, diesem aber trotz kraftvollerer Struktur qualitativ unterlegen.

Der Gros Plant du Pays Nantais ist eine einfache, ertragreiche Rebe. Als Folle blanche wächst er im Gebiet von Cognac, als Picpoule in der Gegend von Armagnac. In diesen Regionen liefert er hauptsächlich leichte Weine mit hohem Säuregehalt, die sich hervorragend zur Destillation eignen. Den Romorantin schließlich gibt es nur in der Touraine, wo er in Cheverny eine Rolle spielt. Diese geringe Verbreitung ist nicht zu bedauern, denn der trockene Wein von dieser Rebe schmeckt reichlich hart und rustikal.

Von den blauen Reben ist der Cabernet franc oder Breton qualitativ unbestritten die Nummer eins. Seine Weine, die etwas weniger Tannin aufweisen als diejenigen des Cabernet-Sauvignon sind in Duft (Himbeeren, Veilchen) und Geschmack etwas zugänglicher und milder. Vor allem in manchen Teilen des Gebietes von Anjou und in der Touraine liefert der Cabernet franc gelungene Rotweine sowie ansprechende Rosés.

Der ertragreiche Gamay noir à jus blanc wird im Loire-Tal wieder in größe-

Auf einem Weingut im Muscadet liegen frische Muscheln zum Räuchern bereit.

Die sanft gewellte Landschaft des Bezirks Sèvre et Maine, der Wiege der besten Muscadets.

CHAMBORD

Das größte Loireschloß ist Chambord. Es liegt etwa fünfzehn Kilometer östlich von Blois. Es ist umgeben von einem 5500 Hektar großen Park und hat 440 Zimmer, 84 Treppen und 365 Kamine. Es wurde im Auftrag von Franz I. erbaut, einem wenig tugendsamen Fürsten, der allerdings viel für die Schönen Künste tat. So holte er nicht nur Leonardo da Vinci an seinen Hof, sondern auch Benvenuto Cellini, einen florentinischen Bildhauer, Goldschmied und Schriftsteller, und Francesco Primaticcio, einen Maler, Bildhauer und Architekten aus Bologna.

rem Maßstab angebaut. Er liefert ziemlich leichte, frische Weine, die jung zu trinken sind.

Cot heißt an der Loire eine Traube, die man in Bordeaux Malbec, in Saint-Émilion Pressac und in Cahors Auxerrois nennt. Der Cot ist eine sehr empfindliche Rebe. Im Loiregebiet spielt er deshalb nur eine untergeordnete Rolle. Weine von dieser Rebe beeindrucken mehr durch ihre Farbe und ihr Tannin als durch Duft und Aroma.

Pinot noir oder Auver(g)nat rouge ist die edle blaue Rebe der großen Burgunder-Weine. Im Loire-Tal erreicht sie selten hohes Niveau.

Der ziemlich ergiebige Pinot Meunier (auch einfach nur Meunier oder Gris Meunier genannt) ist eine frühe, aber frostunempfindliche Rebe. Seine geschmeidigen Weine besitzen etwas weniger Finesse als die vom Pinot noir. In der Champagne, wo er zu einer der drei zulässigen Rebsorten gehört, bringt er hervorragende Resultate. Im Loire-Gebiet findet man ihn vor allem in der Gegend um Orléans.

Der sehr ertragreiche Groslot oder Grolleau ist eine bodenständige Loire-Rebe aus der Gegend von Langeais. Er ist seit jeher die Rebe für einfache Rosés wie z.B. den Rosé d'Anjou.

Der Pineau d'Aunis oder Chenin noir ist ebenfalls eine echte Loire-Rebe. Die eher hellen Weine von dieser Rebe haben etwas mehr Klasse als jene der Groslot. Meist handelt es sich um frische, trockene Rosés, gelegentlich auch Rotweine von akzeptabler Qualität, deren Geschmack an Himbeeren erinnert.

BEINAME

In Teilen der Touraine wird der Cabernet franc auch Breton genannt. Dies geht vermutlich auf den Abt Breton zurück, der im Jahre 1631 von Kardinal Richelieu nach Bordeaux gesandt wurde, um von dort den Cabernet franc zu holen. Möglicherweise ist jedoch Breton auch als «bretonischer Wein», d.h. Wein für die Bretagne zu verstehen.

Rings um Nantes

Wenn man von der Küste aus das Loire-Gebiet hinauffährt, beginnt man im Pays Nantais, das nach dem am breiten Mündungsdelta des Flusses gelegenen Nantes benannt ist. Östlich und vor allem südlich dieser Stadt liegen ausgedehnte Rebgärten aus stark kieshaltigem Grund. Schon die Römer trieben hier für den Eigenbedarf Weinbau. Seither wird in dieser Gegend ohne Unterbrechung Wein erzeugt, der allerdings jahrhundertelang nur in der Gegend selbst getrunken wurde.

Dies änderte sich erst im 17. Jahrhundert, als die Holländer und Engländer ihre Liebe zum Branntwein entdeckten. Um genügend leichte Weine zum Brennen zu bekommen, förderten die Holländer den Weinbau im Pays Nantais nach Kräften. Überall wurden die Rebgärten vergrößert, und man schenkte dem Weinbau und der Weinbereitung alle Aufmerksamkeit.

Bis zum Beginn des 18. Jahrhunderts waren die meisten Rebgärten mit blauen Reben bestockt. Diese Situation änderte sich zunächst schrittweise und dann recht abrupt, als im strengen Winter des Jahres 1709 alle Reben bis auf den letzten Stock erfroren, so daß die gesamte Bestockung innerhalb kurzer Zeit erneuert werden mußte. Dabei verlagerte sich das Schwergewicht deutlich auf den Weißwein. Der Melon de Bourgogne wurde in großem Umfang angepflanzt, und zwar mit durchschlagendem Erfolg. Man nannte ihn hier Muscadet und benutzte diesen Namen später auch für den Wein. Der Muscadet ist meist ein leichter, frischer, manchmal auch etwas salziger Wein mit relativ wenig Duft und einer wenig ausgeprägten Persönlichkeit. Ganz jung getrunken schmeckt er am besten. Unter den besten Muscadets gibt es auch Weine, die sich nach einigen Jahren der Reife verbessern können. In der Regel liegt die Grenze bei fünf Jahren Flaschenreife, doch kann ein Wein in einem außerordentlich guten Jahr nach fünfzehn Jahren ein überraschendes Niveau erreichen. Als Wein von der Meeresküste kann der Muscadet zu Meeresfrüchten ein wunderbarer Begleiter sein.

Sur lie

Auf Muscadet-Etiketten ist häufig *sur lie* angegeben. Dies bedeutet, daß der Wein nach der Gärung nicht «abgezogen», das heißt in ein frisches Faß oder einen frischen Tank umgefüllt wurde. Der Wein bleibt – meist in unterirdischen Tanks – auf der *lie* liegen, auf der Hefe, und zwar meist bis zum zeitigen Frühjahr. Dann wird er filtriert und abgefüllt. Diese Arbeitsweise hat den Vorteil, daß der Wein vor Oxidation geschützt ist und seine Frische bewahrt, weil die Hefe Sauerstoff verbraucht und Kohlendioxid produziert. Wegen seiner zarten Struktur ist der Muscadet für die Oxidation besonders anfällig. Da dank der Hefe eine leichte zweite Gärung hinzukommt, zeichnet sich der sur lie-Wein durch eine Spur Kohlensäure aus. Diese läßt den Wein manchmal etwas perlen, was von vielen Weinfreunden sehr geschätzt wird.

Verschiedene Herkunftsbezeichnungen

Der qualitativ beste Muscadet kommt von den etwa 9000 Hektar umfassenden Rebgärten des hügeligen Gebiets Sèvre et Maine (beides Nebenflüsse der Loire). Der Alkoholgehalt schwankt zwischen 10 und 12,3 Prozent. Das Klima ist hier milder als anderswo im Pays Nantais. Wein der Appellation Muscadet de Sèvre-et-Maine kommt hauptsächlich von selbständigen Erzeugern.

Mit 500 Hektaren ist das Weinbaugebiet, für das die Herkunftsbezeichnung Muscadet des Coteaux de la Loire gilt, deutlich kleiner. Die Rebgärten dieser Appellation liegen nordöstlich von Nantes an den Ufern der Loire. Allgemein ist die Qualität der Weine hier etwas niedriger. Die einfachste Appellation ist Muscadet ohne weitere Angabe, wobei der Alkoholgehalt mindestens 9% betragen muß. Die Weine mit dieser Herkunftsbezeichnung können aus einer Vielzahl von Gemeinden und aus den Departementen Loire-Atlantique, Maine-et-Loire und Vendée kommen.

Der zweite Wein von Bedeutung in diesem Gebiet ist der Gros Plant du Pays Nantais. Er wird aus dem Gros plant erzeugt, wie die Folle blanche hier heißt. Rund 1500 Hektar sind mit dieser Rebe bestockt. Der Wein ist einfacher und robuster als der Muscadet und enthält mehr Säure. Die besten Sorten werden nach einer Reifeperiode *sur lie* in Flaschen abgefüllt.

Coteaux d'Ancenis ist eine dritte Herkunftsbezeichnung. Die Weine sind überwiegend Rotweine, doch findet man auch Rosé und Weißwein. Das nur

200 Hektar große Gebiet liegt über 27 Gemeinden in den Departementen Loire-Atlantique und Maine-et-Loire verteilt. Der Wein dieser Gegend ist einfach und unkompliziert und wird jung getrunken.

Zuletzt sei noch auf etwa 350 Hektar Rebgärten in der Vendée südlich der Muscadet-Region hingewiesen. Die Weine hiervon sind die Fiefs Vendéens und kommen als Rotweine, Rosés und Weißweine vor. Vom Küstengebiet stammt vor allem Weißwein vom Chenin blanc, während rings um Mareuil zur Hauptsache Gamay angepflanzt wird, der sowohl zu Rotwein als auch zu Rosé verarbeitet wird.

Anjou und Saumur

Die alte westfranzösische Provinz Anjou existiert seit 1790 offiziell nicht mehr. Das ehemalige Provinzgebiet ist heute auf fünf Departemente verteilt: Anjou umfaßt das ganze Departement Maine-et-Loire sowie Teile der Departemente Mayenne, Sarthe, Indre-et-Loire und Vienne. Anjou, dessen Hauptort Angers ist, verdankt seinen Namen wie auch seine politische Identität dem keltischen Stamm der Andes oder Andi. Ihr Anführer Dumnacas leistete Julius Caesar erbitterten, letztlich aber vergeblichen Widerstand. Angers, damals bereits Hauptstadt, hieß in der Römerzeit Juliomagus. Unter den Merowingern und Karolingern war Anjou eine Mark. Vom 10. Jahrhundert an gewann das Gebiet wieder an Bedeutung, als die Grafen von Anjou jahrhundertelang über Anjou, die Touraine, Maine und Teile von Aquitanien herrschten. Nach ihrer Zeit wurde das Schicksal des Gebiets wechselvoller. Im Jahre 1360 ging Anjou an das Herzogshaus von Anjou über, dessen Angehörige gleichzeitig Könige von Neapel waren. 1481 wurde Anjou Krondomäne, und zwar als Apanage für nicht oder noch nicht herrschende Angehörige des französischen Königshauses. Die alte Provinz Anjou verschwand schließlich 1790 von der Landkarte; Anjou hat keine politische Bedeutung und Frankreich kein Königtum mehr.

Das Schloßmuseum von Montreuil-Bellay, auf dem auch Saumur erzeugt wird.

Abwechslungsreiche Landschaft

Anjou ist mit dem milden Klima und der abwechslungsreichen, lieblichen Landschaft, in die Äcker, Gärtnereien, Wälder, Weiden und Rebgärten eingebettet sind, eine angenehme Gegend für einen Aufenthalt. Die breite, aber flache Loire teilt das Gebiet in zwei Teile; für den Weinbau spielt die südliche Hälfte die größere Rolle. Über die Landschaft verstreut liegen vereinzelte schöne Landsitze, gelegentlich auch Schlösser. In dieser Hinsicht scheint Anjou auf die Touraine vorzubereiten, wo ein Schloß auf das andere folgt. Obwohl es also in Anjou weniger Schlösser als in der Touraine gibt, sind diese wenigen besonders reizvoll. Dies gilt vor allen Dingen für das große Schloß von Angers, das auf seinem 32 Meter hohen Felsen die Stadt überragt. Das mittelalterlich-nüchterne Bauwerk hat die Gestalt eines unregelmäßigen Fünfecks. Es ist eingerahmt von siebzehn dicken Rundtürmen und einem tiefen Graben. Es wurde zwischen 1228 und 1238 von Ludwig IX. dem Heiligen erbaut. Die legendäre Frömmigkeit des Königs hinderte ihn nicht an kriegerischen Taten. So nahm er unter anderem am sechsten und siebten Kreuzzug teil; er starb 1270 an einer Krankheit in Tunis. Daß er ein kriegerischer Herrscher war, zeigt auch die festungsartige Schloßanlage. Das im 19. Jahrhundert wesentlich veränderte Petit Château birgt die bemerkenswerte «Apocalypse d'Angers», eine Serie von Wandteppichen.

Niederländische Verbindungen

Anjou ist ein renommiertes Weingebiet mit langer Tradition. Schon vor 372 war das heutige Angers Bischofssitz. Dies war auch in diesem Fall günstig für die Entwicklung des Weinbaus. Ein Autor aus dem 6. Jahrhundert äußert sich bereits begeistert über die hervorragende Qualität der Weine von Anjou. Im 17. und 18. Jahrhundert ging lange Zeit der beste Teil der Weine von Anjou nach Holland. Diese Handelsbeziehung entwickelte sich in einer Zeit, als die Engländer den Löwenanteil ihrer Weine aus Bordeaux importierten. Um sich wirklich das Beste vom Besten zu sichern, eröffneten die holländischen Weinkaufleute an der Loire Büros und Weinkeller. Vom Meer aus fuhren sie die Loire hinauf bis nach Saumur, um selbst die eigenen Fässer zu laden. Man kann sagen, daß die Holländer in diesen Jahrhunderten den Weinhandel von Anjou beherrschten.

Der Weinberg Clos de la Coulée de Serrant, die bekannteste Lage des kleinen Bezirks Savennières. Die Weißweine von Savennières können lange reifen.

EHEMALIGE WASSERSTRASSE

Noch im vorigen Jahrhundert war die Loire eine der wichtigsten Wasserstraßen Frankreichs. Über diesen Fluß wurden zahlreiche Produkte aus dem südlichen und mittleren Frankreich zunächst nach Orléans und anschließend nach Paris befördert. Eines dieser Erzeugnisse war der Wein. Jährlich gingen Zehntausende von Fässern auf diesem Wege nach Norden. Der Bau der Eisenbahn setzte den Transporten auf dem Fluß ein Ende.

In Bonnezeaux, einem Bezirk für süße Weißweine, ist Château de Fesle das führende Weingut.

Vielfalt an Rosés

Nach wie vor denken viele Weinfreunde im Zusammenhang mit Anjou zuerst an Rosé d'Anjou. Dies ist verständlich, denn der meiste Wein der Gegend fällt nach wie vor unter diese Herkunftsbezeichnung. Qualitativ hat dieser Wein allerdings nicht viel zu bieten. Der anspruchsvolle Weinfreund wählt etwas anderes als diesen hellfarbenen, leicht süßlichen, fast immer uninteressanten Rosé. Für Rosé d'Anjou dürfen sechs verschiedene Rebsorten verwendet werden: Cabernet franc, Cabernet-Sauvignon, Pineau d'Aunis, Gamay, Cot und die lokale Größe Groslot. Der Anteil der letzteren beträgt schätzungsweise 90 Prozent. Der Cabernet d'Anjou oder Rosé de Cabernet ist ebenfalls ein halbsüßer Rosé, der jedoch mehr Charakter hat. Hierfür sind nur die beiden Cabernets zugelassen. Seit 1974 gibt es einen weiteren Rosé mit geschützter Herkunftsbezeichnung, den Rosé de la Loire. Es ist ein trockener Wein, der –

Saumur an der Loire wird von seinem Schloß beherrscht. An der Uferstraße ist Markt.

Der Belgier Jean Ackerman brachte die Kunst der Schaumweinerzeugung nach Saumur. Im angrenzenden Saint-Hilaire-Saint-Florent wurde eine Straße nach ihm benannt, an der viele Weinfirmen niedergelassen sind.

wie sein Name schon vermuten läßt – nicht unbedingt aus Anjou kommen muß. Die Rebgärten, in denen er wächst, müssen zu den Erzeugungsgebieten von Anjou, Saumur oder der Touraine gehören. Für diesen Wein sind ebenfalls sechs Rebsorten zugelassen, wovon jedoch mindestens 30 Prozent Cabernets sein müssen. Der Rosé de la Loire kann ein charmanter, frischer, erschwinglicher Sommerwein sein, sehr angenehm zum Picknick.

Rotwein im Kommen

Da das Interesse der Weintrinker an Rosé zurückgeht, stellen immer mehr Winzer auf die Erzeugung von Rotwein um. Roter Anjou, in der Regel ein leichter Wein, darf drei Rebsorten enthalten, und zwar Cabernet franc, Cabernet-Sauvignon und Pineau d'Aunis. Der Cabernet franc spielt die wichtigste Rolle. Der Mindestalkoholgehalt beträgt 10 Prozent. Die Herkunftsbezeichnung gilt für ganz Anjou einschließlich Saumur. Für Anjou-Gamay ist nur der Gamay zugelassen. Dieser Wein will jung getrunken werden. Dies gilt natürlich erst recht für die Primeur-Version, die sich steigender Beliebtheit erfreut. Anjou-Villages, die jüngste Herkunftsbezeichnung, zeigt, daß man in Anjou bemüht ist, den Rückgang bei Rosé überwiegend durch den Absatz von Rotwein abzufangen.

Trockene Weine im Aufstieg

Unter den Anjou-Weinen weisen die Weißweine die größte Vielfalt auf. Dies liegt vor allem daran, daß hier jahrhundertelang fast nur weiße Trauben angebaut wurden. Vor wenigen Jahrzehnten waren die weißen Anjou praktisch immer süß oder halbsüß. Das Aufkommen der trockenen Weine in diesem Gebiet ist ein relativ junges Phänomen.

Die einfachste Ursprungsbezeichnung ist auch für Weißwein Anjou. Dieser Wein muß zu mindestens 80 Prozent aus Chenin blanc bestehen. Daneben sind Chardonnay und Sauvignon zulässig, entweder gemeinsam oder einzeln. Weißer Anjou kann trocken sein, ist aber zumeist lieblich. Anjou Coteaux de la Loire ist eine Weißwein-Appellation, der elf Orte westlich von Angers angehören. Dieser Wein ist in der Regel halbsüß, kräftig und kann je nach Jahrgang einige Jahre reifen.

Alter Taubenschlag (oder eher Taubenturm) von Château de la Guimonière, einem der besseren Güter der Coteaux du Layon.

Savennières und der Sonnenkönig

Der schönste trockene Weißwein von Anjou ist zweifellos der reinsortige Chenin blanc-Wein Savennières aus einem kleinen Gebiet westlich von Angers am Nordufer der Loire. Savennières ist die Ausnahme von der Regel, daß die besten Anjous vom Südufer kommen. Auf den außerordentlich steilen Schieferhängen wächst schon seit dem 12. Jahrhundert Wein. Auch hier waren es Mönche, die den ersten Weinberg anlegten. Durch die Jahrhunderte hin war die Qualität des Savennières stets beachtlich. Schon früh wurde der Wein auch bei Hofe getrunken. Der Begeisterung des Königs für den Wein verdankt das an die Mönche erinnernde alte Château la Roche-aux-Moines wesentliche Erweiterungen und ein zweites Stockwerk. Der Sonnenkönig Ludwig XIV. (1638–1715) war so sehr vom Wein von Savennières angetan, daß er die Gegend besuchen wollte. Leider blieb seine Kutsche unterwegs im Morast stecken. Diese Panne verdroß den König so sehr, daß er unverzüglich umkehren ließ. Dabei hatte man sich in Savennières so gut auf den königlichen Besuch vorbereitet: Das Schloß erstrahlte in neuem Glanz, und man hatte zusätzliche Flügel, Türme und ein weiteres Stockwerk angefügt...

Savennières schmeckte früher halbsüß oder süß, und in guten Jahren wurde der Wein auch aus edelfaulen Beeren erzeugt. Auf dieser Grundlage wurde im Dezember 1952 die Herkunftsbezeichnung Savennières geschaffen. Der Gesetzgeber schrieb einen höchstzulässigen Hektarertrag von 25 Hektolitern und einen Mindestalkoholgehalt von 12 Prozent vor. Heute ist der Savennières aber ein vollkommen trockener Wein. Der Gesetzgeber hat deshalb den zulässigen Ertrag mittlerweile auf 30 Hektoliter pro Hektare erhöht, was für einen trockenen Weißwein immer noch ungerechtfertigt wenig ist. Anderswo im Anjou beträgt er das Anderthalbfache. In Savennières gibt es zwei kleine *grands crus* mit eigener Herkunftsbezeichnung: La Roche aux Moines und La Coulée de Serrant. Letztere ist eine der kleinsten französischen Appellationen: eine bestockte Fläche von 7 Hektar, auf drei Parzellen verteilt, mit einem jährlichen Durchschnittsertrag von 18000 Flaschen. Diese Weine müssen mindestens fünf, meist jedoch zehn bis fünfzehn Jahre reifen, bis ihr etwas honigartiger Duft und der anfangs wenig zugängliche Geschmack zur vollen Entwicklung gekommen sind.

Schaumweinstrasse

Die meisten Weinfirmen, die in Saumur Schaumweine erzeugen, haben ihren Sitz nicht in Saumur selbst, sondern in der Nachbargemeinde Saint-Hilaire-Saint-Florent. Die Büros liegen sehr passend an der Rue Jean Ackerman, so genannt nach dem Mann, der im Jahre 1811 den ersten moussierenden Saumur herstellte. Verschiedene Firmen veranstalten Führungen durch ihre Weinkeller.

Coteaux du Layon

Südlich von Savennières bildet Rochefort-sur-Loire am Südufer der Loire den Übergang zum Gebiet Coteaux du Layon. Hier beginnt das breite und teilweise imposante Tal des Layon, der im Departement Deux-Sèvres entspringt und

Moderne rotierende Gärtanks der Genossenschaft von Neuville-de-Poitou. Hier wird praktisch aller Haut-Poitou erzeugt. Das Durchschnittsniveau der Weine ist hoch.

sich nach siebzig Kilometern in die Loire ergießt. Hier sind praktisch überall auf den meist recht steilen Hängen Reben gepflanzt. Schon vor Jahrhunderten holten die Holländer von hier ihre geliebten Süßweine.

Die Herkunftsbezeichnung Coteaux du Layon gilt für natürlich süße Weine von überreifen Trauben. In Jahren mit einem schönen, langen Herbst und Morgennebeln kann ein großer Teil der Trauben – wie in Sauternes – von Edelfäule (pourriture noble) befallen werden. Die besten Coteaux du Layon stehen qualitativ einem Sauternes kaum nach, auch wenn sie vielleicht etwas weniger üppig sind. Ein guter Coteaux du Layon zeichnet sich durch ein schönes Spiel zwischen Süße und Säuren aus und gewinnt durch Flaschenlager. Gelegentlich behalten diese Weine jahrzehntelang eine verblüffende Vitalität.

Unter bestimmten Voraussetzungen dürfen die Weine von sechs Gemeinden jenen der Coteaux du Layon hinzugefügt werden; dies sind Beaulieu-sur-Layon, Quarts de Chaume, Faye d'Anjou, Rablay-sur-Layon, Rochefort-sur-Loire, Saint-Aubin-de-Luigné und Saint-Lambert-du-Lattay. Zudem gibt es in diesem Gebiet zwei kleine, jedoch bedeutende *crus,* die Enklaven Quarts de Chaume und Bonnezeaux. Der Name Quarts de Chaume erinnert an frühere Zeiten, als der Lehnsherr des Orts ein Viertel der Ernte für sich beanspruchte.

Das kleine Gebiet Coteaux de l'Aubance grenzt an die Coteaux du Layon, liefert jedoch weniger süße und weniger fesselnde Weine.

Moussierender Saumur

Weiter stromaufwärts sind in Saumur und der direkten Umgebung viele Weinfirmen niedergelassen. Einige von ihnen handeln mit allem, was das Loire-Tal an Weinen erzeugt, während die Mehrzahl von ihnen auf Schaumweine spezialisiert sind. Der Belgier Jean Ackerman, der eine gewisse Laurance aus Saumur heiratete, erzeugte 1811 als erster einen moussierenden Wein nach der *méthode champenoise.* Mit diesem Verfahren war er durch jahrelange Berufstätigkeit in der Champagne vertraut geworden. Die Firma Ackerman-Laurance ist heute noch ein bedeutender Erzeuger dieses Weintyps. Der Chenin blanc eignet sich durch seine Struktur und seinen Säuregehalt gut für diese Art der Schaumweinerzeugung. Der Wein kann jedoch auch aus anderen Trauben hergestellt werden: aus Chardonnay und Sauvignon (maximal 20 Prozent) sowie einer Reihe blauer Reben, deren Anteil insgesamt 60 Prozent nicht übersteigen darf. Saumur Mousseux, der offizielle Name der Herkunftsbezeichnung, heißt aus Marketing-Gründen auf dem Etikett stets Saumur d'Origine. Dieser Weintyp ist sehr erfolgreich; in Frankreich wird außerhalb der Champagne nirgendwo soviel Schaumwein nach der Méthode champenoise erzeugt wie hier. Dies ist kein Wunder, denn das Produkt besitzt Klasse, und die Champagnerpreise steigen nach wie vor. Für den Preis einer Flasche Champagner bekommt man in der Regel zwei Flaschen Saumur d'Origine. Der Erfolg des moussierenden Saumur war sicher mit ein Grund für die Schaffung einer zweiten Herkunftsbezeichnung für moussierenden Wein, Crémant de Loire. Das Gebiet, aus dem ein Crémant de Loire kommen kann, umfaßt außer Saumur auch das Anjou und die Touraine. Im übrigen sind die Vorschriften für diese Herkunftsbezeichnung etwas strenger als die für Saumur Mousseux, so daß man hier sogar einen etwas besseren Wein erwarten kann. Bisher hinkt jedoch die Erzeugung von Crémant de Loire noch weit hinter jener von Saumur d'Origine her. Dies hat sicher auch mit der Unbekanntheit der Bezeichnung «Crémant» zu tun.

Stillweine

Über dem Erfolg des Saumur Mousseux könnte man fast vergessen, daß es in der Gegend auch Stillweine gibt, und zwar Weißwein und Rotwein. Saumur Blanc ist ein freundlicher, trockener, aber selten aufregender Wein. Der beste weiße Saumur verdankt seinen charakteristischen Geschmack dem Kreideboden, auf dem er wächst. Im allgemeinen ist der rote Saumur interessanter als der weiße. Für die Rotweine gibt es in diesem Gebiet zwei Herkunftsbezeichnungen, Saumur Rouge und Saumur-Champigny. Beide wurden zum Jahresende 1957 geschaffen, für beide gilt ein höchstzulässiger Hektarertrag von 40 Hektolitern und ein Mindestalkoholgehalt von 10 Prozent; für beide sind die gleichen Rebsorten zugelassen, und beide werden hauptsächlich aus Cabernet franc erzeugt. Trotzdem gibt es einen Qualitätsunterschied, wobei der Saumur-Champigny höher einzustufen ist. Die Rebgärten von Saumur-Champigny liegen überwiegend auf La Côte, einem Kreide-Hochplateau über der Loire östlich von Saumur. Saumur Rouge kann aus 38 Gemeinden kommen, Saumur-Champigny nur aus sieben: Chacé, Dampierre, Montsoreau,

LEGENDÄRE VITALITÄT

Ein guter Coteaux du Layon (oder ein vergleichbarer Anjou) wird einige Generationen alt. Ich habe Weine bis zum Jahrgang 1900 verkostet, die sämtlich noch vital waren. Sogar ein 1870er war noch trinkbar.

Der aus Bordeaux stammende Cabernet franc ist die Grundlage der roten Loire-Weine Chinon, Bourgueil und Saint-Nicolas-de-Bourgueil. Vermutlich ließ Kardinal Richelieu die Rebe 1631 in das Loire-Tal bringen.

Parnay, Saint-Cyr-en-Bourg (die lokale Genossenschaft ist sehr aktiv), Saumur und Souzay-Champigny. Saumur-Champigny ist meist von intensiver Farbe, recht fruchtig, geschmeidig und fest und von lebendigem Geschmack.

Thouars und Haut-Poitou

Im Süden von Saumur liegt die Stadt Thouars. Rings um diesen Provinzort und im Tal des Thouet, eines 140 Kilometer langen Nebenflusses der Loire, liegt ein kleines, selbständiges Weingebiet, von dem Weißwein, Rotwein und Rosé kommt: les Vins du Thouarsais. Das Gros der Erzeugung bleibt in der Gegend selbst. Im allgemeinen sind die Weißweine die besten. Deutlich größere Bedeutung hat im quantitativen und qualitativen Sinne das Gebiet der Vins du Haut-Poitou. Dieses liegt noch weiter südlich im Departement Vienne und verdankt seinen Namen der Stadt Poitiers. Daß die einst völlig unbekannten Weine aus dem Haut-Poitou selbst in Sterne-Restaurants als Hauswein gereicht werden, ist auf den Einsatz und die Anstrengungen der technisch hervorragend ausgestatteten Genossenschaft von Neuville-de-Poitou zurückzuführen. Dieser Betrieb verarbeitet über 90 Prozent der gesamten Erzeugung des Gebiets. Auch hier ist der Weißwein am köstlichsten, insbesondere die aromatischen, knisternd trockenen Sorten aus Sauvignon und Chardonnay. Aber auch die Rotweine und Rosés sowie die Schaumweine werden fachkundig hergestellt.

Touraine

Die Touraine hat wie Anjou seit 1790 aufgehört als Provinz zu existieren; sie ist seither über mehrere Departemente verteilt. Zur Touraine gehört das ganze heutige Departement Indre-et-Loire wowie Teile der Departemente Indre und Loir-et-Cher. Die Geschichte der Touraine war sehr abwechslungsreich. In der Mitte des 10. Jahrhunderts wurde die Touraine eine selbständige Grafschaft, die ein Jahrhundert später an die Grafen von Anjou fiel. Im Jahre 1205 kam die Grafschaft zur französischen Krone. Ein mildes Klima, romantische Flußtäler (u.a. Loire, Cher, Indre und Vienne), ausgedehnte Wälder, grüne Weiden und fruchtbare Äcker haben der Touraine den Titel *Jardin de France,* Garten Frankreichs, eingetragen. Die reichen Adligen wußten, warum sie hier für sich selbst, ihre Gemahlinnen und Mätressen Burgen und Lustschlösser erbauen ließen.

Bereits Ende 4. Jahrhundert wurden hier die ersten Reben gepflanzt. Nach der Legende sollen die Winzer die Technik des Rebschnitts vom Esel des Martin von Tours, dem späteren heiligen Martin, gelernt haben. Sie sahen nämlich, daß das Knabbern des Tiers an den Rebenzweigen zur Folge hatte, daß die übrigen Zweige um so reichere Frucht trugen. Die Dichter aus diesem Gebiet haben den Wein ihrer Heimat immer wieder besungen. Vor allem das 16. Jahrhundert, das «Goldene Zeitalter» der Touraine, brachte viele poetische Talente hervor. In dieser Zeit lebten unter anderem auch Rabelais (um 1494–1553) und Ronsard (1524 oder 1525–1585). Am Ende des Jahrhunderts wurden noch zwei weitere berühmte Persönlichkeiten in der Touraine geboren: Descartes (1596–1650) und Balzac (1799–1850).

Die Landweine

Die Touraine ist über hundert Kilometer breit. In diesem großen Gebiet gibt es eine Vielzahl von Bodenarten, Mikroklimata und Traditionen. Entsprechend zahlreich sind in der Touraine auch die Weine und Herkunftsbezeichnungen. Die Landweine tragen die Appellation Touraine. Sie werden auf etwa einem Drittel der bestockten Fläche erzeugt. Roter Touraine, der etwa die Hälfte der Gesamterzeugung ausmacht, kann je nach Erzeuger, verwendeten Rebsorten und Jahrgang von sehr unterschiedlicher Art und Qualität sein. Der Cabernet de Touraine kann fruchtig und lebendig sein. Der Gamay de Touraine ähnelt häufig einem einfachen Beaujolais. *Tradition* heißt ein relativ neuer Weintyp, der aus Gamay, Cabernet franc und Malbec komponiert wird. Er kann überraschend gut sein. Die Rosé-Erzeugung geht laufend zurück. Mehr Bedeutung hat weißer Touraine, dessen Menge in der Regel etwas unter jener des Rotweins liegt. Auch davon gibt es verschiedene Versionen. Die Trauben können die üblichen weißen Loire-Trauben sein, doch wird überwiegend Sauvignon verwendet. Ein Vorzug des Sauvignon de Touraine ist, daß das Verhältnis zwischen Preis und Qualität noch stimmt. Schließlich gibt es auch noch moussierenden Touraine. Drei Untergebiete der Touraine sind Touraine Amboise (überwiegend Rotwein), Touraine Azay-le-Rideau (Weißwein und Rosé) und Touraine Mesland (Rotwein und Weißwein).

Die bekanntesten Spezialitäten des großen Herkunftsgebiets Touraine sind der weiße Sauvignon de Touraine und der rote Gamay de Touraine.

HÄNGENDE GÄRTEN

Eine der Perlen der Touraine ist das Schloß von Villandry. Es wurde im 16. Jahrhundert von Jean de Breton, dem Staatssekretär von Franz I., erbaut. Der Schloßturm stand damals bereits ein Jahrhundert. Besucht wird dieses Schloß hauptsächlich wegen der auf drei Ebenen angelegten Gärten und Wasseranlagen. Diese wurden im 19. Jahrhundert nach alten Zeichnungen sorgfältig rekonstruiert.

Über dem mittelalterlichen Chinon ragen die 400 Meter langen Ruinen von drei aneinandergebauten Schlößern auf.

In Bourgueil hat ein Kloster seit dem 10. Jahrhundert den Weinbau stimuliert. Diese Abtei hat heute noch eigene Rebgärten.

Chinon
Dort, wo die Vienne in die Loire mündet, grenzen die Touraine und Anjou aneinander. Hier liegt die historische Stadt Chinon, die sich romantisch zwischen den Ufern der Vienne und einer gewaltigen Schloßruine ausbreitet und auch einer Herkunftsbezeichnung ihren Namen gibt. Der in Chinon geborene Rabelais pries mit Recht die Weine seiner Heimat. Diese charmanten, aromatischen, festen, vitalen Rotweine (überwiegend Cabernet franc, teilweise mit etwas Cabernet-Sauvignon) gehören in der Tat zu den besten Rotweinen des Loire-Tals. Allerdings ist Chinon nicht gleich Chinon. Die besten von ihnen können fleischig sein und ein gutes Alterungspotential haben. Die Weine stammen von den Plateaus mit sand- und lehmhaltigem Kalkstein sowie von den Hängen, auf denen man teilweise Feuerstein findet. Von anderen Böden kommt ein anderer Typ Chinon, der häufig etwas leichter ist.

Ein guter Chinon zeichnet sich durch ein prachtvolles Rot aus. Der Wein duftet nach Walderdbeeren, Himbeeren, schwarzen Johannisbeeren und manchmal nach Veilchen. Diese Aromen kehren im Geschmack wieder. Ele-

TEILGEBIETE

In den drei Teilgebieten der Herkunftsbezeichnung Touraine liefern bestimmte Reben bessere Ergebnisse als andere. In Touraine Amboise ergibt vor allem der Cot erfolgreiche Rotweine; in Touraine Azay-le-Rideau ist der Chenin blanc die Grundlage langlebiger Weißweine, und in Touraine Mesland erbringt der Gamay die besten Resultate.

Eine der beiden Weingenossenschaften in Vouvray betreibt ein Degustations- und Verkaufslokal für Durchreisende.

ganz, Vitalität, Frische und Tannin sind ebenfalls charakteristische Merkmale. Aus Chinon kommt daneben auch Rosé und sogar Weißwein, aber dessen Anteil ist sehr begrenzt – und die Qualität meist nicht überragend.

Das nordöstlich davon gelegene kleine Gebiet der Appellation Bourgueil bringt Weine hervor, die im großen und ganzen denen von Chinon ähneln. Sie sind etwas weniger verfeinert, etwas robuster und rustikaler und manchmal im Geschmack eine Spur pfeffrig. Ein gelungener Bourgueil kann sich auf der Flasche verbessern. Bourgueil Rosé schmeckt trocken und frisch. Saint-Nicolas-de-Bourgueil ist eine kleine Herkunftsbezeichnung, die nur die gleichnamige Gemeinde umfaßt. Die Böden liegen etwas höher und sind etwas ärmer als die von Bourgueil. Außerdem ist der zulässige Hektarertrag etwas niedriger. Der Wein mancher Erzeuger kann sich ohne weiteres mit einem Bourgueil messen, doch ist der Durchschnitt etwas leichter als die Weine aus dem Nachbargebiet.

Vouvray und Montlouis

Aus Vouvray im Osten der Hauptstadt Tours kommen die bekanntesten Weißweine der Touraine. Der Untergrund besteht hier aus einer stellenweise meterdicken Schicht Tuffstein. Ausschließlich aus dem Chenin blanc erzeugen die Winzer aus Vouvray und sieben anderen Gemeinden Weißweine in verschiedenen Variationen von trocken (sec) bis halbsüß (demi-sec) und lieblich (moelleux). In guten Jahren können diese Weine üppig und sehr langlebig sein, wobei in besonders guten Jahren sogar Edelfäule auftreten kann. Ein wirklich guter Vouvray zeichnet sich durch einen reichen, samtenen Duft nach Akazien, frischen Trauben, reifen Quitten, Mandeln und Haselnüssen aus. Stiller Vouvray – trocken oder süß – muß eigentlich immer reifen, manchmal ein Jahrzehnt und länger. Je niedriger der Zuckergehalt ist, desto länger muß er liegen, da die Weine wegen ihrer relativ hohen Säure in ihrer Jugend noch nicht optimal zu trinken sind. Dieselbe Säure ist andererseits der Grund dafür, daß sich die Weine sehr gut zur Verarbeitung zu Schaumwein oder Perlwein eignen. In der Tat beträgt der Schaumwein-Anteil an der Erzeugung von Vouvray 60 Prozent, in geringen Jahren sogar noch mehr.

Südöstlich von Vouvray schließt sich am anderen Ufer der Loire das kleine Gebiet von Montlouis an. Die Weine erinnern weitgehend an die von Vouvray, erreichen indessen nicht ganz deren Niveau. Erzeugt werden sowohl Still- als auch Schaumweine.

Höhlenwohnungen

Wenn man von Tours nach Vouvray fährt, sieht man an der Straße steile Tuffsteinhänge, in die mehrstöckige Wohnungen eingehauen sind. Sie sind teilweise noch bewohnt.

In dem Dorf Quincy werden aromatische, saftige Weißweine von ansprechender Qualität erzeugt.

Randgebiete
In der Touraine gibt es noch eine Reihe kleinerer Weingebiete. Praktisch nur von regionaler Bedeutung sind die Gebiete nördlich der Loire. Jasnières liegt etwa 40 Kilometer oberhalb von Tours und liefert einen knochentrockenen Weißwein, der meist mindestens fünf Jahre reifen muß, bis er Charme bekommt. An Jasnières schließt sich das Gebiet Coteaux du Loir an. Der Weißwein ähnelt dem von Jasnières sehr. Rotwein und Rosé sind meist recht einfach und weisen im Geschmack einen leicht bitteren Ton auf. Etwa 50 Kilometer östlich davon liefern einige Dutzend Hektar Rebfläche bei der Stadt Vendôme den Coteaux du Vendômois. Die Rotweine, Weißweine und Rosés dieses Gebiets sind nicht unbedingt interessant.

Das größte der Randgebiete, Cheverny, liegt südöstlich von Blois. Hier wird ein breites Spektrum verschiedener Reben angebaut, unter anderem der seltene weiße Romorantin. Einigen qualitätsbewußten Erzeugern gelingt es, einen ansprechenden roten Cheverny zu erzeugen, jedoch ist in der Regel der Weißwein trotz seines recht straffen Geschmacks vorzuziehen. Aus dem kleinen Gebiet Valençay im Süden von Cheverny schließlich kommen angenehme, aber weiter nicht bemerkenswerte leichte Weißweine, Rotweine und Rosés.

Konkurrenz

Obwohl Vouvray kein großer Bezirk ist, gibt es doch zwei Genossenschaften. Beide erzeugen gute Weine, gewiß nicht zuletzt eine Folge des Konkurrenzkampfes, den sie einander liefern.

Östliche Loire

Im Gebiet der östlichen Loire gibt es noch einige meist kleinere Weingebiete, die teilweise ziemlich weit voneinander entfernt liegen. Das erste kleine Gebiet, Reuilly, liegt weit abseits der Loire im Westen von Bourges. Die Herkunftsbezeichnung gilt für Sauvignon-Weißwein, für Rotwein aus zwei Dritteln Pinot gris und einem Drittel Pinot noir sowie für reinsortigen Rosé Pinot gris. Die weiße Variante schmeckt fruchtig und frisch; die Spezialität ist jedoch der trockene, durchsichtige Rosé aus dem Pinot gris. Er gehört zu den köstlichsten Rosés überhaupt, ist aber leider sehr rar.

Etwas weiter in Nordosten, im Departement Cher, liegt Quincy, ebenfalls Name eines Orts wie auch einer Herkunftsbezeichnung. Es heißt, Zisterziensermönche hätten im 15. Jahrhundert den Sauvignon hierher gebracht. Der Boden ist etwas weniger kalkhaltig und enthält mehr Kies als in Reuilly. Daraus entsteht ein angenehm leichter Wein mit einem ansprechenden Blumenbukett.

Noch etwas weiter im Nordosten und näher an der Loire selbst liegt die kleine Appellation Menetou-Salon, eine Weingegend, die bereits um das Jahr 1000 urkundlich erwähnt wird. Die bestockte Fläche nimmt heute zu, was sehr zu

Außerhalb von Bué, einem renommierten Weindorf im Sancerre-Gebiet, liegt der Clos de la Poussie, eine Lage in Gestalt eines Amphitheaters.

Château du Nozet (Pouilly-sur-Loire) ist Sitz der Weinfirma der Familie de Ladoucette. Durch eigene Rebgärten, angekauften Most und angekaufte Weine kontrolliert diese Firma einen großen Teil der Erzeugung von Pouilly-Fumé.

NASCHWERK

Das alte Sancerre ist einen Spaziergang wert. Auf dem Hauptplatz wird die lokale Spezialität Croquets de Sancerre *verkauft, eine süße Kreation auf Nougatbasis. Diese verträgt sich überhaupt nicht mit dem Wein – dafür um so mehr die vielen Ziegenkäse aus der Gegend.*

begrüßen ist, denn die Weine von hier sind köstlich. Die Weißweine gleichen dem Sancerre, haben jedoch etwas mehr Charme und etwas weniger Rasse. Die Rotweine und Rosés, beide aus dem Pinot noir, sind ebenfalls vorzüglich und durchweg besser ihre Vettern als aus dem Sancerrois.

Südlich von Bourges liegt das noch kleinere Châteaumeillant, wo hauptsächlich Gamay und Pinot noir leichte Rotweine und Rosés liefern.

An der Stelle, an der die Loire am weitesten nach Norden ausholt, finden wir ein weiteres Weingebiet, nämlich das der Vins de l'Orléanais. Aus diesem zersplitterten Gebiet kommen sehr unterschiedliche, im besten Fall ordentliche Weine. Unbestrittener Star ist der weiße Auvergnat von der Chardonnay-Rebe. Der etwas erdige Gris Meunier wird hauptsächlich in der Gegend selbst getrunken.

Die stromaufwärts von Orléans gelegenen Coteaux du Giennois sind ein kleines Gebiet für Rotweine, Rosés und Weißweine. Das Gros davon ist qualitativ nicht befriedigend.

Sancerre

Die renommiertesten Gebiete des östlichen Loire-Tals sind Sancerre und Pouilly-Fumé. Es sind benachbarte Gebiete, die praktisch nur durch die Loire voneinander getrennt sind. Beide liefern hauptsächlich Weißwein von der Sauvignon-Rebe. Dennoch ist ein Sancerre anders als ein Pouilly-Fumé (oder Blanc-Fumé de Pouilly). Dieser Unterschied ist auf die Bodenstruktur zurückzuführen. Während der Boden von Sancerre überwiegend kalkhaltig ist, ist derjenige von Pouilly schwerer und enthält außer Kalk auch Lehm. Deshalb weist ein Pouilly-Fumé häufig eine etwas robustere Struktur als ein Sancerre auf.

Der Ort Sancerre selbst ist eine bezaubernde alte Festungsstadt auf einem gut 300 Meter hohen Hügel. An die Römerzeit erinnert noch der Name eines Stadttors: Porte César. In der romantischen Altstadt gibt es viele alte Häuser und gewundene Gäßchen. In Sancerre und anderen Gemeinden dieser Appellation wachsen an den Südhängen meist Reben, während an den Nordhängen Getreide angebaut wird. In dem Weiler Bué gibt es einige hervorragende Lagen, deren bemerkenswerteste der Clos de la Poussie ist; er bildet ein natürliches Amphitheater. Mindestens ebenso berühmt ist vielleicht der Clos du Chêne Marchand.

Ein guter Sancerre ist ein eleganter, harmonischer, frischer, verfeinerter Wein von heller Farbe mit grünen Reflexen. Je nach Herkunft und Jahr kann

In dem Weiler Les Loges unweit von Pouilly-sur-Loire wohnen fast nur Winzer.

Im Gebiet um Sancerre gibt es eine Weinstraße.

man in seinem Duft Frühjahrsblumen, Spargel und anderes Gemüse und manchmal auch Stachelbeeren entdecken. Sancerre schmeckt herrlich als Aperitif, zu Krusten- und Schalentieren und nicht zuletzt zu den Ziegenkäsen des Gebiets.

Der bekannteste dieser Käse, der Crottin de Chavignol, kommt aus dem Weiler Chavignol. Dieser ist auch wegen seiner Weine schon seit Jahrhunderten berühmt. König Heinrich IV. soll gesagt haben, daß es keine Religionskriege gäbe, wenn alle Menschen seines Königsreichs diesen Wein tränken.

Aus dem Pinot noir werden in Sancerre auch Rosé und Rotwein erzeugt. Diese Weine sind zwar hinsichtlich Qualität, Charakter und Klasse keine Spitzenerzeugnisse, bei den Weintrinkern aber trotzdem sehr beliebt.

Pouilly-Fumé

Das Gebiet Pouilly-Fumé erstreckt sich rings um Pouilly-sur-Loire, ein Dorf, das früher sehr unter dem Durchgangsverkehr zu leiden hatte, heute indes ein Ort paradiesischer Ruhe ist. Von den rund 600 Hektar (etwa 1000 weniger als Sancerre) kommen ausschließlich Weißweine, und zwar hauptsächlich Pouilly-Fumé. Die Bezeichnung Fumé («geräuchert») bezieht sich vermutlich auf die bereiften Beeren der Sauvignon-Trauben. Wie bereits erwähnt, ist Pouilly-Fumé ein etwas vollerer Wein als Sancerre; wenn bei einem Essen oder einer Verkostung beide Weine zu Tisch kommen, reicht man erst den Sancerre und dann den Pouilly-Fumé. Letzterer Wein paßt auch vorzüglich zu Gerichten mit hellem Fleisch. Die meisten Rebgärten im Pouilly-Fumé-Gebiet sind klein bis sehr klein; die Ausnahme bildet das Château du Nozet der Familie de Ladoucette. Hier wird über die Hälfte das gesamten Pouilly-Fumé verarbeitet. Ein zweiter Weißwein des Gebiets ist Pouilly-sur-Loire. Dieser stammt nicht vom Sauvignon, sondern von der einfacheren Chasselas-Rebe. Es ist ein sympathischer, aber recht neutraler Wein, dessen Erzeugung ständig im Rückgang begriffen ist.

WEIN AUS TAFELTRAUBEN

Daß im Bezirk Pouilly-Fumé auch ein anderer, weniger nobler Wein aus dem Chasselas erzeugt wird (Pouilly-sur-Loire), hat historische Gründe. Im vorigen Jahrhundert haben nämlich viele Winzer diese Sorte als Tafeltraube angepflanzt. Ein großer Erfolg ist der Wein jedoch nicht.

Das stille Chavignol ist sowohl für seinen Sancerre als auch für seinen Ziegenkäse, den Crottin de Chavignol, berühmt.

Zentralmassiv

Das kleine Weingebiet Côtes Roannaises bildet ein Mosaik unterschiedlicher Kulturen; die Rebe ist nur eine von ihnen.

Blumenschmuck an einer Kellerei in Saint-Pourçain.

Die Weine des Massif central und der angrenzenden Gebiete, die alle der VDQS-Kategorie angehören, sind heute kaum außerhalb des Gebiets selbst zu finden. Das Zentralmassiv ist mit seinen Granitplateaus, erloschenen Vulkanen und den heißen Quellen ein landschaftlich sehr reizvolles Gebiet. Wer die Gegend besucht, und sei es nur auf der Durchreise, sollte die unkomplizierten, lebendigen Weine probieren. Sie sind in der Regel fruchtig, würzig und süffig. Letzteres liegt zum Teil auch an dem niedrigen Tanningehalt. Von den Randgebieten ist Saint-Pourçain im Departement Allier das nördlichste. Es gab Zeiten, in denen die dortigen Weine auch außerhalb des Gebiets beliebt waren und sogar am französischen Hof kredenzt wurden. Heute beträgt die Rebfläche noch ganze 800 bis 850 Hektaren; davon liefern weniger als die Hälfte Saint-Pourçain, der Rest Karaffenweine. Von der Saint-Pourçain-Erzeugung ist rund die Hälfte Rotwein, der Rest trockener und moussierender Weißwein und Rosé. Beachtung verdient vor allem der trockene Weißwein. Es ist häufig ein charmanter, frischer, charaktervoller Wein aus mindestens zur Hälfte Tressalier; daneben besteht er u.a. aus Chardonnay und Sauvignon. Aus den beiden letztgenannten Reben werden auch reinsortige Weine erzeugt.

Etwa 80 Kilometer weiter südöstlich liegt Roanne, früher ein betriebsamer Binnenhafen, heute vor allem wegen des berühmten Restaurants Troisgros bekannt. Auf die Côtes Roannaises trifft in noch stärkerem Maße zu, daß die großen Zeiten vorbei sind. Für die heute sehr geringe Erzeugung ist der Gamay (die Beaujolais-Rebe) die einzige zulässige Rebsorte; sie liefert vor allem Rotwein sowie ein wenig trockenen Rosé. Die Rotweine sind entweder leicht und frisch und tanninarm oder werden auf Holz ausgebaut und sollten dann zwei bis vier Jahre in der Flasche ruhen. Auch in dem südlich der Côtes Roannaises gelegenen Gebiet Côtes du Forez ist der Gamay beherrschend. Eine Genossenschaft verarbeitet drei Viertel der Ernte zu einem frischen, problemlosen Rotwein für jeden Tag.

Die Weine der Auvergne werden überwiegend in der Gegend selbst getrunken und passen gut zu der regionalen ländlichen Küche.

In Saint-Pourçain-sur-Sioule, das an einer wichtigen Nord-Süd-Verbindung liegt, laden Weinerzeuger die Durchreisenden ein, ihre Weine zu verkosten und einzukaufen.

Früher Ruhm

Der Ruhm der Weine von den Côtes d'Auvergne, einem Gebiet im Departement Puy-de-Dôme südlich und nördlich der Industriestadt Clermont-Ferrand, ist noch bedeutend älter als derjenige der Randgebiete; schon im Jahre 52 v.Chr. sollen Vercingetorix und seine gallischen Krieger ihren Sieg über Caesar (der letztlich ohne Bedeutung war) mit Wein aus der Gegend begossen haben. Die Herkunftsbezeichnung Côtes d'Auvergne umfaßt an die fünfzig Gemeinden. Trotzdem werden jährlich nicht mehr als 20000 Hektoliter erzeugt. Die Rebstöcke stehen teilweise wie versteckt zwischen anderen Kulturen. Die Bezeichnung Côtes d'Auvergne darf um den Namen von fünf Teilgebieten ergänzt werden; hiervon sind Châteaugay und Chanturge die bekanntesten, gefolgt von Corent (mit dem trockenen Rosé). Drei Viertel der Weine sind rot. Es können fruchtige und feste Weine mit etwas Tannin sein. Sie sind die perfekten Begleiter zur berühmten Charcuterie des Gebiets. Dies gilt auch für den Vin gris von Corent, der eine Entdeckung wert ist. Für die wenig erzeugten frischen, leichten Weißweine ist der Chardonnay die einzig zugelassene Rebe.

Attraktionen unterwegs

Die westlich von Saint-Pourçain-sur-Sioule ausgeschilderte Weinroute führt an vielen Sehenswürdigkeiten vorbei. In Saint-Pourçain selbst, einem beliebten Etappenziel für Reisende nach dem Süden, birgt das ehemalige Gefängnis das hübsche und interessante Musée de La Vigne et du Vin. Roanne hat außer dem Dreisterne-Restaurant Troisgros auch das archäologische Museum Joseph Dechelette aufzuweisen. Bei Saint-Étienne-le-Molard im Herzen der Côtes du Forez liegt eine besondere Burg, La Bastie d'Urfé mit einer zauberhaften Muschelgrotte. Eine Attraktion der Côtes d'Auvergne ist die auf einem Hügel gelegene mittelalterliche Burg von Châteaugay mit einem fünfstöckigen Turm und einem Degustationslokal.

DURCHGANGSORT

Wegen seiner Lage 235 Kilometer südlich von Paris gibt es in Saint-Pourçain-sur-Sioule viel Durchgangsverkehr von Touristen, die hier auch übernachten. Für sie gibt es Verkaufsstände, ein Weinmuseum und eine Weinroute. Die lokale Genossenschaft betreibt außerdem ein Restaurant, La Maison de Saint-Pourçain.

Bordeaux

Bordeaux ist auch eine Stadt der Monumente. Hier die imposante Figurengruppe des Monument des Girondins.

Eine 43 Meter hohe Freiheitssäule erhebt sich an der Esplanade des Quinconces, dem größten Platz von Bordeaux und ganz Europa.

Mit seinen knapp 80000 Hektar Rebgärten ist Bordeaux das größte Qualitätsweinbaugebiet der Welt. Bordeaux, die Stadt an der Garonne, die dem Gebiet seinen Namen gegeben hat, ist die viertgrößte Stadt Frankreichs. Sie besitzt ein altes Zentrum mit sehenswerten Gebäuden (u.a. dem Grand Théâtre von Victor Louis) und ist Sitz zahlreicher Weininstitutionen und -firmen. Die Römer pflanzten Reben in der Umgebung der Stadt, die damals Burdigala hieß. Etwas später wurde sie die Hauptstadt von Aquitanien. Aquitanien («Wasserland») nannten die Römer dieses Gebiet am Mittelmeer mit seinen großen Flüssen Dordogne und Garonne. Ursprünglich umfaßte Aquitanien das Gebiet zwischen der Loire und der Garonne, vom Atlantik bis zur Auvergne; im 11. Jahrhundert kam die Gascogne hinzu.

Der Weinbau in Bordeaux hat eine fast zweitausendjährige Geschichte, doch ist mehr als die Hälfte dieser Zeit nur von regionaler Bedeutung. Dies änderte sich mit der Vermählung von Eléonore, der Erbin von Aquitanien, mit Heinrich Plantagenet im Jahre 1152; er wurde 1154 als Heinrich II. König von England. Durch diese Heirat kam Aquitanien unter englische Herrschaft, die dreihundert Jahre dauern und erst 1453 enden sollte. Diese englische Zeit erwies sich für Bordeaux als außerordentlich vorteilhaft. Der Anschluß an England öffnete den Weinen von Bordeaux den englischen Markt. Auf dem Seeweg war England bequem erreichbar. Bordeaux verdankt seinen Aufstieg dem Handelsverkehr über See.

Allerdings hatten die Bordeaux-Weine des späten Mittelalters mit den Bordeaux, wie wir sie heute kennen, nicht viel gemeinsam. Die hellroten Weine jener Zeit, von den Engländern Claret genannt, wurden schon im ersten Jahr nach der Ernte getrunken. Erst dreihundert Jahre später wurden die Weinbereitungsverfahren entwickelt, die man heute «klassisch» nennt.

Im Zentrum von Bordeaux gibt es reizvolle Einkaufsstraßen und Restaurants.

Ideales Klima

Aus Bordeaux kommt eine große Vielfalt sehr unterschiedlicher Weine. Diese Vielfalt ist vor allem auf die Mikroklimata und die Bodenvariationen zurückzuführen, wo das Spektrum von kalk-, lehm- und sandhaltigen Kiesböden bis hin zu lehmhaltigen Kalksteinböden und Sand reicht. Von den verschiedenen Bodenarten sind die Kiesböden, wie man sie vor allem im Médoc und in Graves findet, am besten für den Weinbau geeignet. Die Steine reflektieren einerseits die Sonnenstrahlen und speichern andererseits einen Teil der Sonnenwärme, die sie nachts wieder abgeben. Dadurch verringert sich nicht nur der Temperaturunterschied zwischen Tag und Nacht, sondern auch die Gefahr von Nachtfrösten. Außerdem sorgen die Kiesschichten für eine hervorragende Entwässerung. Weil auch die kieshaltigen Böden eine unterschiedliche Zusammensetzung aufweisen, können darauf nuancierte, komplexe Weine entstehen. Nicht jede Rebe gedeiht auf jedem Boden. Die Unterschiedlichkeit der Böden bedingt daher auch Unterschiede hinsichtlich der vorgeschriebenen und zugelassenen Rebsorten. So gibt es in Bordeaux Gegenden, die fast ausschließlich Rotweine liefern, während in anderen praktisch nur Weißwein und in wieder anderen sowohl Rotwein als auch Weißwein erzeugt wird. Insgesamt sind von der Bordeaux-Erzeugung mehr als zwei Drittel Rotwein und fast ein Drittel Weißwein.

Die Erzeuger

In Bordeaux gibt es schätzungsweise 25 000 Winzer. Die kleineren von ihnen erzeugen selbst keinen Wein, sondern bringen ihre Trauben einer der Genossenschaften. Diese *caves coopératives* erzeugen häufig neben Mischweinen von den einzelnen Mitgliedern auch Weine von einzelnen Domänen. In beiden Fällen ist das Verhältnis zwischen Preis und Qualität vielfach besonders gut. In erster Linie ist Bordeaux allerdings das Gebiet der Chateaux. Château heißt eigentlich «Schloß», doch ist längst nicht alles, was sich mit dieser Bezeichnung schmückt, wirklich so herrschaftlich. Es gibt sehr viele ganz einfache Weingüter oder schlichte Bauernhäuser, die von ihren Eigentümern zu Châteaux erhoben wurden.

ENTRECÔTE BORDELAISE

Eine berühmte Spezialität von Bordeaux ist das entrecôte bordelaise, *ein dickes, zartes Lendensteak vom Rind, das über der Glut von Rebenzweigen gegrillt wird. Die regionalen Weine sind dazu die ideale Kombination. Auch Lammfleisch wird hier viel gegessen. Die Lämmer aus dem Médoc (besonders aus Pauillac, aber auch Queyrac) werden hochgeschätzt.*

Der Ruhm von Bordeaux gründet sich hauptsächlich auf die Rotweine, die praktisch immer aus verschiedenen Rebsorten bestehen. Die wichtigsten Sorten sind Merlot (auf dem Foto), Cabernet-Sauvignon und Cabernet franc.

Rebsorten
Bordeaux-Weine bestehen praktisch immer aus verschiedenen Rebsorten. Die wichtigsten blauen Reben von Bordeaux sind:

Cabernet-Sauvignon,
Cabernet franc, auch Gros Bouchet genannt; in Saint-Émilion und Pomerol
Merlot,
Malbec oder Cot, in Saint-Émilion auch Pressac genannt und in Cahors Auxerrois;
Petit Verdot.

Cabernet-Sauvignon
Der Cabernet-Sauvignon gilt als eine der edelsten blauen Reben der Welt. Er ergibt dunkle, kraftvolle, tanninreiche Weine. Seine spätreifenden kleinen Trauben sind es, die den Bordeaux-Weinen ihren typischen Charakter verleihen. Dennoch wurde diese Sorte erst im 18. Jahrhundert in Bordeaux angepflanzt. Die Weine, in deren Duftbukett sich u.a. Zedernholz und schwarze Johannisbeeren erspüren lassen, sind in ihrer Jugend ziemlich hart. Erst nach langer Reife entfaltet sich der edle, kraftvolle Geschmack in seiner ganzen Tiefe.

Cabernet franc
Der Cabernet franc ist in Bordeaux schon länger heimisch als sein Verwandter Cabernet-Sauvignon. Die Trauben haben eine dünnere Schale und sind etwas größer und saftiger als diejenigen des Cabernet-Sauvignon. Er reift außerdem etwas früher. Weine von dieser Rebe haben im Vergleich zu Cabernet-Sauvignon eine etwas hellere Farbe und sind von leichterer Art. Sie sind etwas weniger tanninreich, dafür aber eleganter und aromatischer.

Merlot
Der Merlot ist eine frühreife, ziemlich süße, dunkelfarbene Rebe mit hohem Ertrag. Die Weine sind wegen des höheren Zuckergehalts etwas alkoholreicher als die Cabernets und weisen gleichzeitig eine vollere, rundere Struktur auf. Vor allem in Saint-Émilion und Pomerol spielt der Merlot die Hauptrolle. Der Name der Rebe ähnelt dem französischen Wort *merle* für Amsel. Dies ist vielleicht kein Zufall. Zum einen erinnert die Farbe der Trauben an das dunkle Federkleid der Amseln, zum anderen scheinen diese Vögel auf die saftig-süßen Früchte dieser Rebe besonders erpicht zu sein.

Malbec
Der Malbec hat heute erheblich an Bedeutung eingebüßt. Im Verschnitt gibt er dem Wein vor allem Geschmeidigkeit. Besonders im Gebiet von Bourg arbeitet man noch erfolgreich mit dieser Rebe.

Petit Verdot
Auch der Petit Verdot, eine spätreifende, sehr alte Rebe, spielt heute nur mehr eine untergeordnete Rolle. Weine von dieser Rebsorte sind alkoholreich, aromatisch und kraftvoll; sie können vorzüglich reifen.

Bei den weißen Trauben gibt es nur drei Sorten, die in Bordeaux eine Rolle spielen:

Sémillon,
Sauvignon, mit vollem Namen Sauvignon blanc,
Muscadelle.

Sémillon
Für die Erzeugung von AOC-Weinen ist der Sémillon bei weitem die wichtigste weiße Rebe von Bordeaux; auf ihn entfallen etwa drei Viertel der Bestokkung. Der Sémillon ist eine süße, saftige und robuste Rebe mit einer fast durchscheinend dünnen Schale. Der besondere Vorzug dieser Rebe liegt darin, daß sie leicht vom Edelfäulepilz Botrytis cinerea befallen wird, der die *pourriture noble* hervorruft. Der Sémillon ist deshalb auch die wichtigste Rebe für den häufig überragenden süßen Weißwein Sauternes. Heute liefert die Traube auch frische, aromatische, trockene Weine. Der Sémillon gehört zu den ertragreicheren Reben.

WEININFORMATIONSZENTRUM

Im Herzen von Bordeaux findet man unweit des majestätischen Grand Théâtre das Maison du Vin. Hier hat eine Reihe offizieller Weinorganisationen ihren Sitz. Für Besucher der Gegend sind Informationen und Broschüren erhältlich. Die Anschrift lautet: Maison du Vin, 1 Cours du XXX-Juillet, 33000 Bordeaux.

Im Herzen von Bordeaux steht das Grand Théâtre, eine Schöpfung von Victor Louis.

Lesehelfer im Médoc auf dem Heimweg, mit dem Lesekorb am Arm.

Sauvignon
Schon der Name Sauvignon (sauvage = wild, nicht veredelt) weist darauf hin, daß die Rebe sehr alt ist. Diese mittelgroße Rebe nimmt unter den weißen Reben von Bordeaux den zweiten Platz ein. Sie hat gegenüber dem Sémillon eine dickere Schale und einen geringeren Ertrag. Charakteristisch für die Weine ist ein markanter Duft und Geschmack. Daneben zeichnen sie sich meist durch eine angenehme Frische aus.

Muscadelle
Auf die Muscadelle entfallen nur wenige Prozent der Weißweinfläche von Bordeaux. Allerdings ist der Ertrag dieser spätreifenden Rebe besonders hoch. Hinzu kommt, daß diese Rebe einen intensiven, fast parfumartigen Duft hat und daher schon in geringen Mengen das Aroma des Weins beeinflußt.

Traditionell reifen alle besseren roten Bordeaux in 225-Liter-Eichenfässern. Je mehr neue Fässer, desto besser das Ergebnis.

Der Wein wird aus dem Edelstahl-Gärtank abgezogen und mit einer Pumpe in die Fässer gefüllt.

Edelstahl im Vormarsch

Eines der ersten großen Güter, das die traditionellen Gärbottiche aus Holz durch Edelstahltanks ersetzte, war das Château Latour in Pauillac. Sie wurden mit dem Jahrgang 1964 in Betrieb genommen und stellten die Besitzer rundum zufrieden. Auf vielen Gütern ist man mittlerweile diesem Beispiel gefolgt, so auch auf dem berühmten Château Haut-Brion in Graves. Andererseits gibt es immer noch Güter, die nach wie vor auf die Holzbottiche schwören.

Die Weinbereitung

In Bordeaux erfolgt die Rotweinbereitung nach wie vor in traditioneller Weise, wenn auch in den letzten fünfzehn Jahren viele Verbesserungen vorgenommen wurden. So haben zahlreiche Châteaux die einst überall vorhandenen offenen Gärbottiche zugunsten von Edelstahltanks ausgemustert. Auch geschlossene Betontanks werden vielfach eingesetzt. Die Edelstahltanks haben den Vorteil, daß man in ihnen die Temperatur des gärenden Mosts perfekt regeln kann. Dies geschieht meist mittels Kühlwasser, das über die Außenwand des Tanks rieselt. Außerdem lassen sich Metalltanks (wie auch Betonbottiche) viel einfacher reinigen als Holzbottiche.

Nach der Gärung wird der junge rote Bordeaux auf Holzfässer abgezogen, jedenfalls bei den besseren Weinsorten. Einfacher roter Bordeaux wird höch-

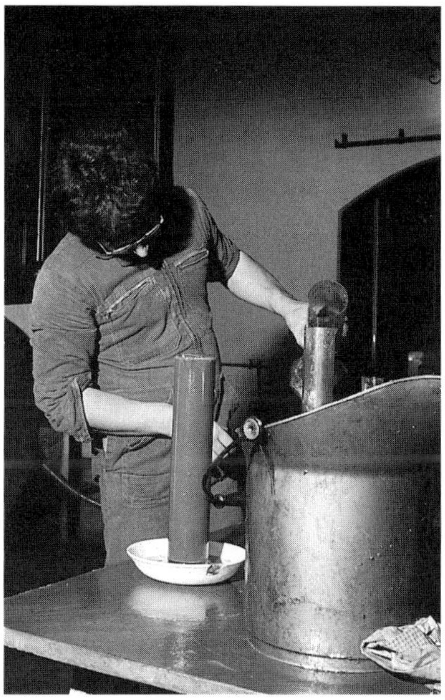

Ein Kellermeister füllt den noch trüben Rotwein in hohe schmale Gläser, um den Alkoholgehalt zu messen.

stens zeitweilig im Tank gelagert. Die in Bordeaux übliche Faßgröße ist 225 Liter. Diese Fässer heißen *barriques* und werden aus französischem Eichenholz gefertigt. Dieses Eichenholz teilt dem Wein ganz spezielle Aromen mit. Gleichzeitig rundet sich der Geschmack des Weins. Die berühmtesten (und wohlhabendsten) Güter verwenden für jede Ernte überwiegend oder ausschließlich neue Fässer. Die gebrauchten Fässer werden später an andere Weingüter verkauft. Bei der Gärung entzieht der Wein den blauen Beerenhäuten nicht nur Farbstoff, sondern auch Tannin (Gerbsäure). Dies ist der Stoff, der die Zähne beschlägt, wenn man den Wein geschluckt hat. Tannin verleiht dem Wein Haltbarkeit, macht sich aber auch als Rauheit im Geschmack bemerkbar. Deshalb muß ein klassischer roter Bordeaux nicht nur im Faß reifen, sondern auch danach noch Jahre in der Flasche ruhen, bis er seinen wahren Wohlgeschmack entwickelt hat. Für einen großen Médoc aus einem guten Jahr kann ohne weiteres ein Jahrzehnt Reife erforderlich sein.

Bordeaux ist bekannt für seine üppigen süßen Weißweine (die bei Sauternes besprochen werden), doch erzeugt das Gebiet in zunehmendem Maße auch köstliche trockene Sorten. Diese werden meist bei niedrigen Temperaturen langsam vergoren (unter 20^0 C), um das Fruchtaroma der Trauben optimal im Wein zu erhalten. Eine ganz andere Technik wird unter anderem im Graves-Gebiet angewandt. Dort lassen verschiedene Erzeuger ihren trockenen Weißwein in neuen Eichenfässern gären, wodurch die Weine schon in ihrer Jugend einen teilweise erstaunlichen Reichtum an Nuancierungen bekommen.

Herkunftsbezeichnungen

Im Bordeaux-Gebiet gibt es etwa vierzig verschiedene Herkunftsbezeichnungen. Die einfachsten Appellationen sind Bordeaux und Bordeaux supérieur. Diese Weine können aus dem ganzen Gebiet kommen. Es handelt sich überwiegend um Rotweine, aber es gibt auch insbesondere von Bordeaux eine ansehnliche Menge Weißwein. Für Bordeaux supérieur gelten etwas strengere Erzeugungsvorschriften. Der zulässige Hektarertrag ist niedriger, der Mindest alkoholgehalt etwas höher. Bei allen «höheren» Herkunftsbezeichnungen ist das Gebiet genau umrissen. Die meisten Appellationen gelten entweder nur für Rotwein oder nur für Weißwein; einige wenige umfassen beide Sorten. Nachfolgend eine Übersicht über die wichtigsten Herkunftsgebiete.

Ausschließlich Rotwein kommt aus den folgenden Gebieten:

Bordeaux supérieur Côtes de Castillon
Canon-Fronsac
Fronsac
Haut-Médoc
Lalande de Pomerol (und Néac)
Lussac-Saint-Émilion
Médoc
Montagne-Saint-Émilion
Parsac-Saint-Émilion
Pomerol
Puisseguin-Saint-Émilion
Saint-Émilion

Außerdem gibt es im Médoc sechs Gemeinden (teilweise sind dabei mehrere Gemeinden unter einem Namen zusammengefaßt) mit einer eigenen Appellation contrôlée. Dieses berühmte Sextett besteht aus:

Listrac
Margaux
Moulis
Pauillac
Saint-Estèphe
Saint-Julien

Zu den wichtigsten reinen Weißweingebieten zählen die folgenden:

Barsac
Cadillac
Cérons
Côtes de Bordeaux Saint-Macaire
Entre-Deux-Mers
Loupiac
Sainte-Croix-du-Mont
Sauternes

Gebiete, die sowohl Rotwein als auch Weißwein liefern, sind die folgenden:

Blaye
Bourg
Graves
Graves de Vayres
Premières Côtes de Bordeaux
Sainte-Foy-Bordeaux

ZWEITE WEINE

Viele Grand cru-*Erzeuger bringen neben ihrem normalen Wein auch einen etwas einfacheren Wein auf den Markt, der häufig von jungen Reben stammt. Die Qualität kann hervorragend sein; dennoch ist der Preis in jedem Fall deutlich niedriger als derjenige des ersten Weins. Einige Beispiele hierfür sind Pavillon Rouge vom Château Margaux, Les Forts de Latour vom Château Latour, Moulin des Carruades vom Château Làfite-Rothschild, Sarget de Gruaud-Larose vom Château Gruaud-Larose, Réserve de la Comtesse vom Château Pichon-Longueville Comtesse de Lalande und Château Haut-Bages Avérous vom Château Lynch-Bages.*

Die Klassifikationen

In der Welt der leichten Muse ist es seit langem zu einer festen Einrichtung geworden, die beliebtesten Stücke nach Ranglisten zu ordnen und als Hits der Woche, Schlagerparade oder Top-Ten regelmäßig zu Gehör zu bringen. Das Ordnen in Reihen und Tabellen scheint ein menschliches Urbedürfnis zu sein, das auch vor dem Wein nicht haltmacht.

Es ist ein Charakteristikum für Bordeaux, daß hier mehrere Versuche unternommen wurden, die besten Weine aus einem oder mehreren Gebieten in eine Rangordnung zu bringen.

Im Weingebiet Bordeaux gibt es vier offizielle und eine nicht-offizielle Klassifikation. Die offiziellen Klassifikationen sind:

1. Die Klassifikation von 1855 für die Weine von Médoc und Sauternes.
2. Die Klassifikation der Crus bourgeois im Médoc.
3. Die Klassifikation von Graves.
4. Die Klassifikation von Saint-Émilion.

Die nicht-offizielle Klassifikation ist diejenige der Crus bourgeois vom Syndicat des crus grand bourgeois et crus bourgeois du Médoc.

Die Klassifikation von 1855

Die Mitte des 19. Jahrhunderts war eine optimistische Zeit; die Menschen glaubten an die Fortschritte in der Welt. Damals fanden die ersten Weltausstellungen statt, die erste im Jahre 1851 in London, die zweite 1855 in Paris. Anläßlich dieser ersten französischen Weltausstellung schufen die Weinmakler von Bordeaux die Klassifikation von 1855.

Diese Tabelle umfaßte sechzig Rotweine aus dem Médoc und einen Wein aus Graves (Château Haut-Brion), die in fünf Klassen eingeteilt waren. Außerdem wurden 21 Weißweine aus Sauternes und Barsac aufgenommen. Maßgeblich für die Aufnahme und den Platz in der Klassifikation waren die Preise, die ein *tonneau* (900 l) des Weins in den letzten hundert Jahren erzielt hatte. Diese Klassifikation spielt immer noch eine große Rolle. Die Festlegungen des Jahres 1855 gelten – mit einer Ausnahme – bis heute. Nur Château Mouton Rothschild ist es nach jahrelangen Bemühungen 1973 gelungen, in die Kategorie der Premiers grands crus classés aufgenommen zu werden.

An der Klassifikation ist abzulesen, daß die Weine des Médoc damals bei weitem die wichtigsten roten Bordeaux-Weine waren. Außer Médoc war damals nur Saint-Émilion ein Weingebiet von Bedeutung. Daß dennoch kein einziges Château aus Saint-Émilion in der Klassifikation von 1855 erscheint, hat eher mit einer fehlenden Lobby als der fehlenden Qualität zu tun. Es ist klar, daß sich in den gut 130 Jahren seit der Aufstellung der Klassifikation viel änderte. Einige Weine müßten auf Grund ihrer heutigen Qualität höher eingestuft werden, andere niedriger. Es gibt Châteaux, die eigentlich überhaupt nicht mehr in die Klassifikation gehören, während andere aufgenommen werden müßten. Daß die alte Rangordnung trotzdem immer noch gilt, liegt hauptsächlich daran, daß die Erstellung einer vollständig überarbeiteten Version ein äußerst heikles Unterfangen ist. Der Weinfreund sollte sich indes über den relativen Wert dieser berühmten Klassifikation im klaren sein. Nur erfahrene Fachleute können den wirklichen Rang der einzelnen Weine abschätzen – und auch sie sind sich bei weitem nicht einig. Die vollständige Klassifikation ist am Ende dieses Buchs angegeben (Seite 153 ff.).

In Saint-Émilion gibt es über 60 Grands crus classés. Eines davon ist das auf einer Anhöhe gelegene Château Troplong-Mondot.

Die Crus bourgeois
Für die «Bürgerweine» des Médoc gibt es zwei Klassifikationen, eine offizielle und eine inoffizielle. Die erste ist hoffnungslos veraltet und ohne jeden Wert. Nur die zweite ist von praktischem Nutzen, auch wenn sie von dem Verband der Erzeuger von Crus bourgeois selbst aufgestellt wurde. Dieser Verband schuf im Jahre 1966 eine interne Einteilung von 100 Weinen auf der Grundlage eigener Kriterien. Dabei wurden in absteigender Rangfolge die folgenden drei Kategorien geschaffen:
- cru grand bourgeois exceptionnel,
- cru grand bourgeois,
- cru bourgeois.

Die Zahl der Verbandsmitglieder ist inzwischen auf 150 gestiegen. Die Klassifikation ist zwar offiziell noch nicht anerkannt, genießt jedoch einen guten Ruf. Die vollständige Tabelle ist am Ende dieses Buches angegeben.

Die Klassifikation von Graves
Vor über hundert Jahren war Château Haut-Brion der einzige klassifizierte Graves. Seit 1959 gibt es in dem Gebiet eine eigene offizielle Klassifikation. Diese ist mit nur zwei Kategorien Crus classés für Rot- und Weißweine sehr übersichtlich. Die Weingüter in Graves erzeugen vielfach sowohl Rotweine als auch Weißweine. Aus diesem Grund sind einige Châteaux sowohl in der Rotwein- als auch in der Weißweinklassifikation vertreten. Auch diese Klassifikation ist am Ende des Buches angegeben.

Lese im südlichen Médoc beim Château Labégorce Zédé in Margaux.

Die Klassifikation von Saint-Émilion
Seit dem Ende der fünfziger Jahre gibt es auch im Gebiet Saint-Émilion eine Klassifikation für Rotweine. Die Einstufung ist immer befristet. Die beiden höchsten Kategorien (premiers grands crus classés A und B und grands crus classés) werden alle zehn Jahre überprüft, die niedrigste – die der Grands crus – sogar jährlich. Es ist theoretisch möglich, daß in der dritten Kategorie, derjenigen der Grands crus, jedes Jahr andere Namen erscheinen. In der Praxis ist dies nicht der Fall. Ein fester Stamm von Gütern erhält alljährlich den begehrten Status. Diese Klassifikation ist übrigens sehr großzügig, denn sie umfaßt fast ein Drittel aller Châteaux. In Saint-Émilion hält man offenbar nichts von falscher Bescheidenheit. Die Tabelle am Ende des Buches enthält die derzeit gültige Klassifikation.

Nach diesen allgemeinen Informationen über Bordeaux wenden wir uns nun den einzelnen Gebieten zu, wobei auch einige herausragende Weingüter und Weine vorgestellt werden.

Das Médoc

Das Médoc ist zweifellos der bedeutendste Teil des Weingebiets von Bordeaux. Nach Ansicht vieler Weinfreunde steht Médoc bei den roten Qualitätsweinen sogar weltweit an der Spitze. Für die Erzeugung von Weißweinen ist der Boden weniger gut geeignet, wiewohl von einigen Châteaux auch interessante Weißweine kommen (Appellation Bordeaux). Der Name Médoc ist möglicherweise eine Verstümmelung des lateinischen *in medio aquae,* in der Mitte des Wassers. Diese Erklärung hat zumindest den Augenschein für sich: Das Médoc ist eine Halbinsel zwischen dem Atlantik und der Gironde von etwa 80 Kilometer Länge und einer Breite von selten mehr als 10 Kilometern.

Das Médoc-Gebiet beginnt im Süden bei Blanquefort und endet im Norden bei Soulac. Der südliche Teil des Médoc zwischen Blanquefort und Saint-Seurin-de-Cadourne liefert die vorzüglichsten Weine, weil dieses Gebiet die besten, d.h. kieshaltigsten Böden besitzt. Das südliche Médoc heißt Haut-Médoc, ein Name, der vielfach zu Verwirrung Anlaß gibt: Das «Haut» bedeutet hier nur, daß dieser Abschnitt des Médoc weiter stromaufwärts liegt als der andere Teil, das Bas-Médoc.

Aufstieg mit Schwierigkeiten

Die einzige bedeutende Änderung der Klassifikation von 1855 war die Höherstufung des Château Mouton Rotschild, die erst nach mehreren Anläufen genehmigt wurde. Die Urkunden, Briefe und sonstigen Unterlagen, die im Archiv von Mouton zu dieser Angelegenheit aufbewahrt werden, wiegen fast 70 Kilo.

Ideale Bedingungen
Als Rotweingebiet ist das Médoc nach dem Urteil vieler nach wie vor unerreicht. Zunächst herrscht im Médoc ein mildes Klima, in dem Temperaturextreme selten sind. Dichte Pinienwälder schützen die Rebgärten vor Regen und starkem Seewind.

Der wichtigste Faktor ist jedoch der Boden mit den stellenweise meterdicken Kiesschichten wechselnder Zusammensetzung. Dort ist eine gute Entwässerung gewährleistet. Auch die Lage der meisten Rebgärten des Médoc auf

Wie ein Märchenschloß mutet das Château d'Agassac in Ludon an. Dieses Weingut stammt aus dem 13. Jahrhundert.

sanft abfallenden Hügeln begünstigt die Entwässerung. Überdies ist der Boden praktisch überall arm, was für den Weinbau ein Vorteil ist. Die Reben sind so gezwungen, ihre Wurzeln metertief in den Boden zu schicken, um an die notwendigen Nährstoffe zu gelangen. Dadurch erhalten die Trauben und später der Wein ein breites Spektrum von Mineralien und anderen Geschmackskomponenten.

Dank der unterschiedlichen Böden, Mikroklimata und Geländeformen erzeugt jede Médoc-Lage einen einzigartigen Wein. Auf den Charakter eines Weins hat schließlich auch der Winzer Einfluß. Er hat nämlich in gewissem Umfang bei der Bestockung mit den unterschiedlichen Reben freie Hand. Cabernet-Sauvignon, Cabernet franc und Merlot sind praktisch immer vorhanden, nur in unterschiedlichen Anteilen; Petit Verdot und Malbec spielen nur eine untergeordnete oder gar keine Rolle.

Das südliche Médoc

Wer Frankreich und Schlösser liebt, hat gewiß schon einmal die berühmten Schlösser der Loire besucht. Was die Loire für normale Touristen ist, ist das Médoc für den Weinfreund. Im Médoc, insbesondere in dessen südlichem Teil, findet er außer verfeinerten Rotweinen auch viele prächtige, große Weingüter.

Daß das Médoc ein Bilderbuch des Weins ist, wird erst nach einiger Zeit deutlich, wenn man von Bordeaux aus dorthin fährt. Vor allem wächst die Stadt noch immer, und die Fahrt durch die langweiligen Vorstadtviertel dauert endlos lange. Auch wenn man diese hinter sich gelassen hat, muß man sich noch gedulden. Erst bei Blanquefort beginnt – allmählich – das Paradies. Von diesem Grenzort des Médoc führen zwei Straßen nach Norden, die D 2 und die D 210. Die D 210, die östlich der D 2 verläuft, ist ein ruhiger Umweg durch stille Weindörfer, vorbei an manchem schönem Château. Interessanter ist möglicherweise die D 2 . Diese führt an Château Cantemerle und Château Giscours vorbei, und man kann von hier aus nach links zur D 208 und zu den Weingemeinden Le Pian-Médoc und Arsac etwas weiter im Landesinneren abbiegen. Bei Labarde, einige Kilometer vor Margaux, vereinigen sich D 2 und D 208 wieder. Von dort aus führt die D 2 quer durch das Haut-Médoc weiter nach Norden und an den meisten Gemeinden mit eigener Herkunftsbezeichnung vorbei. Die Weine der südlichsten Orte des Médoc tragen häufig die Herkunftsbezeichnung Haut-Médoc. Von den flachen Schwemmlandböden am Fluß, den *palus,* und den Inseln in der Gironde kommen jedoch nur einfache Weine mit den Herkunftsbezeichnungen Bordeaux und Bordeaux supérieur.

Das Château d'Issan ist ein Schlößchen aus dem 17. Jahrhundert, das von einem Wassergraben umgeben ist. Es liefert schöne, elegante Weine.

Der Anblick von Château Margaux ist ebenso beeindruckend wie der Geschmack seiner Weine.

Margaux

Die wichtigste Herkunftsbezeichnung des südlichen Médoc ist Margaux. Zu dieser gehört nicht nur der Ort Margaux selbst, sondern auch Arsac, Cantenac, Labarde und Soussans. Insgesamt umfaßt die Appellation Margaux rund 1150 Hektar Rebfläche, womit sie die größte Gemeinde-Appellation des Médoc ist. Der Ort Margaux hat nur knapp 1400 Einwohner, die praktisch alle vom Wein leben. Die Châteaux liegen im Ort selbst und in der Umgebung. An der Straße durch Margaux liegt das örtliche Maison du Vin, wo man nicht nur Auskünfte über Besuchsmöglichkeiten bekommt, sondern auch einen großen Teil der lokalen Weine einkaufen kann. Nebenan liegt ein hübsches Restaurant, in dem man für wenig Geld gut ißt. Das Mikroklima in Margaux ist milder als anderswo im Médoc. Dazu tragen die langgestreckten Inseln in der Gironde bei, die Schutz vor den kalten Nordostwinden bieten. Die Trauben in Margaux reifen in der Regel acht bis zehn Tage früher. Der Boden besteht aus einer dünnen Humusschicht und reichlich Kies. Dies verleiht den Weinen von Margaux ihre Eleganz und Finesse. Aus dem gleichen Herkunftsgebiet kommen jedoch auch festere Weine von Böden mit höherem Lehmgehalt.

Renommierte Grands crus classés des südlichen Médoc

Château Margaux *premier grand cru classé*
Château Margaux, das einzige *premier grand cru 1855* in dieser Gemeinde, ist ein ganz besonderes Château. Schon rein äußerlich ist es das beeindruckendste Weingut des Médoc. Eine platanengesäumte Auffahrtsallee führt zu einem perfekt renovierten und unterhaltenen Herrenhaus, das eher einem Schloß gleicht. Vier hohe Säulen erheben sich hinter der Freitreppe. Wie das Äußere des Château vorbildlich ist, so sind es auch die Rebgärten und die Weine des Guts.

Im Jahre 1976 erwarb André Metzepopoulos, ein Franzose griechischer Abstammung und Besitzer einer Supermarktkette, das Château Margaux. Der neue Eigentümer ließ die Gebäude beispielhaft renovieren. Er setzte auch alles daran, den qualitativ zurückgefallenen Wein wieder an die Spitze heranzuführen. Dies ist ihm hervorragend gelungen. Monsieur Metzepopoulos ließ sich dabei von dem berühmten Önologen Émile Peynaud beraten. Die erste Maßnahme war – zunächst zum Entsetzen der Weinwelt – die Rodung eines großen Teils der Rebgärten. Die Äcker wurden anschließend gepflügt, drainiert und neu bestockt. Der Erfolg rechtfertigte schließlich dieses drastische Vorgehen. Vor seinem Tod im Jahre 1980 konnte Monsieur Metzepopoulos noch erleben, wie vielversprechend seine Jahrgänge 1978 und 1979 waren.

Der Einfluß von André Metzepopoulos auf Margaux und auf Bordeaux überhaupt kann nicht hoch genug eingeschätzt werden. Nach seinem Tod führte seine Frau mit einer Tochter und deren Mann die Arbeit fort. So ist heute Château Margaux in vielen Jahren der beste Rotwein von Bordeaux: konzentriert, nuanciert, harmonisch und körperreich. Daneben erzeugt Château Margaux einen distinguierten weißen Bordeaux, den Pavillon Blanc du Château Margaux.

Château Rausan-Ségla *deuxième grand cru classé*
Château Rausan-Ségla liegt südlich der Ortschaft Margaux. Durch Neubestokkungen wurde in den letzten Jahrzehnten die zunächst geringe Erzeugung gesteigert. Auch die Qualität, die lange Zeit zu wünschen übrig ließ, hat sich seit Anfang der achtziger Jahre erheblich gebessert. Die letzten Jahrgänge lieferten schöne, aromatische Weine. Englische Eigentümer.

Château Lascombes *deuxième grand cru classé*
Im Jahre 1952 erwarb der amerikanische Weinimporteur, Weinerzeuger und Weinschriftsteller Alexis Lichine Château Lascombes. 1971 wurde der britische Konzern Eigentümer, dem auch die Weinfirma Alexis Lichine & Co gehört. Elegante, dabei feste Weine, die lagern müssen.

Château Brane-Cantenac *deuxième grand cru classé*
Abseits gelegenes Château, hinter dem Kiesplateau von Cantenac. Ein liebenswerter, geschmeidiger, recht feiner Wein.

Château Kirwan *troisième grand cru classé*
Ein Herrenhaus mit sehr schönem Park auf leicht geneigtem Gelände an einem Bahndamm. Zuverlässiger, vornehmer Wein mit Blumenbukett.

Château d'Issan *troisième grand cru classé*
Gut erhaltenes, von einem Graben umgebenes Château aus dem 17. Jahrhundert. In einem der Keller finden jedes Jahr Musikaufführungen statt. Kultivierte, elegante Weine von höchst verläßlicher Qualität.

Château Giscours *troisième grand cru classé*
Großes Château mit weitläufigen Kellern. Um das Mikroklima zu verbessern, wurde am Rebgarten ein künstlicher See angelegt, der heute ganz mit Wasserpflanzen bedeckt ist. Wunderschöner Park. Ein kraftvoller, dabei eleganter, intensiv duftender und schmeckender Wein.

Château Malescot-Saint-Exupéry *troisième grand cru classé*
Dieses aus dem Jahre 1885 stammende Château, ein Landsitz aus grauem Stein, liegt mitten in Margaux. Der durch Finesse beeindruckende Wein muß meist jahrelang reifen.

Château Cantenac-Brown *troisième grand cru classé*
Fast englisch anmutender, imposanter Bau mit schön eingerichteten Kellern und über 350 Fenstern. Ein traditioneller, stets fester Margaux.

Château Palmer *troisième grand cru classé*
Schlößchen mit vier Spitztürmen, Eigentum englischer, französischer und niederländischer Familien. Herrliche, charmante, sehr distinguierte Weine von großer Klasse, die als Troisième grand cru unterbewertet sind.

Château La Lagune *troisième grand cru classé*
Das Château aus dem Jahre 1730 ist eine sogenannte *chartreuse,* eine flache Villa eines in Bordeaux häufigen Typs. Der Wein gehört zu den zuverlässigsten des ganzen Médoc.

Château Marquis d'Alesme Becker *troisième grand cru classé*
Durch große Anstrengungen und Investitionen ist die Qualität dieses Weins besser geworden. Er besitzt Grazie, Geschmeidigkeit und noch genügend Rückgrat, um reifen zu können. Das Château liegt etwas abseits der Hauptstraße von Margaux.

Hohe Bäume säumen die Auffahrtsallee des Château de Lamarque, einem makellos unterhaltenen Weingut im mittleren Médoc. Das Schloß besitzt Keller aus dem 11. und 12. Jahrhundert.

Château Prieuré-Lichine *quatrième grand cru classé*
Château Prieuré-Lichine, ein ehemaliges Kloster, in dem schon vor Jahrhunderten Benediktinermönche Wein herstellten, ist eines der gastfreundlichsten Château. Schilder an der Straße verkünden, daß Besucher immer willkommen sind. Ein Besuch ist in der Tat lohnend: Auf dem Innenhof ist eine Sammlung von Kamin-Schmuckplatten zu sehen; zudem gibt es uralte Faßkeller und eine romantische Wohnküche. Ein recht eleganter, geschmeidiger Wein, verfeinert und harmonisch, mit genügend Rückgrat zum Lagern.

Château Marquis de Terme *quatrième grand cru classé*
Vor allem die Anfang der achtziger Jahre erneuerten Keller, Empfangsräume und Keltergeräte lohnen einen Besuch auf diesem Château. Fester Margaux mit Farbe, Duft, Saft und Tannin.

Château Dauzac *cinquième grand cru classé*
Vollständig renovierter Besitz mit modernen Geräten. Seit Ende der siebziger Jahre ist der Wein wieder interessant geworden und sollte im Auge behalten werden.

Château du Tertre *cinquième grand cru classé*
Dieses weiße Schlößchen, ein Herrenhaus in einem Park, liegt bei Arsac. Der Wein verdient alle Wertschätzung und ist einer der am meisten unterschätzten Grands crus der Herkunftsbezeichnung Margaux.

Château Cantemerle *cinquième grand cru classé*
Dieses Weingut steht nur deshalb am Ende der Klassifikation von 1855, weil sein Name im allerletzten Augenblick hinzugefügt wurde. Qualitativ liegt dieser Médoc über dem Status eines Cinquième grand cru.

Das mittlere Médoc

Mitte des vorigen Jahrhunderts genoß das mittlere Médoc offenbar keinen besonderen Ruf: In der Klassifikation von 1855 ist kein einziges Gut aus diesem Gebiet vertreten. In dieser Hinsicht würde die Liste heute anders aussehen. Die Weine von Château Chasse-Spleen und von Château Maucaillou, beide in der Gemeinde Moulis-en-Médoc, können sich ohne weiteres mit den Crus

Der Wein des Château Chasse-Spleen, ein Grand bourgeois exceptionel in Moulis, erreicht nicht selten die Klasse eines Grand cru classé.

classés messen. Der Name des Ortes Moulis geht auf *moulins* («Mühlen») zurück und ist ein Hinweis darauf, daß hier früher vor allem Getreide angebaut wurde. Die ersten Reben standen hier im 15. Jahrhundert. Heute sind knapp 350 Hektar mit Reben bepflanzt. Die besten Rebgärten liegen um das Dorf Grand Poujeaux einige Kilometer östlich von Moulis. Die Böden sind teilweise kiesreich, teilweise aus Lehm und fossilem Kalk aufgebaut. Diese Unterschiede führen zu unterschiedlichen Weinstilen. Im allgemeinen sind die Weine elegant, geschmeidig, aber auch kraftvoll. Die zweite Gemeinde mit eigener Herkunftsbezeichnung im mittleren Médoc ist Listrac im Norden von Moulis. Die Weine von dort werden als Listrac-Médoc verkauft. Der Name Listrac verrät noch die lateinische Herkunft: *listra* bedeutet Grenzgebiet, die Endung *ac* könnte für *aqua,* Wasser, stehen. Der Ort liegt am Fuße der höchsten Erhebung (43 Meter) des Médoc. Auf dem Hügel steht ein Beobachtungsturm der Brandwache. Auch in Listrac gibt es unterschiedliche Böden: mit Lehm, mit Mergel oder mit Sand gemischten Kies. Früher war hier der Merlot die bedeutendste Rebe. Heute sind die meisten Güter mindestens zur Hälfte mit Cabernet-Sauvignon bestockt. Die heutigen Weine von Listrac, die von etwa 500 Hektar kommen, zeichnen sich durch eine schöne Farbe, Frucht, Festigkeit und Zuverlässigkeit aus. Die übrigen Gemeinden des mittleren Médoc haben Anspruch auf die Herkunftsbezeichnung Haut-Médoc. Zwischen Margaux und Saint-Julien liegt Cussac. In unmittelbarer Nähe davon liegt das dreihundert Jahre alte Fort Médoc an der Gironde. Der französische Marschall Sébastien le Prestre de Vauban, Befehlshaber der Festungswerke, ließ es zum Schutz von Bordeaux bauen. Mit seinen vier Bastionen und dem schön gestalteten Eingangstor lohnt es einen Besuch.

Auf Château Lanessan (Cussac-Fort Médoc) sind in einem Pferdemuseum Kutschen, Ställe und eine Sattelkammer zu besichtigen.

FÄHRE

Zwischen den Médoc-Gemeinden Lamarque und Blaye zu beiden Seiten der breiten Gironde verkehrt eine schnelle Fähre. In Lamarque liegt eines der schönsten Weinschlösser des Médoc, das Château de Lamarque, das größtenteils aus dem 11. bis 14. Jahrhundert stammt.

Neben vorzüglichen Privatgütern gibt es in Listrac (Mittleres Médoc) auch eine sehr aktive Genossenschaft.

Renommierte Erzeuger im mittleren Médoc

Appellation Moulis

Château Chasse-Spleen *cru grand bourgeois exceptionnel*
Ein hervorragender Moulis, auch in weniger guten Jahren. In der Regel wird alljährlich die Hälfte der Fässer erneuert.

Frisch gelesene Trauben (Cabernet-Sauvignon) werden zusammengefegt und -gerecht, bevor sie in die Traubenmühle geschaufelt werden.

Château Maucaillou *cru bourgeois*
Der Name dieses Châteaus bedeutet «Schlechter Stein», doch sind Kieselsteine für die Rebe ja ein Vorteil. Imponierende, geschmeidige Weine, die keinen Vergleich mit Grands crus zu scheuen brauchen.

Appellation Listrac-Médoc

Château Fourcas-Dupré *cru grand bourgeois exceptionnel*
Dieses Gut, etwa ein Kilometer nördlich des Ortskerns gelegen, besitzt einen großen Parkplatz für Besucher. Man gelangt über die D 2 dorthin. Konzentrierter Listrac von hohem Niveau.

Château Fourcas Hosten *cru grand bourgeois exceptionnel*
Ein Wein mit Distinktion, der häufig ein angenehmes Fruchtaroma besitzt. Wird von der gleichen Mannschaft erzeugt wie Fourcas-Dupré, hat aber andere Eigentümer.

Château Clarke *cru bourgeois*
Hervorragend ausgestattetes Gut, das in den siebziger Jahren von den Baronen Rothschild mit Millionenaufwand geschaffen wurde. Man sollte den Wein im Auge behalten.

In keinem anderen französischen Weingebiet werden so viele Erntemaschinen eingesetzt wie in Bordeaux.

Saint-Julien

Nahe der Gironde liegt die nächste Gemeinde-Appellation, Saint-Julien. Wer von Süden kommend die Gemeindegrenze passiert, kommt an einer riesigen Metallflasche vorbei, die – überflüssigerweise – darauf hinweist, daß hier Wein erzeugt wird. Qualitativ ist Saint-Julien eine der gleichmäßigsten Herkunftsbezeichnungen des Médoc, denn etwa 85 Prozent aller Rebgärten haben den Status von Grands crus. Kleine oder mittelmäßige Weine gibt es in Saint-Julien praktisch nicht. Charme, Verfeinerung und Harmonie sind die Eigenschaften, die einen guten Saint-Julien auszeichnen. Ein großer Teil der etwa 750 Hektar Rebgärten befindet sich auf zwei Kiesplateaus, die etwas mehr Lehm enthalten als der Boden von Margaux. Die meisten Châteaux von Saint-Julien stammen aus dem 18. Jahrhundert; manche, wie z.B. Beychevelle, sind noch älter. Nordwestlich von Saint-Julien (das korrekt Saint-Julien-

Die riesige Flasche am Ortseingang von Saint-Julien ist nicht zu übersehen. Im Hintergrund Château Ducru-Beaucaillou.

Beychevelle heißt, um Verwechslungen mit anderen Saint-Juliens in Frankreich zu vermeiden) gibt es noch eine Weingemeinde: Saint-Laurent. Die dortigen Weine haben eine gewisse Ähnlichkeit mit jenen von Saint-Julien, tragen aber nur die einfache Herkunftsbezeichnung Haut-Médoc.

Renommierte Erzeuger von Saint-Julien

Château Léoville-Las Cases *deuxième grand cru classé*
Nach der Französischen Revolution wurde der Besitz des Marquis de Léoville dreigeteilt. Léoville-Las Cases ist das größte Gut; die beiden anderen sind Château Léoville-Barton und Château Léoville-Poyferré. Ein großer Teil des Rebgartens liegt in einem ummauerten *clos*. Das mustergültig geführte Gut erzeugt tadellose, konzentrierte Weine von aristokratischer Allüre.

Château Léoville-Poyferré *deuxième grand cru classé*
Einige Gebäude von Léoville-Poyferré und Léoville-Las Cases liegen direkt nebeneinander, andere sind nur durch eine Straße voneinander getrennt. Nach einer langen Schwächeperiode steht Léoville-Poyferré bei Weinkennern wieder hoch im Kurs. Seit dem Jahrgang 1979 ist das Niveau deutlich verbessert.

Château Léoville-Barton *deuxième grand cru classé*
Traditionell erzeugter, großer Saint-Julien, der unbedingt reifen muß. Das Château gehört der irischstämmigen Familie Barton.

Château Gruaud-Larose *deuxième grand cru classé*
Großes Château mit Louis-XVI-Salons, einem prämierten Park und ausgedehnten Rebflächen. Dem Eigentümer, der Familie Cordier, gehört auch das nördlich davon gelegene Château Talbot. Sehr feine Weine, die nach der Reife fast seidig werden.

Château Ducru-Beaucaillou *deuxième grand cru classé*
Die Fassade dieses majestätischen Châteaus am Osthang des südlicheren der beiden Kieshügel ist der Gironde zugewandt. Viktorianische Türme, ein weitläufiger Park und ein brillanter Wein.

Château Lagrange *troisième grand cru classé*
Ein großer japanischer Getränkekonzern hat dieses Weingut 1983 übernommen. Es wurden Investitionen in Millionenhöhe getätigt, um Rebgärten, Anlagen und Château gründlich zu erneuern. Dies hat sich auf die Qualität des Weins sehr deutlich ausgewirkt.

Segel Streichen

Das Château Beychevelle in Saint-Julien hat seinen Namen von dem Kommando baisse voile, *«streicht die Segel». Dieses Weingut gehörte nämlich einst dem Herzog von Épernon, Admiral von Frankreich. Das Streichen der Segel war eine Ehrenbezeugung der vorbeifahrenden Schiffe.*

Die Keller des Château Léoville-Las Cases in Saint-Julien. Hier reift ein exzellenter Wein .

Das Château Fontesteau in Saint-Sauveur besitzt einen Turm aus dem Jahre 1277. Das Gut gehört zur Gruppe der Crus grands bourgeois.

WEINMUSEUM

Das Château Mouton Rothschild birgt ein großartiges Weinmuseum, das man unbedingt besuchen sollte. Die ältesten Stücke der Sammlung gehen auf die Zeit vor Christi Geburt zurück. Das Museum kann nur auf Empfehlung oder nach einer schriftlichen oder telefonischen Absprache besucht werden (Anschrift: 33 250 Pauillac, Telefon 56 59 22 22; man spricht Englisch).

Château Langoa-Barton *troisième grand cru classé*
Dieser Wein wird vom gleichen Personal in den gleichen Kellern erzeugt wie Léoville-Barton, kommt jedoch von anderem Boden. Er schmeckt in der Regel etwas weniger nuanciert und ist früher zugänglich.

Château Saint-Pierre *quatrième grand cru classé*
Hervorragend restauriertes Château an der südlichen Einfahrt zur Gemeinde. Der Wein ist einer der weichsten, rundesten und einschmeichelndsten der Herkunftsbezeichnung.

Château Talbot *quatrième grand cru classé*
Mit rund 100 Hektar das größte Gut von Saint-Julien. Sehr zuverlässiger Wein.

Château Branaire-Ducru *quatrième grand cru classé*
Nüchternes Gut gegenüber dem Château Beychevelle; es erzeugt hervorragende Weine mit Veilchenduft, die mild und kraftvoll zugleich sind. Die Orangerie mit einer modernen Küche dient häufig als Empfangsraum für Gesellschaften.

Château Beychevelle *quatrième grand cru classé*
Das aus dem 17. Jahrhundert stammende Château, eines der schönsten des Médoc, wechselte 1983 den Besitzer. Seither wurden viele der vorhandenen Einrichtungen verbessert. Schöne Weine, die lange reifen müssen.

Château de Camensac *cinquième grand cru classé*
Von den drei Grands crus in Saint-Laurent erzeugt Camensac den besten Wein. Es ist ein Haut-Médoc mit fleischigem Geschmack, in dem meist nobles Holz deutlich wahrnehmbar ist.

Pauillac

Hinsichtlich des Qualitätsniveaus ist Pauillac – 18 Grands crus classés, darunter drei der fünf Premiers grand crus – die bedeutendste Weingemeinde des Médoc. Pauillac selbst, zwischen Saint-Julien im Süden und Saint-Estèphe im Norden gelegen, ist ein etwas farbloser Hafenort mit etwa 6000 Einwohnern. Die meisten Straßen enden am Quai an der Gironde. Die Geschichte von Pauillac reicht weit zurück. Früher war hier ein Zentrum der Bronze-Erzeugung. Der Weinbau ist relativ jungen Datums; er begann erst Ende des 17. Jahrhunderts. Der Wein brachte Pauillac Wohlstand. Gegen Ende des 18. Jahrhunderts arbeiteten im Ort zahlreiche Küfereien, und es wurden hier sogar Flaschen erzeugt. Wie fast überall im Médoc ist die Zusammensetzung des Bodens sehr vielfältig, so daß auch sehr unterschiedliche Weine entstehen. Manche sind weiblich und zart (wie Lafite-Rothschild), andere wiederum männlich und robust (wie Latour). Im allgemeinen zeichnen sich die Pauillac durch Vitalität, Muskelkraft und Charakter aus. Außerdem besitzen sie praktisch immer viel Tannin, wodurch sie in ihrer Jugend wenig einschmeichelnd sind. Nach einem langen Ausbau – zunächst im Faß, dann in der Flasche – entwickeln sie sich zu aromatischen, köstlichen Weinen mit großer Tiefe in Duft und Geschmack sowie einem minutenlangen Abgang. Sehr charakteristisch ist das Aroma von schwarzen Johannisbeeren; manche Weine duften auch nach Zedernholz. Man kann aber auch andere Früchte wahrnehmen, und im Bukett eines Château Lynch-Bages läßt sich häufig sogar Pfefferminze entdecken. Ein guter Pauillac braucht mindestens fünf bis fünfzehn Jahre Geduld und kann auch danach noch lange Jahre liegen. Der größte Erzeuger am Ort ist die Genossenschaft La Rose Pauillac. In ihr sind etwa 120 kleinere Winzer zusammengeschlossen, die insgesamt 110 Hektar bestellen, was etwa einem Neuntel der Gesamtfläche entspricht.

Der alleinstehende Turm des Château Latour (Pauillac) wurde vor Jahrhunderten als Taubenschlag gebaut.

Renommierte Grands crus von Pauillac

Château Lafite-Rothschild *premier grand cru classé*
Besitz aus dem 18. Jahrhundert; eine großzügige Villa mit Türmchen. Die Salons können nicht besucht werden, aber die Keller mit den Gärbottichen aus slowenischer Eiche. Graziöse, subtile, weibliche Weine.

Château Latour *premier grand cru classé*
Der Name des Guts geht auf eine mittelalterliche Festungsanlage zurück, von der nur ein turmförmiger Taubenschlag erhalten ist. Kompakte, intensive, kraftvolle Weine, die auch in mageren Jahren noch erfolgreich sind.

Château Mouton Rothschild *premier grand cru classé*
Als Philippe Baron de Rothschild die Leitung von Mouton übernahm, war es mehr ein Bauernhof als ein Schloß. Durch seine Anstrengungen wurde daraus ein sehr angesehenes Château. Er gründete das einzigartige Weinmuseum und beauftragte 1946 als erster einen Künstler damit, ein Etikett für Mouton Rothschild zu entwerfen. Diese Praxis hat mittlerweile Tradition. Die größte Tat, die Baron Philippe jedoch in die Châteauannalen eintragen lassen konnte, war die Höherstufung von Mouton Rothschild zum Premier grand cru, die bisher erste und einzige Änderung der Klassifikation von 1855. Diese Höherstufung wurde nach jahrelangen Bemühungen 1973 besiegelt. Der reiche Wein hat alles, was man von einem Pauillac erwarten kann: ein konzentriertes Aroma von schwarzen Johannisbeeren und Zedernholz, viel Tannin, eine kraftvolle Struktur und einen sehr langen Abgang.

Châuteau Pichon-Longueville Baron *deuxième grand cru classé*
Das Château ist ein Gebäude aus dem 19. Jahrhundert, das von zwei schlanken Spitztürmen flankiert wird. Erzeugt wird ein Wein, der die Kraft eines Pauillac mit der Eleganz eines Saint-Julien verbindet.

Château Pichon Longueville Comtesse de Lalande *deuxième grand cru classé*
Ein perfektionistisch geführtes Weingut, das eine Enklave im Gelände von Château Latour bildet. Der Wein ist heute hervorragend und häufig auf dem Niveau eines Premier grand cru.

Château Pontet-Canet *cinquième grand cru classé*
Ein Gut mit riesigen Betriebsgebäuden: Der Dachboden über dem *cuvier* bietet leicht 600 Menschen Platz, und der hohe Faßkeller erinnert an eine Kathe-

drale. Der Wein ist ein typischer Pauillac, dunkel, intensiv und von hohem Niveau.

Château Batailley *cinquième grand cru classé*
Der Park mit Bäumen aus der ganzen Welt ist die größte Sehenswürdigkeit dieses Châteaus. Der Wein ist ein korrekter, harmonischer Pauillac.

Château Grand-Puy-Lacoste *cinquième grand cru classé*
Meisterhafter Wein, der weit über seinem derzeitigen Status liegt. Gleiche Eigentümer wie von Château Ducru-Beaucaillou in Saint-Julien.

Château Grand-Puy Ducasse *cinquième grand cru classé*
Liegt am Quai von Pauillac. Der charmante, häufig fruchtige Wein hat sich seit Beginn der achtziger Jahre deutlich verbessert.

Château Lynch-Bages *cinquième grand cru classé*
Ein schön renoviertes Gut mit gepflegtem Rasen und einem großzügigen Garten. Auch die Keller und die übrigen Betriebsräume ließ das Ehepaar Jean-Michel Cazes renovieren. Der Wein ist von großer Klasse, fruchtig, kraftvoll, manchmal mit einer Spur Pfefferminze im Bukett.

Château Mouton Baron Philippe *cinquième grand cru classé*
Das «Schloß» ist ein halb verfallenes Herrenhaus auf dem Gelände von Château Mouton Rothschild – und gehört der gleichen Familie. Charmanter, saftiger Wein.

Château Haut-Bages Libéral *cinquième grand cru classé*
1983 bekam dieses Gut neue Besitzer, die nicht zögerten, eine große Zahl neuer Ausbaufässer anzuschaffen. Der Wein war schon immer attraktiv, ist aber noch besser geworden.

Saint-Estèphe

Auf der Fahrt nach Norden überschreitet man zwischen dem Château Lafite-Rothschild und dem Château Cos d'Estournel die Grenze zu Saint-Estèphe. Cos d'Estournel – ein großes, weißes Gebäude mit Pagodentürmen – fesselt das Auge. Die Erzeugung dieser nördlichsten der sechs Gemeinden mit einer eigenen Appellation contrôlée nimmt mit einer Jahresmenge von 45 bis 50 000 Hektoliter den Spitzenplatz ein; hinsichtlich der Größe unterscheiden sich die Erzeugungsgebiete von Margaux und Saint-Estèphe mit jeweils etwas über 1100 Hektar kaum. Der Boden in Saint-Estèphe ist etwas schwerer als in den anderen Gemeinden und weniger gut entwässert. Die Kieshügel sind mit Lehm und etwas Kalk durchmischt. Infolge des schwereren Bodens sind die Weine im allgemeinen kräftiger und fester als die Pauillac und reich an Tannin, doch haben sie etwas weniger Bukett. Die besten Weine müssen jahrelang lagern, um ihre ganze Harmonie und Kraft entwickeln zu können. In der Klassifikation von 1855 sind insgesamt fünf Crus aus dieser Gemeinde verzeichnet. Château Cos d'Estournel und Château Montrose nehmen als Deuxièmes grands crus die höchsten Ränge ein. Die Crus bourgeois spielen in dieser Gemeinde eine wichtigere Rolle als die klassifizierten Crus. Unter dem Namen Saint-Estèphe bringt die örtliche Genossenschaft den Wein zahlreicher kleiner Winzer auf den Markt.

Vor langer Zeit war Saint-Estèphe ein lebhafter Hafenort, an dem auch die Pilger auf dem Jakobsweg nach Santiago de Compostela in Spanien Station machten. Der Weinbau in Saint-Estèphe geht mindestens auf das 13. Jahrhundert zurück und hat hier also eine längere Tradition als in den anderen Gemeinden. Die Mönche der Prieuré de Notre Dame de Couleys haben viel zu seiner Entwicklung beigetragen. In den 1662 wieder aufgebauten Gebäuden dieser früheren Klostergemeinschaft lagern heute die Weine von Château Meyney. 1469 verbot Ludwig XI. den englischen Seefahrern, die Gironde weiter als bis nach Saint-Estèphe zu befahren. Aus diesem Grund ersetzte der Hafen von Saint-Estèphe jahrelang den von Bordeaux. Diese große Zeit ist jedoch längst Geschichte. Es ist nichts weiter geblieben als ein bescheidener Hafen für Fischer und Wassersportler. Was im Saint-Estèphe von heute besonders auffällt, ist der hohe Kirchturm, der die Form einer Flasche hat und in dem auf einer Anhöhe gelegenen Zentrum des Orts steht. Das Maison du Vin auf dem Platz gegenüber der Kirche hält ein großes Sortiment von Weinen vorrätig. Zudem kann man hier Informationsmaterial und Auskünfte bekommen; hin und wie-

In verschiedenen Weingemeinden im Médoc gibt es ein Maison du Vin, in dem man Auskünfte über den lokalen Wein erhalten und diesen auch kaufen kann. Im hier gezeigten Maison du Vin von Saint-Estèphe finden im Sommer häufig Kunstausstellungen statt.

Die rosengesäumte Auffahrt zum Château de Pez (Saint-Estèphe).

WEINWEILER

Rings um den Ort Saint-Estèphe liegen einige bedeutende Güter. Auch im übrigen Herkunftsgebiet findet man verschiedene kleine Siedlungen mit mehreren Châteaux. Ein Beispiel hierfür ist der Weiler Marbuzet etwa in der Mitte zwischen dem Château Cos d'Estournel und Château Montrose. Das auffallendste Weingut dort ist das Château de Marbuzet. Es wurde dem gleichen Schloß nachgebaut, das als Modell für das amerikanische Weiße Haus diente.

In den Kellern des Château Hanteillan, einem vorzüglich ausgestatteten Cru grand bourgeois in Cissac.

der finden auch Ausstellungen statt. Einige Orte in der Umgebung von Saint-Estèphe haben die Appellation Haut-Médoc. Nördlich von Saint-Estèphe liegt Saint-Seurin-de-Cadourne, an der Grenze zwischen Haut- und Bas-Médoc.

Die besten Weine von Saint-Estèphe

Château Cos d'Estournel *deuxième grand cru classé*
Exotisches, orientalisch aussehendes Château. Dies hat seinen Grund darin, daß im vorigen Jahrhundert Monsieur d'Estournel seine Weine als Schiffsballast in den Mittleren Osten und wieder zurück befördern ließ, weil er fand, daß dies die Entwicklung der Weine sehr günstig beeinflusse. Heute verbergen sich in dem gut unterhaltenen Bau moderne Anlagen. Der exzellente Wein reift praktisch immer in neuen Fässern.

Das bezaubernde Château Loudenne in Saint-Yzans-de-Médoc gehört einem großen britischen Konzern.

Die Keller von Château Potensac befinden sich in einer ehemaligen Kirche.

Château Montrose *deuxième grand cru classé*
Im vorigen Jahrhundert baute ein dynamischer Eigentümer aus dem Elsaß das Château und die Nebengebäude um. Noch heute sind auf Schildern in dem Gut Elsässer Namen angegeben. Der Name Montrose ist möglicherweise ein Hinweis auf eine längst vergangene Zeit, als der Hügel mit Heide bewachsen war. Tieffarbene Weine, die lange reifen müssen.

Château Calon-Ségur *troisième grand cru classé*
Marquis Alexandre de Ségur, im 17. Jahrhundert Eigentümer dieses Châteaus, hatte auch anderswo Besitzungen, doch hing an dieser sein Herz. Noch heute ziert ein Herz das Etikett dieses Saint-Estèphe. Ein intensiver, kraftvoller Wein mit langem Abgang.

Médoc

Das nördliche Médoc heißt wegen seiner Lage an der unteren Gironde eigentlich Bas-Médoc. Die Winzer mögen diese Bezeichnung aber nicht. «Bas», niedrig, klingt im Zusammenhang mit Wein nicht sehr positiv. Deshalb sagen die Winzer einfach «Médoc», und auch bei der Herkunftsbezeichnung Médoc, die nur für das nördliche Médoc gilt, wird das Bas unterdrückt. Die Landschaft ist hier anders, flacher; es gibt mehr Grasland und weniger Rebenhügel. Der Weinbau begann sich erst Mitte des vorigen Jahrhunderts zu entwickeln. Nach der Reblauskatastrophe konzentrierte sich der Weinbau mehr auf die höher gelegenen guten Böden. Die Kieshügel liegen weiter auseinander als im südlichen Médoc, und der Boden enthält häufig sehr viel Lehm mit etwas Kalk. Dadurch werden die Weine etwas derber, weniger komplex und weniger verfeinert. Die Bestockung vieler Güter besteht zu einem Viertel bis zur Hälfte oder mehr aus Merlot, weil der Cabernet-Sauvignon hier etwas schwieriger reift. Flaschenreife bekommt den Weinen sehr gut. Die Genossenschaften spielen eine wichtige Rolle: Von ihnen kommen etwa 40 Prozent der Erzeugung. Die besten Weine liefern aber die Privatgüter. Durch moderne Techniken, großen Einsatz und ebenso großes fachliches Können haben sie der Herkunftsbezeichnung Médoc einen guten Namen verschafft. Zentrum des Weinhandels ist Lesparre. In dem Ort gibt es einen 30 Meter hohen rechteckigen Turm: l'Honneur de Lesparre. Das Maison du Vin an der Place du Tribunal erteilt alle gewünschten Auskünfte; daneben organisiert es kunstgewerbliche Ausstellungen.

Einige renommierte Erzeuger von Médoc

Château Laujac *cru grand bourgeois*
Großes neoklassisches Château mit beeindruckenden Kellern. Dunkler, klassischer Médoc mit viel Tannin, der gut reifen kann.

Château Loudenne *cru grand bourgeois*
Auffallendes hellrosa Château mit großen *chais.* Kultivierter Rotwein und ein sehr angenehmer Weißwein (Appellation Bordeaux). Loudenne hat ein Tagesrestaurant und bekommt ein neues Weinmuseum, da das alte einem Brand zum Opfer fiel. Englische Eigentümer.

Château Pontensac *cru grand bourgeois*
Der Weinkeller des Guts war früher eine Kirche. Die Weine sind tieffarben, kraftvoll und alkoholreich und haben ein Bukett von schwarzen Johannisbeeren. Gleiche Eigentümer wie Château Léoville-Las Cases in Saint-Julien.

Château La Tour de By *cru grand bourgeois*
Ein Besuch lohnt sich mehrfach, denn es handelt sich nicht um ein, sondern zwei Châteaux. Im Rebgarten steht noch ein alter Leuchtturm. Stilvoller Wein mit Klasse. Ein erfolgreicher Médoc.

Château La Clare *cru bourgeois*
Tadelloser Médoc, in dessen Bukett und Geschmack schwarze Johannisbeeren zu entdecken sind.

Château La Tour Haut-Caussan *cru bourgeois*
Nicht sehr großes Weingut, das seinen Namen einer restaurierten Mühle verdankt. Sehr reintönige, köstliche Weine.

EIGENSINNIG

Manche Winzer pflanzen bewußt andere Rebsorten an, als in ihrer Gemeinde oder ihrem Bezirk üblich ist. Ein Beispiel dafür findet man im nördlichen Haut-Médoc. Der Eigentümer von Château Coufran, einem Cru grand bourgeois in Saint-Seurin-de-Cadourne, arbeitet als einziger mit einem ungewöhnlich hohen Merlotanteil von 85 Prozent. Der Wein von Coufran ist daher runder und geschmeidiger als die anderen Weine aus der Nachbarschaft.

Graves

Daß man das älteste Weingebiet der Gironde, Les Graves, direkt vor den Toren der Stadt Bordeaux findet, hat gute Gründe; im Mittelalter wäre es viel zu riskant gewesen, ohne die Rückendeckung einer Stadt oder Burg Weinbau zu betreiben. Bis zur Mitte des 12. Jahrhunderts hatte der Weinbau um Bordeaux nur lokale Bedeutung. Dies änderte sich, als Aquitanien im Jahre 1152 unter englische Herrschaft kam. Die neue Situation war ein Segen für den Weinbau

Das Château La Louvière in Léognan (Graves) hat einen ganz persönlichen Charakter. Das gleiche gilt für seine Rot- und Weißweine.

Das Château Haut-Brion ist das einzige Weingut von Graves, das in die Klassifikation von 1855 aufgenommen wurde – und zwar in die höchste Kategorie.

Das trutzige Château Olivier in Léognan, dessen ältester Teil aus dem 12. Jahrhundert stammt.

in Bordeaux, denn England erwies sich als höchst aufnahmebereiter Markt. Qualitativ und quantitativ machte der Weinbau in dieser Zeit rasche Fortschritte. Wälder mußten Rebgärten weichen. Graves erwarb sich ein immer größeres Ansehen. Der Erzbischof von Bordeaux, der spätere Papst Clemens V., ließ im Jahre 1300 sogar einen eigenen Rebgarten anlegen: das heutige Château Pape Clément in Pessac. Im Laufe der Zeit erkannte man, daß die besten Weine von Kiesböden kamen, französisch *terres graveleuses.* Daher hießen die besten Weine erst Vins de graves, später einfach Graves. Zunächst festigten vor allem die Graves-Weine den Ruf von Bordeaux. Dies ist auch der Grund, warum das Weingut, das Samuel Pepys 1663 lobend erwähnte, in Graves liegt: das Château Haut-Brion. Erst Mitte des vorigen Jahrhunderts mußte Graves den ersten Rang an Médoc abtreten. Eine der Ursachen war, daß viele Rebgärten der Ausdehnung der Stadt Bordeaux zum Opfer fielen. Heute ist das Gebiet noch etwa 50 Kilometer lang und durchschnittlich 15 Kilometer breit. Etwa 3200 Hektar sind mit Reben bestockt, von denen sowohl Rotwein als auch Weißwein kommt. Graves ist ein relativ flaches Gebiet, in dem es außer Weinbau auch Ackerbau und Wald- und Wiesenwirtschaft gibt.

Die besten Rebgärten für Rotwein, d.h. die Lagen mit stark kieshaltigen Böden, liegen im Norden des Gebiets im Umkreis der Stadt Bordeaux und südlich davon. Sie tragen die Herkunftsbezeichnung Pessac-Léognan. Weiter im Süden enthält der Boden mehr Lehm und Sand, weshalb dort die Entwässerung schlechter ist. Die Zeiten, in denen Graves vor allem süße Graves supérieures erzeugte, sind vorbei; heute ist ein Weißwein aus Graves in der Regel trocken.

Die Rebsorten in Graves sind die gleichen wie im Médoc, wenn auch hier etwas weniger Cabernet-Sauvignon angepflanzt ist. Die verwandtschaftliche Beziehung zwischen Graves und Médoc zeigt sich auch an dem Namen der Weinbruderschaft *Commanderie du Bontemps du Médoc et des Graves,* die für die Weine beider Gebiete wirbt. Rote Graves sind meist etwas weniger komplex, etwas erdiger, geschmeidiger und freundlicher als die meisten Médoc; ihr Duft ist leicht rauchig und würzig und weist manchmal einen Hauch Tabak auf. Trockenen weißen Graves gibt es in vielen Stilrichtungen, von knochentrocken bis lieblich. Manche Weine sind außerordentlich nuanciert und können Jahrzehnte reifen. Der Appellation Cérons gehören drei Orte in Graves an: Cérons, Illats und Podensac. Die Weine davon gehören zur Appellation Graves

(11 Prozent), Graves supérieures (12 Prozent) oder Cérons (12,5 Prozent), der immer süß ist.

Renommierte Erzeuger von Graves

Château Haut-Brion *premier grand cru classé 1855, cru classé* (Rotwein)
Château Haut-Brion ist das älteste Gut des ganzen Bordeaux. Es erscheint als einzige Domaine außerhalb des Médoc in der Klassifikation von 1855, und zwar in der höchsten Kategorie. Es liegt heute inmitten eines Stadtviertels von Pessac. Die Kiesschicht des sanft abfallenden Rebgartens ist zehn Meter dick. Erlesener, samtener Rotwein und vornehmer, sehr rarer Weißwein.

VIEL ARBEIT, WENIG WEIN

Auf Château d'Yquem gehen die Lesehelfer häufig vier- bis sechsmal durch den Rebgarten, weil nur die reifsten Trauben gelesen werden. Dieses ungemein aufwendige Verfahren liefert also auch wenig Wein. Wenn man die ausgefallenen Ernten mitrechnet, beträgt der durchschnittliche Ertrag von d'Yquem 9 Hektoliter je Hektar, was etwa ein Glas Sauternes pro Rebe und Jahr ergibt. Nach dem Gesetz darf in Sauternes knapp das Dreifache erzeugt werden, im übrigen Bordeaux das Fünffache.

Château Bouscaut *cru classé* (Rotwein und Weißwein)
Wunderschönes, vollständig renoviertes Gut. Der feste Rotwein zeichnet sich durch Frucht und Geschmeidigkeit aus; der Weißwein ist aromatisch und frisch.

Château Carbonnieux *cru classé* (Rotwein und Weißwein)
Als *eau minérale* wurde der Weißwein etikettiert, den dieses ehemalige Kloster einst an den türkischen Hof lieferte. Auch heute noch ist der weiße Graves der beste Wein: Frisch, distinguiert und mit angenehmem Bukett.

Domaine de Chevalier *cru classé* (Rotwein und Weißwein)
Ein Weingut mitten im Wald. Großartiger Weißwein, vielleicht der beste trokkene weiße Bordeaux: verfeinert, mit Länge und von großer Haltbarkeit. Der vorzügliche Rotwein geht mehr in Richtung Médoc; er braucht zehn bis zwanzig Jahre Reife.

Château de Fieuzal *cru classé* (Rotwein)
Die Keller und Büros befinden sich in Léognan, während Château und Rebgarten außerhalb des Orts liegen. Sowohl Rotwein als auch Weißwein verdienen Aufmerksamkeit; ihre Qualität verbessert sich ständig.

Château Haut Bailly *cru classé* (Rotwein)
Dank eines eleganten Geschmacks, der in der Mitte zwischen Samt und Satin liegt, einer der verführerischsten Weine des Gebiets.

Château Laville Haut Brion *cru classé* (Weißwein)
Neben jenem von der Domaine de Chevalier der beste trockene weiße Bordeaux: konzentriert, nuanciert und erst nach langen Flaschenjahren optimal.

Château Malartic-Lagravière *cru classé* (Rotwein und Weißwein)
Der Weißwein ist schon in seiner Jugend sehr charmant und zugänglich, während der schwere Rotwein viel Persönlichkeit hat und lange in der Flasche liegen muß.

Von der Edelfäule befallene und eingeschrumpfte Sauternes-Trauben.

Château La Mission Haut Brion *cru classé* (Rotwein)
Den Eigentümern von Château Haut-Brion gehört auch dieses und das vorgenannte Gut. Erdiger, dunkler, reservierter Wein, der Jahrzehnte reifen muß. Danach ist der Wein tief, warm und geheimnisvoll komplex.

Château Olivier *cru classé* (Rotwein und Weißwein)
Mittelalterliche Burg mit kieshaltigem Rebgarten. Vor allem die Weißweine sind frisch und reintönig. Die letzten Jahrgänge ließen eine Zunahme der Qualität erkennen.

Château Pape Clément *cru classé* (Rotwein)
Im Jahre 1300 vom Erzbischof von Bordeaux, Bertrand de Goth, dem späteren Papst Clemens V., gegründet. Generöser, alkoholreicher roter Graves.

Château Smith Haut Lafitte *cru classé* (Rotwein)
Hier gibt es einen großen unterirdischen Faßkeller, eine Seltenheit in Graves. Der Weißwein gärt in neuen Holzfässern und ist seit 1985 von vorzüglicher Qualität. Auch der Rotwein ist gut.

Sauternes

Sauternes, schon seit Jahrhunderten ein Weißweingebiet, hat in der ganzen Welt einen großen Namen. Dennoch bedeckt diese 40 Kilometer südöstlich von Bordeaux gelegene Enklave in Graves nur eine kleine Fläche. Noch im 17. Jahrhundert kamen von hier süße, wuchtige Muskatweine. Allmählich entdeckten jedoch die Winzer, daß hier auch andere und bessere Rebsorten wuchsen und daß es sich manchmal lohnte, die Trauben spät zu lesen, wodurch die Weine süßer und reicher wurden. Vom Château d'Yquem weiß man, daß hier schon um 1750 ein Teil der Trauben selektiv gelesen wurde. Im Jahre 1847 hatte man auf diesem Gut die Trauben extrem spät geerntet, und es zeigte sich, daß der Wein einen ungewöhnlichen Geschmack hatte. Etwa zwölf Jahre nach der Ernte kostete Großherzog Konstantin, der Vetter des russischen Zaren, diesen Wein – und war hingerissen. Er bot 20000 Goldfranken für den Wein, ein Vermögen. So begann der Siegeszug des Sauternes am russischen Hof. Seither hat der Stil dieses Weins bei vielen Gütern mit großem Erfolg Nachahmung gefunden.

Ein besonderes Mikroklima

Das Geheimnis von Sauternes ist das Mikroklima. Wenn sich im Herbst das kalte Wasser des Ciron – das Gebiet liegt zu beiden Seiten dieses Flüßchens – mit dem wärmeren Wasser der Garonne mischt, steigen Morgennebel auf, die die Rebgärten einhüllen, bis die Mittagssonne die Äcker erwärmt. Dieser Wechsel zwischen Feuchtigkeit und Sonnenwärme schafft ideale Lebensbedingungen für den Grauschimmel Botrytis cinerea, der an den Trauben die Edelfäule hervorruft. Sowohl Sémillon als auch Sauvignon sind für diesen Pilz anfällig. Die Trauben schrumpfen und verlieren viel Flüssigkeit, teilweise die Hälfte, während der Zucker erhalten bleibt. Infolgedessen befindet sich auch im Wein viel Zucker. Außerdem verleiht der natürliche Vorgang der Fäulnis dem Wein ein besonderes Aroma. Edelfäule (pourriture noble) tritt nur bei sehr reifen Trauben auf. Diese müssen deshalb sehr lange am Stock bleiben, weshalb sie durch Herbstregen gefährdet sind.

Dieses Phänomen tritt nicht jedes Jahr auf, und es werden auch nicht alle Trauben befallen. Nur befallene Trauben eignen sich aber für die Herstellung dieses Süßweins. Deshalb muß in mehreren Durchgängen gelesen werden, was die Kosten natürlich erhöht.

Wie man sieht, ist die Erzeugung von Sauternes mit sehr hohem Aufwand verbunden, während gleichzeitig der Hektarertrag niedrig ist. Ein Sauternes kann daher niemals billig sein. Als Wein ist er jedoch eine Offenbarung: In Duft und Geschmack besticht er durch köstliche Aromen, unter anderem Aprikosen, Honig und Nüsse. Die leichteren Sorten geben einen vorzüglichen Aperitif ab und können Gerichte wie Gänseleberpastete perfekt begleiten. Die etwas schwereren passen unter anderem vorzüglich zu frischem Pfirsich, Birne und Blauschimmelkäse.

Ein schöner goldfarbener Sauternes wie etwa der vom Château Raymond-Lafon schmeckt nicht nur zu frischem Obst und nicht zu süßen Desserts köstlich, sondern auch zu Gänseleberpastete und Blauschimmelkäse.

Fünf Gemeinden

Die etwa 2000 Hektar von Sauternes verteilen sich auf fünf Gemeinden. Barsac ist die nördlichste und flachste Gemeinde. Die eleganten Weine überzeugen meist durch ein köstliches Gleichgewicht zwischen Frische und Süße. Der Wein hat hier das Recht sowohl auf die Herkunftsbezeichnung Barsac als auch Sauternes.

Die Rebgärten in Bommes, Fargues, Preignac und Sauternes weisen vielfach eine mehr oder weniger starke Hanglange auf. Als einziger Weißwein wurde 1855 auch der Sauternes klassifiziert.

Renommierte Erzeuger von Sauternes

Château d'Yquem *premier grand cru classé*

Majestätische Burg auf einem 75 Meter hohen Hügel, die würdige Heimat des üppigsten Weißweins der Welt. Von dem Gut kommt auch ein trockener Wein, der Y, der mit der gleichen Sorgfalt erzeugt wird. Besuche sind nur nach Anmeldung möglich.

Château Lafaurie-Peyraguey *premier cru classé*

Von Burgmauern (teilweise 13. Jahrhundert) umgebener Cordier-Besitz. Stilvoller, schöner Wein.

Château de Rayne Vigneau *premier cru classé*

Seit Anfang der achtziger Jahre werden hier wieder tadellose Weine erzeugt, und zwar ein Sauternes und ein trockener weißer Bordeaux. Der Rebgarten ist der größte des Gebiets.

In der Sauternes-Gemeinde Barsac ist das Château Coutet eines der besten Güter.

Für die Lesearbeit im Sauternes ist Erfahrung und Ausdauer erforderlich, denn die Lesehelfer müssen nicht nur die ausreichend befallenen Trauben auslesen, sondern auch mehrmals die Rebgärten durchgehen. Die meisten Besitzer betrauen mit dieser Arbeit nur Einheimische, überwiegend Frauen.

Château Suduiraut *premier cru classé*
Herrlicher Park nach einem Entwurf von Le Nôtre, dem Gartenarchitekten von Versailles. Dieses aus dem 17. Jahrhundert stammende Château liefert herrliche, üppige Weine.

Château Coutet *premier cru classé*
Ein Barsac mit Verfeinerung, erzeugt auf einer alten Domaine. Nur in außerordentlichen Jahren wird eine «Cuvée Madame» gekeltert, ein Wein, der einem Yquem kaum nachsteht.

Château Climens *premier cru classé*

Das Château Ausone bildet mit dem Château Cheval Blanc die Elite von Saint-Émilion.

Eleganter, kultivierter Barsac. Das Gut gehört der gleichen Familie, die u.a. auch Château Brane-Cantenac in Margaux besitzt.

Château Guiraud *premier cru classé*
Gastfreie Domaine, auf der es sogar ein Restaurant gibt. Außer süßen Weinen werden hier auch ein guter Rotwein und ein vorzüglicher trockener weißer Bordeaux erzeugt. Kanadische Eigentümer.

Château Rieussec *premier cru classé*
Dieses Gut grenzt an Château d'Yquem, und der Wein verleugnet diese Nähe nicht: beeindruckend, verfeinert und üppig. Von den gleichen Eigentümern wie u.a. Château Lafite-Rothschild in Pauillac.

Château Doisy-Daëne *deuxième cru classé*
Der Wein von diesem Weingut hat eine legendäre Haltbarkeit, erfreut aber auch schon in seiner Jugend mit Charme und Aroma.

Château Filhot *deuxième cru classé*
Ein palastartiges Anwesen mit einem weitläufigen Rebgarten und einem großen Park. Der delikate Wein begeistert vor allem durch sein schönes Gleichgewicht.

Château Nairac *deuxième cru classé*
Hier ist Perfektionismus Trumpf. Das Ergebnis ist ein köstlicher, feiner Barsac.

Château de Malle *deuxième cru classé*
Besucher sind hier von Ostern bis Mitte Oktober willkommen. Das aus dem 17. Jahrhundert stammende Schloß mit den Pfeffermühlentürmen birgt eine prächtige Sammlung von Möbeln und Kunstgegenständen. Statuen schmükken den italienischen Garten. Der süße Wein ist so elegant wie ein Barsac. Das Gut erzeugt auch einen trockenen Weißwein und einen roten Graves.

Saint-Émilion

Das mittelalterliche Saint-Émilion wurde insgesamt unter Denkmalschutz gestellt.

Saint-Émilion, eine kleine mittelalterliche Festungsstadt mit steilen Gassen und kleinen Plätzen, liegt auf einem etwa hundert Meter hohen Kalksteinhügel inmitten von Rebgärten.

Die Geschichte des Weinbaus beginnt mit den Römern, die angeblich genau im Jahre 275 eigene Reben auf die hier vorhandenen Unterlagen pfropften.

Der ummauerte, auf dem Kalkplateau von Saint-Émilion gelegene Rebgarten des Château Canon.

FELSENKELLER

Nicht wenige Châteaux in und um Saint-Émilion verfügen über großartige Felsenkeller, in denen der Wein unter idealen Bedingungen reifen kann. Zu ihnen gehören u.a. Ausone, Beau-Séjour Bécot, Berliquet, Cadet-Piola, Couvent des Jacobins, Curé Bon La Madeleine, Pavie und Villemaurine.

Seither wird in Saint-Émilion ohne Unterbrechung Wein erzeugt. An den römischen Dichter Decimus Magnus Ausonius, der hier vermutlich Rebgärten besaß, erinnert noch der Name von Château Ausone. Stadt und Weinbaugebiet verdanken ihren Namen einem frommen Mann, Émilion oder Aemilius, der hier im 8. Jahrhundert in einer Grotte hauste. Einige Jahrhunderte später haben Mönche diese Grotte zu einer Höhlenkirche erweitert, der Église Monolithe. Da der hier vorkommende Kalkstein vielfach als Baumaterial genutzt wurde, u.a. für Saint-Émilion, für das im Osten gelegene Libourne und die Stadt Bordeaux, entstanden hier unterirdische *caves* von 10 km Länge – ideale Weinkeller, in denen eine konstante Temperatur herrscht. Die *Jurade de Saint-Émilion,* die im Jahre 1199 von König Johann von England und Frankreich anerkannt wurde, dürfte wohl Frankreichs ältestes Qualitätsorgan sein, das früher sogar mit einer Strafbefugnis ausgestattet war. Die wiederbelebte Jurade sieht ihre Aufgabe heute jedoch mehr in Festivitäten zur Mehrung des Ruhms der heimischen Weine.

Das Weingebiet Saint-Émilion ist das bekannteste am rechten Ufer der Dordogne und von ansehnlicher Größe: Die zerstreut liegenden Rebgärten bedekken insgesamt rund 5000 Hektar. Durch die Zersplitterung gibt es viele kleine bis sehr kleine Güter. Deshalb kommt der Cave coopérative von Saint-Émilion, der ältesten Genossenschaft des Bordeaux-Gebiets (gegründet 1933), eine wichtige Rolle zu. In dem Gebiet gibt es verschiedene geologische Formationen. Üblicherweise wird unterschieden zwischen den Côtes, den relativ steilen kalkhaltigen Hängen und ihren Plateaus rings um die Stadt, den *sables,* einer großen sandigen Ebene in Richtung des Flusses, und den Graves, 60 Hektar Hügelland im Nordosten an der Grenze zu Pomerol mit tiefreichenden Kiesschichten.

Der Kirchturm von Saint-Émilion ist 67 Meter hoch. Der unterste Teil stammt aus dem 12., der mittlere aus dem 14. und die Turmspitze aus dem 15. Jahrhundert.

Die Trauben und die Weine

Für Cabernet-Sauvignon ist der Boden hier etwas kühl; gut gedeiht dagegen der Cabernet franc, in der Regel die Variante Bouchet, sowie auch Malbec, der hier vielfach Pressac genannt wird. Die vorherrschende Rebe in Saint-Émilion ist indes der Merlot, der hier mehr als die Hälfte des Anbaugebiets in Anspruch nimmt. Vor allem wegen dieser Rebenzusammensetzung haben die Weine hier ein Prozent Alkohol mehr und etwas weniger Tannin als diejenigen des Médoc. Deshalb sind sie etwas früher trinkreif. Es sind harmonische, mildfruchtige, recht volle Weine mit viel Charme. Sie werden daher auch gut verkauft – nicht zuletzt an die Tausenden von Touristen, die jährlich nach Saint-Émilion kommen.

Renommierte Erzeuger von Saint-Émilion

Château Ausone *premier grand cru classé A*
Château am Rande des Kalkplateaus. Stilvolle Weine mit viel Finesse.

Das Château Trotanoy erzeugt einen brillanten Pomerol.

Château Cheval Blanc *premier grand cru classé A*
Bescheidenes weißes Château an der Grenze zu Pomerol. Viel Kies im Boden. Nuancierte, körperreiche Weine. Der Saint-Émilion par excellence.

Château Belair *premier grand cru classé B*
Eine etwas schlankere Version des benachbarten Ausone. Das Gut gehört dem gleichen Besitzer.

Château Canon *premier grand cru classé B*
Konservativ arbeitendes Gut, das vorbildliche Weine hervorbringt. Ein Teil des Rebgartens ist ummauert.

Château Figeac *premier grand cru classé B*
Ein für Saint-Émilion stattliches Gut, das größtenteils flache Kieshügel umfaßt. Der milde Wein hat viel Distinktion und ist lange haltbar.

Château La Gaffelière *premier grand cru classé B*
Dieses Gut liegt gewissermaßen zu Füßen von Château Ausone. Nach einer vorübergehenden Schwächeperiode wird hier wieder ernsthaft gearbeitet. Ergebnis ist ein nobler, fester Saint-Émilion.

Château Magdelaine *premier grand cru classé B*
Der Wein beeindruckt hier deutlich mehr als das Château. Dieses liegt am Rande des Kalkplateaus von Saint-Émilion und gehört der gleichen Familie, die u.a. auch Château Pétrus (Pomerol) besitzt.

Château Pavie *premier grand cru classé B*
Umfangreiche Rebgärten am Südwesthang des Kalkplateaus. In den in den Hang eingehauenen Kellern sieht man die Wurzeln der Rebstöcke, die oben auf dem Hügel stehen. Der Wein hat einen diskreten Charme.

Auf den engen Straßen von Pomerol stehen überall Hinweisschilder auf die Châteaux.

Pomerol

Das Gebiet Pomerol im Nordosten von Libourne war jahrhundertelang der Gemüsegarten dieser Stadt. Der Name Pomerol drückt dies auch aus: das lateinische *pomarium* heißt Obstgarten. Heute werden hier nur noch Trauben angebaut.

Das Château Pétrus sieht nicht sonderlich beeindruckend aus, erzeugt jedoch einen majestätischen, fast legendären Pomerol. Dieser Wein ist teurer als die besten Médoc.

LIBOURNE

Die Rebgärten von Pomerol reichen bis an die Stadtgrenze von Libourne, und die von Fronsac sind ebenfalls nicht weit. Libourne wurde im 13. Jahrhundert von dem Engländer Roger de Leyburn gegründet. Von den ursprünglichen Mauern sind heute nur noch zwei Verteidigungstürme erhalten. Die Weinfirmen von Libourne sind überwiegend am Flußufer niedergelassen, am Quai du Priourat.

Winzermahlzeit in Pomerol.

Die Gemeinde, die keinen richtigen Ortskern besitzt, war jahrelang ein Zentrum des Johanniterordens, einer der drei Organisationen des Malteserordens. Um 1300 erbaute der Orden ein Hospital, vor allem für die Pilger, die nach Santiago de Compostela unterwegs waren.

Man nimmt an, daß die Johanniter auch den Weinbau in der Gegend gefördert haben, weil sie den Wein für die Hl. Messe, als Heilmittel und für den Genuß brauchten. Die Weinbruderschaft heißt heute noch *Les Hospitaliers de Pomerol.* Das Zeremoniengewand der Mitglieder schmückt ein Malteserkreuz. Dieses Kreuz begegnet einem in Pomerol immer wieder. Als Weinbaugebiet war Pomerol bis 1945 praktisch unbekannt; die Appellation contrôlée stammt aus dem Jahre 1936. Pomerol hat nur 780 Hektar, wird überwiegend von kleinen Familienbetrieben bestellt und hat keine Klassifikation. Auch hier findet man unterschiedliche Bodenarten. Im Zentrum liegt ein fast vierzig Meter hohes Plateau mit hohem Lehmanteil. Von dort kommen üppige, kraftvolle Weine, an deren Spitze unangefochten Château Pétrus steht.

Üppiger Geschmack
Die Rebsorten sind die gleichen wie in Saint-Émilion. Château Pétrus ist sogar zu 95 Prozent mit Merlot bestockt. Die häufig fruchtigen, aromatischen Pomerol sind meist reich nuanciert und unmittelbar ansprechend. In diesen Weinen ist ein breites Spektrum von Geruchs- und Geschmackseindrücken zu entdecken: geröstete Mandeln, Trüffeln, Brombeeren und schwarze Johannisbeeren, Kakao, Drops und vieles andere.

Renommierte Güter in Pomerol

Château Beauregard
Ein hübsches Schlößchen mit Freitreppe, Wassergraben und Türmen. Der Wein ist recht elegant und harmonisch.
Château La Conseillante
Hervorragender Wein: delikates Bukett, distinguiert seidig schmeckend, dabei fest.
Château L'Eglise-Clinet
Vitaler, sahnig runder, stilvoll harmonischer Wein von einem Gut neben dem Kirchhof.
Château L'Evangile
Der Rebgarten liegt direkt neben dem von Château Pétrus, doch ist der Wein ganz anders, zarter vor allem, häufig mit einem köstlichen Blümchenbukett.
Château La Fleur-Pétrus
Ein Château mit gelben Fensterläden, einer wehenden Fahne auf dem Etikett und einem nuancierten, vornehmen Wein, der gut lagern kann.
Château Latour à Pomerol
Breiter, mundfüllender Wein mit Rundungen. In Duft und Geschmack entdeckt man häufig reife Früchte.
Château Petit Village
Ungewöhnlich zuverlässiger Pomerol, generös, fruchtig und von fester Struktur. Gleiche Eigentümer wie u.a. von Château Cos d'Estournel.
Château Pétrus
Der «Kaiser» der Pomerol. Unübertrefflich. Intensiver, kraftvoller, fast überwältigender Wein, dessen Preis seiner Klasse angemessen ist.
Château Trotanoy
Der «König» der Pomerol. Ein herrlich konzentrierter, körperreicher Wein mit viel Farbe. Wird von der Familie von Château Pétrus erzeugt.
Vieux Château Certan
Ein Wein mit viel Charme, Distinktion und Rückgrat. Man erkennt die Flaschen an ihrer rosafarbenen Kapsel.

Die Nebengebiete von Saint-Émilion und Pomerol
Am anderen Ufer des Flüßchens Barbane, das sowohl Saint-Émilion als auch Pomerol im Norden begrenzt, liegen die sogenannten Satellitengebiete. Hübsche Dörfer und kleine Güter sind in eine liebliche Landschaft eingebettet. Die Orte Lussac, Montagne, Parsac, Puisseguin und Saint-Georges haben das Recht, ihre Weine mit einer eigenen Herkunftsbezeichnung zu verkaufen, die aus dem eigenen Namen mit dem Zusatz Saint-Émilion besteht.

In ähnlicher Weise sind Lalande und Néac Nebengebiete von Pomerol. Lalande hat das Recht auf die Appellation Lalande de Pomerol. In Néac besteht die Wahl zwischen der Appellation Néac und Lalande de Pomerol; letztere wird von den Winzern am häufigsten benutzt. Die besten Weine von hier ähneln den Pomerol.

Côtes de Castillon und Côtes de Francs
Neun Orte östlich von Saint-Émilion haben das Recht auf die Appellation Bordeaux-Côtes de Castillon. Die am häufigsten angepflanzten Rebsorten sind Merlot und Cabernet franc, doch können sich die Weine mit jenen von Saint-Émilion nicht messen. Auch gegenüber denjenigen der Satellitengebiete mangelt es ihnen an Rundungen. Man kann sie eher als eine bessere Art Bordeaux supérieur betrachten. Nördlich der Côtes de Castillon liegt das unbekannte grüne, friedliche kleine Gebiet Côtes de Francs.

Selbst im kleinen Fronsac gibt es eine kurze Touristenroute.

Der Hauptplatz von Libourne, einer Provinzstadt an der Dordogne. Die Rebgärten von Pomerol und Fronsac liegen nicht weit entfernt. Libourne ist Sitz mehrerer Weinfirmen.

RECHENEINHEIT

Viele Erzeuger in Bordeaux geben die auf ihrem Weingut geerntete Weinmenge noch stets in tonneaux *an. Dies ist eine alte Versandeinheit, die vier Fässer von je 225 Liter, d.h. 900 Liter umfaßt. 900 Liter entsprechen wiederum 100 Kisten oder Kartons mit zwölf Flaschen.*

Weinernte in Fronsac, dessen herzhafte Rotweine zu den meistunterschätzten von Bordeaux gehören.

Fronsac

Fronsac, ein kleines Gebiet am Nordufer der Dordogne mit teilweise steilen Hängen, liegt westlich von Pomerol. Der Boden besteht aus kalkhaltigem Lehm, während im Norden auch Sand vorhanden ist. Die Weine – überwiegend aus Cabernet franc, Merlot und Malbec – haben das Recht auf zwei Herkunftsbezeichnungen: Fronsac und Canon-Fronsac.

Qualitativ sind sie sehr unterschiedlich. Die besten von ihnen zeichnen sich durch eine intensive Farbe, Frucht, Würzigkeit, Festigkeit und Fülle aus. Im Verhältnis zu ihrer Qualität ist ihr Preis sehr günstig.

Rebgarten in Entre-Deux-Mers, dem größten Bordeauxbezirk.

Die Kirche von Loupiac; im Vordergrund ein Rebgarten. Loupiac liefert süße Weißweine von ansprechendem Niveau.

Canon-Fronsac, der hügeligste Teil, liefert hervorragende, sehr haltbare Weine von kräftigem Farbton und Charakter, gelegentlich mit einer Spur Bitterkeit im Abgang.

Es wird von den Winzern selbst abhängen, ob das Gebiet Fronsac seinen Ruf in der nächsten Zukunft verbessern kann. Es sollte möglich sein. Das photogenste und interessanteste Weingut ist das Château de la Rivière. Von diesem mittelalterlichen Schloß mit seinen viereckigen Türmen, den Nebengebäuden und einem hübschen Innenhof blickt man auf das Tal der Dordogne. Auch der Wein von diesem Gut ist beeindruckend.

Zwischen den Strömen

Das größte Weingebiet von Bordeaux, das zwischen der Dordogne und der Garonne liegt, umfaßt etwa 23000 Hektar Rebfläche. Das keilförmige Gebiet ist 80 Kilometer lang und an der breitesten Stelle 30 Kilometer breit. Die malerische Landschaft ist sehr abwechslungsreich: Hügel, Flüßchen und Täler, Äcker, Wälder und Weiden. Daneben gibt es in der Gegend auffallend viele Burgen, Kirchen, Klöster und andere markante Bauwerke. Aus diesem Zweistromland kamen lange Zeit flache halbsüße Weine. Heute gilt die Appellation Entre-Deux-Mers ausschließlich für trockene Weißweine; diese sind häufig von überraschender Lebendigkeit, Frucht und Frische. Ein erheblicher Teil der Ernte wird von Genossenschaften erzeugt. Insgesamt liefert Entre-Deux-Mers jedoch mehr Rotwein als Weißwein. Die Rotweine gehören zur Appellation Bordeaux oder Bordeaux supérieur.

Am rechten Ufer der Garonne bilden die zwei Gebiete Loupiac und Sainte-Croix-du-Mont zwei kleine Enklaven, die natursüße Weißweine liefern. Diese ähneln jenen von Sauternes am anderen Ufer, sind aber verhaltener und weniger üppig.

Noch weiter im Süden liegen zehn Gemeinden rings um Macaire, die die Appellation Côtes de Bordeaux-Saint-Macaire führen dürfen. Die meisten der (recht süßen) Weißweine werden jedoch als Bordeaux oder Bordeaux supérieur verkauft.

Am linken Dordogne-Ufer sind noch zwei relativ kleine Gebiete zu erwähnen, Graves de Vayres gegenüber der Stadt Libourne und Sainte-Foy-Bordeaux ganz im Osten bei Sainte-Foy-la-Grande. Diese beiden Gebiete lie-

Gemeinsame Bruderschaft

Die Bezirke Entre-Deux-Mers, Premières Côtes de Bordeaux, Bourg und Blaye haben eine gemeinsame Weinbruderschaft, die sich La Connétablie de Guyenne nennt.

Der Tertre de Fronsac, der sich über die Dordogne und die umliegende Landschaft erhebt, im Morgendunst. Er war früher von einer Burg bekrönt, später von einem italienischen Palast, in dem galante Feste gefeiert wurden.

fern unter der eigenen Herkunftsbezeichnung Rotwein und Weißwein: Graves de Vayres doppelt soviel Weißwein wie Rotwein, Sainte-Foy-Bordeaux fast nur Weißwein. Der rote Graves de Vayres ist ordentlich und geschmeidig, der weiße überwiegend trocken und etwas fester als Entre-Deux-Mers. Der weiße Sainte-Foy-Bordeaux ist meist halbsüß.

Premières Côtes de Bordeaux

Am rechten Ufer der Garonne erstreckt sich über eine Länge von 50 Kilometer das hügelige Weingebiet der Premières Côtes de Bordeaux. Der Norden dieses sehr alten Weingebiets liefert überwiegend Rotweine, der Süden überwiegend Weißweine.

Der Boden enthält viel Lehm, die tieferen Schichten auch Kalk und Kies. Von den Rebsorten spielen Malbec und Merlot die Hauptrolle; Cabernet-

Nördlich des Bezirks Blaye wird die Landschaft ziemlich flach. Die Spezialität sind hier frische Weiß- und schlanke Rotweine.

Wenn man in Blaye auf die Fähre nach Lamarque wartet, kann man sich in einem Weinpavillon für die Bezirke Bourg und Blaye die Zeit vertreiben.

Sauvignon und Cabernet franc sind hier weniger häufig. Vor allem die Rotweine beginnen sich dank einer stetig steigenden Qualität einen Namen zu machen. Dabei ist ihr Preis heute noch günstig.

Die Weißweine, die traditionell eher süß sind, verlieren an Boden. Die Winzer, die heute noch Weißwein erzeugen, stellen sich mehr auf trockene Typen um. Ein ausgesprochen süßer Wein aus diesem Gebiet ist der Cadillac. Er kann in 22 der 36 Gemeinden erzeugt werden, die zu den Premières Côtes de Bordeaux gehören.

Bourg und Blaye

Bourg und Blaye liegen am rechten Ufer der Dordogne und Gironde, teilweise gegenüber dem Médoc. Heute ist das Médoc das bei weitem bedeutendere Weingebiet, doch ist der Weinbau von Bourg und Blaye viel älter. Bevor hier die Rebe Einzug hielt, bedeckten ausgedehnte Wälder das Gebiet. Wandmalereien in der Höhle Pair-non-Pair zeigen, daß hier in der Urzeit Bisons, Mammuts und Pferde gejagt wurden.

Das südlichere Gebiet von Bourg ist das kleinere, hat aber mehr bestockte Fläche als Blaye. Die Gebiete erzeugen sowohl Rotwein als auch Weißwein.

Bourg

Bourg liegt strategisch günstig auf einem steilen Kreidefelsen. Diese Lage nutzten zuerst die Römer, später die Engländer. Noch im 17. Jahrhundert hieß die Stadt Bourg-sur-Mer. Erst danach wurde die Landzunge in der Gironde angeschwemmt; Bourg liegt heute nicht mehr an der breiten, direkt mit dem Meer verbundenen Gironde, sondern an der Dordogne. Drei parallel zum Fluß verlaufende Täler durchziehen das 2700 Hektar umfassende Weingebiet mit dem Namen Côtes de Bourg.

Auf überwiegend lehm- und kalkhaltigem Boden gedeihen Cabernet-Sauvignon, Cabernet franc, Merlot und Malbec. Der Merlot liefert den größten Anteil, während Malbec im Rückgang begriffen ist. Die Rotweine sind unkompliziert, fest, fruchtig und körperreich. Sie machen etwa 97 Prozent der Erzeugung aus. Die Herkunftsbezeichnung gilt für Rotwein und Weißwein und kann in dreierlei Form angegeben werden: Côtes de Bourg, Bourg und Bourgeais.

Fischerboote am Quai von Blaye. Der Markt in diesem Städtchen ist der wichtigste in der weiteren Umgebung.

Blaye
Auch das 15 Kilometer von Bourg entfernt gelegene Blaye war für die Römer wichtig; aus dem lateinischen *belli via* (Kriegsweg) wurde zunächst Blavia, später Blaye. Auch hier ließ Vauban – der das Fort Médoc erbaute – 45 Meter über dem Hafen eine Zitadelle errichten, die hervorragend erhalten ist. Blaye, eine freundliche Provinzstadt, zählt etwa 5000 Einwohner.

Die Rotweine ähneln jenen von Bourg, sind aber häufig etwas schlanker. Die besten Weine kommen meist aus der Nähe des Flusses. Bei Weißwein ist Blaye nach Entre-Deux-Mers der zweitgrößte Erzeuger. Die besten von ihnen sind trocken und von frischem Geschmack mit floralen oder fruchtigen Untertönen. Wie Bourg hat auch Blaye drei Herkunftsbezeichnungen, die jedoch eine Rangfolge beinhalten, nämlich, mit der höchsten Stufe beginnend, Premières Côtes de Blaye, Côtes de Blaye und Blaye oder Blayais.

Der Südwesten

Rebgärten in Buzet, einem Bezirk, dessen Rotweine eine einschmeichelnde Version von Bordeaux sein können.

Als Frankreichs größtes Gebiet für Qualitätswein hat Bordeaux im französischen Südwesten eine so überragende Position, daß viele Weinfreunde die übrigen Weingebiete dort als zweitrangig unbeachtet lassen. Auch Weinimporteure machen häufig einen Bogen um diese Gebiete. So kommen viele der dortigen Weine nur über Bordeaux in den Handel. Dabei liefert *le Sud-Ouest* durchaus keine Weine der zweiten Wahl. Im Gegenteil – wer sich die Mühe macht, hier auf Entdeckungsreise zu gehen, wird mit einer Vielzahl köstlicher Funde belohnt.

Die Gebiete, von denen hier die Rede ist, sind über zehn Departemente verteilt: Aveyron, Dordogne, Gers, Haute-Garonne, Lot, Lot-et-Garonne, Tarn, Tarn-et-Garonne, Pyrénées-Atlantiques und Les Landes. Dies bedeutet natürlich, daß die etwa 100000 Hektar, um die es geht, stark zersplittert sind, während ein Teil der Gebiete geradezu isoliert liegt. Dies ist allerdings eher ein Vorteil. Die Vielfalt der Rebsorten ist sehr groß, und viele Rebsorten haben rein lokalen Charakter, was man z. B. an einigen baskischen Namen erkennen kann. Diese typischen, charaktervollen Reben liefern auch markante, charaktervolle Weine. Wegen ihrer relativen Unbekanntheit werden sie häufig unterschätzt – und sind deshalb sehr preiswert. Aber nicht nur hinsichtlich des Weins ist der Südwesten ein faszinierendes Gebiet; er ist auch landschaftlich höchst reizvoll. Er ist eine der schönsten Weinregionen Frankreichs, in der es noch keinen Massentourismus gibt und die Natur sich noch in einer ursprünglichen Vielfältigkeit erhalten hat. Hier ist auch das Land, in dem das Essen noch ein tägliches Fest ist.

Das Château La Jaubertie in Colombier (Bergerac) aus dem 16. Jahrhundert. Ein englischer Besitzer erzeugt sehr gelungene Weiß- und Rotweine.

Bergerac

Die meisten Touristen, die den Südwesten besuchen, zieht es vor allem in die Dordogne oder – wie die Franzosen selbst meist noch sagen – das Périgord. Der Name Périgord erinnert an den Stamm der Petrocorii, die hier um die Zeit von Christi Geburt saßen. Die liebliche, hügelige Landschaft ist reich an Wasserläufen, die die Kalkplateaus durchschneiden: Dordogne, Vézère, Auvezère, Isle, Dronne und Dropt. Etwa ein Viertel des Gebietes ist Wald, der im Norden von Guyenne liegt. Es ist eine geschichtsträchtige Gegend, wie allein schon die zahlreichen Festungen und Raubritterburgen belegen. Von den archäologischen Funden sind die Höhlen mit den prähistorischen Felsmalereien am spektakulärsten. Die berühmten Höhlen von Lascaux oberhalb des Tals

Die Genossenschaft von Duras verkauft ihre Weine auch direkt an Besucher.

Berühmtes Destillat

Der Südwesten ist auch die Heimat eines der besten französischen Weinbrände, des Armagnac. Die Rebgärten von Armagnac liegen hauptsächlich im Departement Gers und grenzen an diejenigen von Buzet wie auch der Côtes de Saint-Mont.

Das Château Monbazillac gehört der lokalen Genossenschaft. Es besitzt ein Museum, ein Restaurant und einen eigenen Rebgarten.

der Vézère bei Montignac sind geschlossen, weil die Malereien dem Schimmel zum Opfer zu fallen drohten. Man kann jedoch eine Nachbildung besuchen. Was den Aufenthalt in dieser Gegend noch besonders angenehm machen kann, ist die berühmte Küche, die wohl die üppigste von ganz Frankreich ist. Die hier seit jeher gezüchteten Gänse liefern die Spezialitäten *confit d'oie* und *pâté de foie gras.* Daneben kommen aus dem Périgord Erdbeeren, Steinpilze und andere Köstlichkeiten. Vor allem aber ist die Gegend berühmt für die schwarzen Trüffeln, die hier vor rund zehn Jahren die kontrollierte Herkunftsbezeichnung bekamen. Weiterhin gibt es im Périgord, was in Frankreich einmalig ist, Tabakanbau. In Bergerac findet man sogar ein Tabakmuseum.

Von den Hugenotten geliebt

Vermutlich hätte es Bergerac als Weingebiet erheblich leichter gehabt, wenn es nicht in der Nachbarschaft von Bordeaux gelegen hätte. Dieses große Gebiet hat jahrhundertelang alle möglichen fairen und unfairen Mittel eingesetzt, um eine mögliche Konkurrenz durch Bergerac von vornherein zu unterbinden. Immer wieder gelang es Bergerac jedoch, Wege zu seinen Kunden zu finden. Diese lebten zum großen Teil in den Niederlanden. Als die Hugenotten nach dem Widerruf des Edikts von Nantes im Jahre 1685 das Land verlassen mußten, um ihr nacktes Leben zu retten, zogen viele von ihnen nordwärts. Vom Wein ihrer Heimat wollten sie jedoch nicht lassen, weshalb viel davon in diese Länder exportiert wurde. Vor der Reblaus standen hier überall Reben; es waren meist weiße Sorten, und die Weine waren durchweg süß. Heute beträgt die Anbaufläche nur noch ein Viertel des früheren Rebenbestandes, umfaßt aber immer noch 20000 Hektar. Der Schwerpunkt der Weinerzeugung liegt im Südosten um die Stadt Bergerac. Etwa 40 Prozent davon kommen von Genossenschaften.

Einst halbsüß, heute trocken

Daß sich der Geschmack ändern kann, zeigt sich an Bergerac ganz deutlich. Halbsüße Weine verlieren rasch an Boden, und zwar im ganz wörtlichen Sinne. Der Anteil der blauen Trauben steigt Jahr für Jahr. Von den zugelassenen Sorten pflanzen die Winzer meist nur Cabernet-Sauvignon, Cabernet franc und Merlot an, die primären Bordeaux-Reben. Die wichtigsten weißen Reben sind Sémillon, Sauvignon und Muscadelle.

Die Unterschiede zwischen Bergerac und Côtes de Bergerac (beide liefern Rotwein, Weißwein und Rosé) sind nicht groß. Die Anforderungen für Bergerac sind etwas niedriger, u.a. ein Prozent weniger Alkohol. Roter Bergerac ist einem Bordeaux weniger ähnlich, als die Bestockung vermuten ließe. Ein etwas rauheres Klima und ein anderer Boden ergeben einen leichteren, frischeren Wein, der in seiner Jugend am besten ist. Die besten Rotweine kommen aus dem kleinen Gebiet Pécharmant nordöstlich von Bergerac, Diese Weine entfalten sich erst nach einer gewissen Reife vollständig. Sie sind tieffarben, fruchtig, körperreich, voll und doch verfeinert. Sie dürfen eine eigene Herkunftsbezeichnung führen.

Der Anteil von trockenem weißem Bergerac an der Erzeugung nimmt immer noch zu. Vor allem der reinsortige Sauvignon ist nicht selten erstaunlich gut. Bei halbsüßen Weinen ist auf dem Etikett häufig *moelleux,* lieblich, angegeben. Daß der Anteil dieser Weine früher groß war, zeigt sich schon daran, daß es hierfür fünf verschiedene Herkunftsgebiete gibt: Côtes de Bergerac, Saussignac, Côtes de Montravel, Haut-Montravel und Rosette. Von diesen ist Rosette praktisch verschwunden, während Saussignac weitaus das beste ist.

Monbazillac

Monbazillac ist ein ehrwürdiger alter Name, der etwa auf das Jahr 1100 zurückgeht. Kurz davor war in Bergerac ein dem Heiligen Martin geweihtes Kloster gegründet worden. Zu den Schenkungen, die das Kloster erhielt, gehörte auch die Domaine Mont Bazailhac, was «Berg aus Gold» oder «Feuerberg» bedeutet haben muß. Langsam, aber stetig wuchs der Ruf von Monbazillac, das auf einem Plateau zwischen den Tälern der Dordogne und zweier Nebenflüsse liegt. Auch hier förderten die Mönche den Weinbau nach Kräften. Lange Zeit galt der Monbazillac, seit jeher der bedeutendste Wein von Bergerac, als gesegneter Wein. Ein Papst soll im 16. Jahrhundert «vinum bonum», guter Wein, gemurmelt haben, als der Name Monbazillac fiel. Französische Fürsten ließen ihre Botschafter den Monbazillac als Friedenswein überreichen. Vermutlich dürfte auch Taillerand im Jahre 1814 einen ähnlichen Gedanken gehabt haben, als er den Wein beim Wiener Kongreß reichen ließ. Monbazillac ist ein süßer Wein aus reifen Trauben, die von Edelfäule befallen sind. Die vorgeschriebenen Rebsorten sind die gleichen wie in Sauternes, jedoch erreicht der Monbazillac diesen vornehmsten der süßen Weine in der Regel nicht. Hinsichtlich Konzentriertheit, Üppigkeit und «pourriture» ist der Monbazillac praktisch immer dem Sauternes unterlegen. Dennoch schmeckt ein guter Monbazillac herrlich zu Gänseleber, Fisch und Geflügel. Ein großer Vorzug des Monbazillac ist seine Haltbarkeit.

Côtes de Duras

Das Departement Lot-et-Garonne ist mit einer Fläche von 5386 Quadratkilometern gut halb so groß wie die nördlich davon gelegene Dordogne (9224 Quadratkilometer). Die Hauptstadt Agen, ein bedeutender Markt für Landbauprodukte, ist u.a. für seine Backpflaumen berühmt, die häufig in Armagnac eingelegt auf den Markt kommen. Den Süden der grünen Landschaft durchziehen Ausläufer der Wälder von Les Landes und der Hügel des Armagnac. Nach der Vereinigung mit dem Fluß Lot erreicht das Tal der Garonne eine beeindruckende Breite. Die zahlreichen Flüsse haben fruchtbaren Boden in dieses Gebiet geschwemmt, der sich zum Teil in den Tälern von Lot und Garonne ablagerte. Die Täler sind relativ dicht besiedelt; Ackerbau, Gartenbau, Gemüsebau und Weinbau sind blühende Wirtschaftszweige. Die alten Dörfer, Kirchen, Burgen und Festungen sind Zeugen einer bewegten Vergangenheit. Das von Richard Löwenherz im 12. Jahrhundert in Marmande verliehene Zollrecht bescherte dem Gebiet Wohlstand.

Die Geschichte des Weinbaus ist weniger bewegt. Eigentlich erst seit Beginn der siebziger Jahre haben vier Gebiete eine gewisse Bekanntheit erlangt. Diese vier sind, von Norden nach Süden: Côtes de Duras, Côtes du Marmandais, Buzet und Côtes du Brolhois. Das älteste dieser Gebiete sind die Côtes de Duras im äußersten Norden des Departements. Im Osten grenzen sie an die Rebenhügel von Bergerac, im Westen an die Weingärten von Entre-Deux-Mers. Diese Lage an den Grenzen von Bordeaux war für dieses Weingebiet immer ein Handicap. Dabei ähneln die Weißweine der Gegend häufig denjenigen von Bordeaux. Die Herkunftsbezeichnung gilt für fünfzehn Gemeinden rings um den Ort Duras. Sie wurde bereits 1937 vergeben, ist also relativ alt. Erst in den letzten Jahrzehnten wurde man jedoch auch außerhalb des Gebiets auf die Weine von Duras aufmerksam.

Der Schwerpunkt liegt hier seit jeher auf der Weißweinerzeugung, und nach wie vor sind etwa drei Viertel der Produktion Weißwein. Wie in Bergerac waren diese Weine in der Regel halbsüß. Vor allem der Sémillon liefert einen lieblichen Typ Côtes de Duras. Dessen Anteil nimmt indes zugunsten eines trokkenen Weißweins ab, der häufig zu den besten des ganzen Südwestens gehört. Tonangebend bei den Weißweinen ist der Sauvignon. Der Wein von dieser Rebe kann frisch, aromatisch, reintönig und sehr wohlschmeckend ohne die grasige Art ähnlicher Weine aus anderen Gebieten sein. Bei den blauen Trauben nimmt der Cabernet-Sauvignon gut die Hälfte der Erzeugung für sich in Anspruch. Es gibt rote Côtes de Duras, die nicht übertrieben fruchtig schmekken und in ihrer Jugend ebenso reserviert sind wie ein klassischer roter Bordeaux. Dieser Typ wird jedoch in zunehmendem Maße von einem charmanteren und zugänglicheren Wein verdrängt, den man mit Genuß jung trinkt. Die Genossenschaft von Duras zählt zu den führenden Erzeugern solcher Weine.

Quer durch den Bezirk Côtes du Marmandais verläuft ein schiffbarer Kanal zur Garonne.

Côtes du Marmandais

Das Gebiet Côtes du Marmandais liegt südlich der Côtes de Duras zu beiden Seiten der Garonne. Es ist nach dem Provinzort Marmande benannt, der im Hundertjährigen Krieg und in den verschiedenen Religionskriegen mehrfach eine Rolle spielte. Seit etwa dreißig Jahren bemühen sich auch hier die Winzer nach Kräften, die Bestockung und die Weine zu verbessern. Zwei Genossenschaften, die von Cocumont im südlichen und die von Beaupuy im nördlichen Teil, verarbeiten fast die gesamte Ernte.

Erzeugt wird fast nur Rotwein. Der Anteil der blauen Bordeaux-Reben Cabernet-Sauvignon, Cabernet franc und Merlot darf zusammen höchstens 75 Prozent betragen. Der Anteil der lokalen, etwas rustikalen Abouriou geht schnell zurück. Vor allem die Genossenschaft von Cocumont erzeugt guten Wein. Sie ist sehr aktiv, betreibt einen Versuchsweinberg mit verbesserten und sogar neuen Rebsorten und arbeitet mit modernem Keltergerät. Der beste Rotwein ist eher leicht und recht geschmeidig, doch mangelt es ihm noch etwas an

Eine Batterie stählerner und kippbarer Gärtanks der vorzüglichen Genossenschaft von Buzet.

Die grüne, friedliche Landschaft der Côtes de Duras. Die hier erzeugten weißen Sauvignons sind exzellent.

Charakter. Das wenige an Rosé stammt von den gleichen blauen Trauben. Für die geringe Menge Weißwein wird ein Minimum von 70 Prozent Sauvignon verwendet, dazu Sémillon und Ugni blanc.

Buzet

Auch in Buzet (früher Côtes de Buzet) gibt es über die Weinerzeugung wenig zu berichten. Eine einzige Genossenschaft, diejenige von Buzet-sur-Baïse, verarbeitet die ganze Ernte, und zwar zu einem vorzüglichen Wein. Der Weinbau von Buzet geriet vorübergehend in eine Krise, als 1911 die Grenzen von Bordeaux gesetzlich festgelegt wurden. Von diesem Zeitpunkt an durfte der Wein nicht mehr als Bordeaux verkauft werden. Der plötzliche Wegfall des Marktes war für das Gebiet zunächst eine Katastrophe. Viele Winzer gaben den Weinbau auf. Erst nach dem Krieg wurden die Rebgärten neu und mit großer Sorgfalt bepflanzt. Im Jahre 1953 erhielt das Gebiet den VDQS-Status, im Jahre 1973 die Appellation contrôlée. Diese Herkunftsbezeichnung gilt für 27 Gemeinden im Süden des Departements. Die kies- und kalkhaltigen Lehmböden am Südufer der Garonne sind mit den blauen Reben Merlot, Cabernet-Sauvignon, Cabernet franc und etwas Malbec bepflanzt. Die Mitglieder der Genossenschaft verpflichteten sich, die Trauben möglichst unversehrt anzuliefern. Nach einer genau gesteuerten Gärung werden alle Rotweine drei bis sechs Monate in kleinen Eichenfässern ausgebaut. Die Genossenschaft hat einen Küfer fest angestellt, der mit der Reparatur der vorhandenen Fässer und der Anfertigung neuer Fässer voll ausgelastet ist. Die Weine werden heute problemlos verkauft. Dies ist eine Folge ihres sehr günstigen Preises und der sehr guten und zuverlässigen Qualität. Die Weine ähneln eindeutig den Bordeaux, auch wenn sie in der Regel etwas weniger reserviert, komplex und verfeinert schmecken. Es gibt auch Weißweine und Rosés der Herkunftsbezeichnung Buzet, die freilich nicht sonderlich attraktiv sind. Das letzte der vier Gebiete in Lot-et-Garonne, die Côtes du Brulhois, liegen ebenfalls am Südufer der Garonne, unweit der Departementshauptstadt Agen. Von den beiden Genossenschaften ist die von Goulens bedeutender. Das Gros der Weine sind einfache, frische rote Alltagsweine. Sie sind außerhalb des Gebiets kaum zu finden.

WEINBURGEN

Im Departement Dordogne findet man nicht nur Raubritterburgen, sondern auch solche, die mit Wein zu tun haben. Beispiele sind das Château Michel de Montaigne, wo ein roter Bergerac erzeugt wird, und das Château Monbazillac, das den gleichnamigen süßen Weißwein herstellt. Beide Châteaux dienen auch als Museen.

Das Rathaus von Gaillac, einem Bezirk mit einer beachtlichen Vielfalt von Weinen.

Der befestigte Pont Valentré verbindet die Stadt Cahors mit dem Westufer des Lot. Die Bauten stammen aus dem Jahre 1308 und sind in ihrer Art einmalig.

HOLLÄNDISCHE VERBINDUNG

Bergerac hatte seit jeher sehr enge Handelsbeziehungen mit Holland. Dies zeigt sich auch daran, daß noch in diesem Jahrhundert auf vielen Monbazillac-Etiketten die Bezeichnung marque hollandaise *zu finden war.*

Cahors

Das etwa 22000 Einwohner zählende Cahors, das in einer Schleife des Flusses Lot liegt, ist die Hauptstadt von Haut-Quercy. Quercy ist eine Landschaft im Südwesten Frankreichs am Rande des Zentralmassivs. Quercy gliedert sich in Haut-Quercy und Bas-Quercy mit der Hauptstadt Montauban. Das Gebiet Haut-Quercy, das die Departemente Lot und Tarn-et-Garonne umfaßt, besteht überwiegend aus trockenen Kalkplateaus mit Weiden und einigen Eichenwäldern. Bas-Quercy besteht hauptsächlich aus lehmhaltigen Plateaus, die zur Garonne hin abfallen.

Das Alter der Stadt Cahors belegt das Diana-Tor aus der Zeit um Christi Geburt. Dieses Tor bildete früher den Eingang zu römischen Bädern, von denen noch Reste erhalten sind. Der Name der Stadt geht auf den gallischen Stamm der Cadurcen zurück. Dies erkennt man besonders deutlich am Namen der Einwohner, die sich zwar auch *Cahorsins* oder *Cahorsains* nennen, meist jedoch *Cadurciens.* Die Stadt blickt auf eine stolze Geschichte zurück, eine Geschichte als reiche Handelsstadt, als Bankierszentrum (Könige und Päpste liehen im ausgehenden Mittelalter Geld von Cahors), als Universitätstadt und als Weinstadt. Die ältesten Dokumente, in denen der Wein erwähnt wird, stammen aus dem 7. Jahrhundert. Im 13. Jahrhundert wurden die Weine von Cahors sogar an der Londoner Börse notiert, und im ersten Viertel des 14. Jahrhunderts ließ der aus Cahors stammende Papst Johannes XXII. Wein aus seiner Heimat in seine Residenz nach Avignon bringen. König Franz I. (1494–1547) glaubte, keinen Tag auf diesen Wein verzichten zu können. Um Lieferprobleme zu vermeiden, ließ er Reben aus Cahors mit Mauleseln nach Fontainebleau schaffen und dort wieder einpflanzen. Dennoch war es für Cahors nicht leicht, den Erfolg seiner Weine sicherzustellen. Auch dieses Gebiet hatte jahrhundertelang unter einem Boykott durch Bordeaux zu leiden. Dies hatte 1776 ein Ende, als Ludwig XVI. die meisten Privilegien von Bordeaux widerrief.

Im 19. Jahrhundert waren nicht weniger als 60000 Hektar von Reben bedeckt. Die Hälfte der Erzeugung blieb in der Gegend selbst, der Rest wurde anderswo getrunken oder zu Branntwein destilliert. Aber auch dieses Gebiet blieb von der Reblaus nicht verschont. Später entwickelten sich die Midi-Weine wegen des Baus der Eisenbahn zu einer billigen Konkurrenz, und so war der Niedergang des Weingebiets Cahors besiegelt. Die Wende kam erst nach dem Zweiten Weltkrieg, als 1947 in Parnac eine Genossenschaft gegründet wurde. 1951 erhielt Cahors den VDQS-Status. Wenig später erfroren in den Jahren 1956 und 1957 fast alle Rebstöcke. Auf Drängen der Genossenschaft wurden zur Neubestockung überwiegend noble Rebsorten verwendet. Dem Malbec, hier meist Auxerrois oder Cot genannt, wurde dabei eine Schlüsselrolle zugedacht. Dies sollte sich als eine sehr glückliche Wahl erweisen. Die Neubestockung führte zu einer durchschlagenden Qualitätsverbesserung. Nirgendwo gedeiht der Malbec so gut wie hier auf den rauhen *causses,* den Kalkplateaus dieses Gebiets. Die Trauben wachsen längs des mäandernden Lot in relativ hohen Lagen bis 300 Meter über Meereshöhe. Auch auf den kies- und sandhaltigen Terrassen des Lot-Tals findet der Auxerrois offenbar hervorragende Wachstumsbedingungen. 1971 stieg Cahors in die Kategorie einer Appellation contrôlée auf. Cahors ist stets Rotwein. Er muß zu mindestens 70 Prozent von der blauen Auxerrois stammen. Die Hälfte der Winzer ist auch heute noch in der Genossenschaft von Parnac zusammengeschlossen, die so bedeutende Pionierarbeit leistete. Daneben gibt es eine große Zahl von Privatgütern, von denen heute die besten Weine kommen. Es gibt zwei Typen Cahors. Klassischer Cahors ist tiefrot, fast undurchsichtig und erinnert an den legendären «schwarzen Wein» von einst. Es gibt noch eine Reihe von Winzern, die diesen tieffarbenen, intensiven, robusten und tanninreichen Wein erzeugen. Durch einen gewissen Anteil Merlot kann er etwas runder werden. Daneben werden aber auch leichtere Cahors-Weine erzeugt, die weniger konzentriert und charakteristisch sind, dafür aber jung getrunken werden können und alles andere als uninteressant sind.

Ein steil aufragender Kalkfelsen bildet die Kulisse von Parnac im Bezirk Cahors.

Gaillac

Das 50000 Einwohner zählende Albi, Hauptstadt der Präfektur Tarn, hat dem hier im Jahre 1864 geborenen Maler Henri Marie de Toulouse-Lautrec ein Museum erbaut. Dies ist indes nicht die einzige Attraktion. Eine weitere ist die Altstadt, die wegen ihrer Backsteinhäuser *ville rouge* (rote Stadt) genannt wird. Schließlich gibt es noch den Pont Vieux aus dem 11. Jahrhundert, die Kathedrale Sainte Cécile aus dem Jahre 1282 und viele weitere Sehenswürdigkeiten. Westlich von Albi liegt ein großes Weingebiet: Gaillac. Es umfaßt 73 Gemeinden und ist nach der gleichnamigen Stadt im Zentrum des Gebiets genannt. Vermutlich geht der Name Gaillac auf das keltische *gallad,* fruchtbare Ebene, zurück, oder auf *gall,* ein Hinweis auf Gallien. Das später hinzugefügte, relativ häufige *ac* ist das lateinische *aqua,* Wasser. Im 10. Jahrhundert gründeten Benediktinermönche hier ein Kloster, das zur Keimzelle eines florierenden Weinbaus wurde. Möglicherweise schon früher, auf alle Fälle aber im 12. Jahrhundert wurde Gaillac exportiert. Um die Echtheit der Weine zu garantieren, brannte man in Gaillac im 14. Jahrhundert in alle Fässer den Hahn des Stadtwappens ein. So kamen die Weine zu ihrem zweiten Namen: *vins du coq.*

Auch in diesem Gebiet erlitt der Weinbau einen schweren Einbruch. Eine der Spezialitäten des Gaillac war süßer Weißwein, der jedoch stark in der Gunst der Kunden sank. Deshalb begann man Anfang der sechziger Jahre mit der Anpflanzung rein regionaler blauer Rebsorten. In dem Gebiet sind heute gut 2500 Hektar mit blauen Trauben bestockt. Im Jahre 1970 erhielt Gaillac die Appellation contrôlée für Rotwein und Rosé; die Herkunftsbezeichnung für Weißwein gab es schon seit 1938. Vom roten Gaillac gibt es verschiedene Typen. Die besten von ihnen haben einen angenehmen Duft, eine etwas rustikale Art und Festigkeit sowie Frucht und Tannin. Daneben gibt es leichtere Weine und sogar Primeurweine, die nach dem Verfahren der *macération carbonique* erzeugt werden.

Noch vielfältiger ist das Spektrum bei den Weißweinen. Es gibt zunächst die folgenden vier Typen: Stillen, trockenen Wein, stillen halbsüßen oder süßen Wein (wovon der Gaillac Premières Côtes aus acht Gemeinden besonders gelungen ist) und Perlwein. Daneben kommen aus diesem Gebiet zwei Typen Schaumwein, ein trockener nach der *méthode champenoise* und ein halbsüßer nach der *méthode gaillacoise.* Die Herstellung dieses letzteren Typs erfolgt praktisch nach der Art, wie sie beim Clairette de Die (Rhône) beschrieben ist. Hinzu kommt noch, daß praktisch jeder Erzeuger eine eigene Version von einer Reihe dieser Weine herausbringt; von Übersichtlichkeit kann daher keine Rede sein. Eines haben allerdings alle weißen Gaillac gemeinsam, nämlich daß sie zu mindestens 15 Prozent aus der alten Rebsorte Len de l'el oder Endelel (von *loin de l'œil,* weit aus den Augen) erzeugt werden müssen.

Für den Verkauf an Besucher werden bei der Genossenschaft von Fronton (Côtes du Frontonnais) Flaschen verpackt.

Rivalität

Zwischen den zwei wichtigsten Gemeinden der Côtes du Frontonnais, Fronton und Villaudric, besteht traditionell eine starke Rivalität. Deshalb hatte auch jeder Ort eine eigene Genossenschaft, obwohl der kleine Bezirk nur eine einzige tragen konnte. Tatsächlich mußte die von Villaudric ihre Pforten schließen.

Côtes du Frontonnais
Auf halbem Wege zwischen Toulouse und Montauban liegt zwischen Tarn und Garonne das kleine Gebiet Côtes du Frontonnais. Es ist ein altes und junges Weingebiet zugleich. Alt, weil zumindest feststeht, daß Papst Calixtus II. hier im Jahr 1119 Wein von der Négret angeboten wurde. Seine enthusiastischen Verkostungsnotizen sind noch erhalten. Jung ist das Gebiet, weil die Individualität der Weine erst nach dem Zweiten Weltkrieg angemessen gewürdigt wurde. Im Jahre 1951 erhielt es den VDQS-Status, 1975 wurde es zur Appellation contrôlée. Auch heute noch ist die Négrette die traditionelle Rebsorte. Es ist eine recht anspruchsvolle Rebe: Regen verträgt sie überhaupt nicht, Sonne bekommt sie nie genug, und sie ist sehr anfällig für Oxidation. Auf dem kies- und eisenhaltigen, harten, trockenen und mageren Boden dieses Gebiets gedeiht sie hervorragend. Außer der Genossenschaft von Fronton ist eine Anzahl großer und kleiner Winzer aktiv. Die Weine sind überwiegend rot, mildfruchtig, früh trinkreif und problemlos zu trinken. Es gibt aber auch kräftigere Weine mit mehr Farbe und Tannin, die haltbarer sind. Weißwein wird in diesem Gebiet nicht erzeugt. Auf dem Etikett darf zusätzlich der Name der Ursprungsgemeinde, Fronton oder Villaudric, angegeben werden. Der erstgenannte Ort (2500 Einwohner, ein viereckiger Backsteinturm als Sehenswürdigkeit) gab dem Gebiet seinen Namen.

Vins de Lavilledieu
Nordwestlich der Côtes du Frontonnais und westlich von Montauban sind die Rebgärten des kleinen Weingebiets Lavilledieu ebenfalls mit Négrette und anderen einheimischen Rebsorten bepflanzt. Es ist selbst für Franzosen keine Schande, noch nie von diesem Wein gehört zu haben. Das Gebiet erhielt zwar im Jahre 1947 den VDQS-Status, doch brach der Weinbau vorübergehend zusammen, nachdem 1956 praktisch alle Weinstöcke erfroren. Seit Anfang der achtziger Jahre lebt der Weinbau unter Führung der Genossenschaft in Ville-Dieu-du-Temple wieder auf. Der rote Lavilledieu ist ein angenehmer Wein, der etwa in der Mitte zwischen einem Côtes du Rhône und einem Bordeaux liegt.

Die alte Kirche von Madiran, die vom Zisterzienserorden erbaut wurde.

Nicht ohne Grund wird auf dieser Tafel der Genossenschaft in Bellocq der Rosé als erster genannt: Er ist die Spezialität von Béarn.

RESTAURATEURSWEINE

Die hervorragend ausgestattete Genossenschaft in Saint-Mont füllt auch Weine ab, die das Etikett französischer Meisterköche wie Michel Guérard und André Daguin tragen. Beide haben im Südwesten ein berühmtes Restaurant, nämlich in Eugénie-les-Bains bzw. Auch.

Im Hügelland von Jurançon.

Am Fuße der Pyrenäen

An den Ausläufern der westlichen Pyrenäen liegen die Rebenhänge einiger kaum bekannter französischer Weingebiete. Davon liegen die Côtes de Saint-Mont, die teilweise in das Armagnac-Gebiet hineinreichen, am weitesten nördlich. Es folgen Madiran, westlich davon Tursan, Jurançon bei Pau im Süden, wieder etwas westlich Béarn und schließlich Irouléguy tief im Baskenland. In den Rebgärten der Pyrenäen, die in der Regel sehr hoch liegen, ist der Einfluß des nahen Atlantiks spürbar. Bei den Reben handelt es sich überwiegend um rein lokale Sorten. Die wichtigste blaue Rebe, der Tannat, läßt allein schon durch ihren Namen Gerbsäure erwarten. Sie stammt wahrscheinlich nicht aus Bordeaux, sondern aus Burgund. Nach der Überlieferung sollen sie Benediktinermönche im 11. Jahrhundert von Vougeot hierher gebracht haben. Es werden aber auch die Bordeaux-Reben Cabernet-Sauvignon und Cabernet franc kultiviert, und zwar mit steigender Tendenz. Viele der weißen Reben haben relativ unbekannte Namen wie Gros Manseng, Petit Manseng, Courbu und Lauzet. Sie liefern meistenteils sehr aromatische Weine. Aber auch Sauvignon und Sémillon sind häufig am Duft- und Geschmacksergebnis beteiligt. Um viele Weingebiete war es gegen Ende des vorigen Jahrhunderts sehr schlecht bestellt, eine Situation, die fast bis in die sechziger Jahre anhielt. Noch 1958 gab es in ganz Madiran nur 6 Hektar Rebfläche, während es heute wieder 700 sind. Auch Jurançon, ein Gebiet mit alter Tradition, drohte vorübergehend als Weingebiet zu verschwinden.

Côtes de Saint-Mont

Côtes de Saint-Mont nordwestlich von Madiran in der Gascogne ist das jüngste Weingebiet in dieser Gegend. Seit 1981 haben die Weine – Weißwein, Rotwein und Rosé – VDQS-Status. Die Höherstufung in die Appellation contrôlée wird innerhalb der nächsten Jahre erwartet. Sowohl die Römer als auch später die Mönche haben hier intensiv Weinbau getrieben. Nach der Reblauskatastrophe dauerte es bis lange nach dem Zweiten Weltkrieg, ehe man sich in dem Gebiet wieder intensiv dem Weinbau zuwandte. Heute gibt es drei Genossenschaften, die effizient zusammenarbeiten. Erzeugt werden hier im Süden des Departements Gers frische und reintönige Weißweine. Von den Rotweinen wird ein Teil im Faß ausgebaut.

Madiran

Das Gebiet Madiran – wo die Côtes de Saint-Mont im Süden enden, beginnt Madiran – hieß früher Vic-Bilh, ein Name, der auf den Wein überging. Vic-Bilh bedeutet *vix vieux,* eine Übersetzung des früheren Feudalnamens des Gebiets, Vicus vetulus. Durch seine Lage war das Gebiet den Repressalien von Bordeaux entzogen; die Rotweine wurden über Bayonne verschifft und schon im 16. Jahrhundert in Finnland und Rußland getrunken. Im Jahre 1906 wurde in Madiran ein Syndikat zur Wahrung und Verteidigung der Authentizität des Weins gegründet. Erst in den siebziger Jahren wurde jedoch in der Gegend wieder in nennenswertem Umfang Wein erzeugt. Trotz der Zuerkennung der Appellation contrôlée im Jahre 1948 dauerte es noch Jahrzehnte, bis die bestockte Fläche wieder kräftig wuchs. Heute liefern drei Genossenschaften (in Crouseilles, Castelnau-Rivière-Basse und Saint-Mont) fast drei Viertel der Erzeugung. Der Rest stammt von selbständigen Winzern. Die wichtigste Rebe ist auch hier der Tannat. Die übrigen Rebsorten sind Cabernet franc, Fer-Servadou und Cabernet-Sauvignon. Ein klassischer Madiran hat eine sehr dichte Farbe und einen dunklen Geschmack. Der Wein wird immer auf Holz ausgebaut und muß anschließend noch mindestens fünf bis acht Jahre liegen. Ein traditionell erzeugter Madiran ist ein Wein mit viel Persönlichkeit; bei Tisch harmoniert er perfekt mit gebratener Entenkeule.

Die Genossenschaft von Gan erzeugte als erste einen trockenen Jurançon. Von diesem Betrieb kommt etwa die Hälfte allen Weins aus diesem Gebiet.

WENIGER HOLZ

Es gab eine Zeit, in der Madiran gesetzlich 33 Monate reifen mußte. Heute ist das Minimum 6 Monate, doch wird auch diese Vorschrift vermutlich wegfallen. Dank der Anpflanzung von Reben aus dem Bordelais und anderen Regionen ist der Wein etwas geschmeidiger geworden.

Tursan
Westlich von Madiran liegt Tursan, seit 1958 VDQS, ein Gebiet, aus dem früher nur Weißwein kam, heute jedoch – mit größerem Erfolg – auch Rotwein und Rosé. Die Genossenschaft von Geaune, einem hübschen alten Dorf mit einer ungewöhnlichen Kirche, verarbeitet fast die gesamte Ernte. Von den angenehmen Weinen sind die weißen – von der mäßig noblen Barroque – heute saftig, frisch und deutlich besser als früher. Rotwein und Rosé (der Anteil von Cabernet-Sauvignon, Cabernet franc und Fer Servadou muß zusammen mindestens 25 Prozent betragen) sind mit ihrer unleugbaren Frucht und Souplesse ebenfalls attraktiv. Weil die Genossenschaft auch mit edleren Rebsorten experimentiert, kann die durchschnittliche Qualität noch besser werden.

Béarn
Die Genossenschaft von Bellocq in der alten Provinz Béarn spielt in der über drei Departemente verteilten Herkunftsbezeichnung Béarn eine beherrschende Rolle. Die Appellation gilt für insgesamt 83 Gemeinden, 74 in Pyrenées-Atlantiques, sechs in Hautes-Pyrénées und drei in Gers. Der trockene Rosé, die Spezialität des Gebiets, ist angenehm, recht fruchtig und frisch. Für diesen erfreulichen Rosé sind sechs Rebsorten zulässig. Daneben gibt es roten und weißen Béarn, wobei der rote der gelungenere ist.

Jurançon
Jurançon ist ein bevorzugtes Gebiet. Die Landschaft südlich und südwestlich der Stadt Pau ist von überwältigender Schönheit. Steil aufragende, saftig grüne Hügel, die parallel zu den Pyrenäen verlaufen, bieten mit ihren Reben, die überwiegend auf den sonnigen Südhängen stehen, einen fast paradiesischen Anblick. Der aus dieser Gegend kommende Weißwein ist schon seit Jahrhunderten berühmt. Es heißt, daß der Großvater des späteren Königs Heinrich IV., Henri d'Albret, die Lippen des neugeborenen Knaben erst mit etwas Knoblauch einrieb und sie danach mit einigen Tropfen Jurançon (der damals noch lieblich war) benetzte. Damit begann der Ruhm des Jurançon. Dieser Begebenheit verdankt der Wein auch den Beinamen *vin du roi.*

Der klassische Jurançon ist ein Wein aus überreifen edelfaulen Trauben. Die Grundrebe für diesen Wein vom Typ eines Sauternes (in einer weniger üppigen und frischeren Form) ist der Petit Manseng. Dieser goldfarbene, klare, lebendige Jurançon, der lange haltbar ist, kann zu Kopf steigen. Zu Vorspeisen paßt er in der Regel besser als zu süßen Desserts. Seit 1975 gibt es auch eine trockene Variante, den Jurançon sec, der überwiegend aus Gros Manseng-Trauben erzeugt wird. Dies ist ein ansprechender, fruchtiger, eleganter Wein, in dessen Duft man häufig exotische Früchte entdeckt; er paßt hervorragend zu Fisch, Geflügel und nicht zu trockenem Käse.

Von den unbekannten Weindistrikten in Aveyron ist Marcillac der größte.

Estaing (Aveyron) wird von einer großen Burg beherrscht, die heute ein Kloster ist. Auf der Bogenbrücke aus dem 16. Jahrhundert steht eine Statue des Heiligen François d'Estaing, der Bischof von Rodez war und heiliggesprochen wurde.

UNTERSCHIEDLICH SÜSS

Daß die Weine von Jurançon und Monbazillac weniger reich und konzentriert sind als der Wein, mit dem sie meist verglichen werden, der Sauternes, ergibt sich schon aus den Erzeugungsvorschriften. Vom Sauternes dürfen nur 25 Hektoliter je Hektar geerntet werden, von den beiden vorgenannten aber maximal 40 Hektoliter je Hektar.

Irouléguy
Irouléguy ist ein kleines und schwer zugängliches Gebiet im Herzen des Baskenlandes an der Grenze zu Spanien. Erzeugt werden Rotweine und Rosés, die seit 1970 AOC-Status haben. Vor allem der Rotwein ist sehr typisch und paßt gut zur würzigen baskischen Küche.

Aveyron
Aveyron ist nicht der Name eines Weingebiets, sondern eines nach einem Fluß benannten Departements, das sich im Süden des Zentralmassivs über das Gebiet Rouergue und einen kleinen Teil von Quercy erstreckt. In diesem 8771 Quadratkilometer großen Departement sind drei winzige Weingebiete verborgen. Das größte der drei ist mit etwa 150 Hektar Marcillac im Nordwesten der grauen Stadt Rodez. Die wichtigste Rebe für den fruchtigen Rosé und den bekannteren haltbaren Rotwein ist Fer servadou. Die weiter im Nordosten gelegenen Zwerggebiete Estaing und Entraygues et du Fel liegen inmitten einer unberührten Natur und sind nur über kurvenreiche, abgelegene Straßen zu erreichen. Beide Gebiete liefern recht rustikale Rot- und Weißweine, die praktisch nur in der Gegend selbst getrunken werden. Die Rotweine sind angenehme Begleiter zu dem in diesem Departement erzeugten Schafkäse Roquefort, während die Weißweine sehr gut zu den Süßwasserfischen der Gegend passen.

Auf Steillagen wird eine kleine Menge roter Estaing erzeugt.

Eines der nördlichsten Dörfer der Côte de Nuits ist Fixin, das man schon von weitem an seiner bunten Kirchturmspitze erkennt.

Mächtiges Herzogtum

Durch die Heirat von Philipp dem Kühnen mit Margareta von Flandern wuchs das Herzogtum Burgund auf das Doppelte. Dabei kamen große Teile der Niederlande zu Burgund. Philipp verlegte später seinen Regierungssitz sogar vorübergehend von Dijon nach Brüssel. Knapp ein Jahrhundert später kam das Herzogtum endgültig zu Frankreich.

Als historischer Begriff bildet das Burgund eine Einheit, während es als Weingebiet sehr unterschiedliche Landschaften, Bodenarten, Mikroklimata und Weine umfaßt. Der Name Burgund erinnert an den ostgermanischen Volksstamm der Burgunder, die sich gegen Ende des 5. Jahrhunderts im Rhonetal niederließen. Vor ihnen hatte Cäsar das Gebiet schon im Jahre 52 v.Chr. unterworfen.

Burgund – lange Zeit Königreich, seit etwa 900 Herzogtum – blickt auf eine reiche und wechselvolle Geschichte zurück. Herzog Philipp der Kühne (1342–1404), der erste Herzog von Burgund aus dem Hause Valois, war einer der bemerkenswertesten der vielen Herzöge. Seinen Beinamen «der Kühne» erhielt er wegen seines mutigen Verhaltens in der Schlacht bei Poitiers, an der er als Vierzehnjähriger teilnahm. Dabei wurde er mit seinem Vater Johann dem Guten gefangengenommen. Nach seiner Freilassung fielen ihm große Ländereien durch Schenkung und Erbschaft zu, vor allem aber durch seine Vermählung mit Margareta, der einzigen Tochter des Grafs von Flandern, im Jahre 1369. Auch bei seinen Kindern und Enkeln sorgte Philipp der Kühne dafür, daß durch ihre Verheiratung Ansehen, Einfluß und Macht des Hauses Valois gemehrt wurde.

Bei all diesen Aktivitäten fand der Herzog noch Zeit, sich um seinen Wein zu kümmern. Seine Vorliebe galt eindeutig dem Burgunder. Bei allen offiziellen Essen mußte Beaune gereicht werden; dies schrieb er in einem Erlaß vor. Auch die Wahl der Rebsorten war ihm ein Anliegen: Weil er nichts vom Gamay hielt, verbot er ihn höchstpersönlich.

Die Rolle der Klöster

Nirgendwo in Frankreich war der Einfluß der Klöster auf den Weinbau so groß wie im Burgund. Unter der Herrschaft Wilhelms von Aquitanien gründeten Benediktinermönche im Jahre 910 die Abtei von Cluny im heutigen Arrondissement Mâcon. Die Mönche beschäftigten sich intensiv mit dem Weinbau. Schon bald wurden sie durch Stiftungen, Kauf und Rodung Herren ausgedehnter Rebgärten. Trotz der harten Arbeit blieb ihnen offensichtlich auch noch Zeit für andere Dinge, denn einige Mönche verdroß das ihrer Ansicht nach «lockere Leben» in der Abtei so sehr, daß es zu einer Spaltung kam. Unter der Führung von Abt Robertus von Molesme gründeten die unzufriedenen Brüder im Jahre 1098 die Abtei von Cîteaux. So entstand das erste Kloster des strenge-

Schmiedeeiserner Zaun eines Winzers in Chassagne-Montrachet.

ren Zisterzienserordens. Auch dieses Kloster, das in der heutigen Côte d'Or liegt, bekam viel Rebengrund, darunter auch den Clos de Vougeot.

Die Mönche beschränkten sich nicht darauf, selbst neue Rebgärten anzulegen und zu nutzen. Sie gaben ihr Wissen weiter und unterwiesen die Bauern in der Rebenkultur.

Das Weingebiet

Die *Bourgogne viticole* ist ein langes, schmales Gebiet. Der nördlichste Teil liegt etwa 150 Kilometer südöstlich von Paris. Die südliche Grenze ist die Gegend von Lyon. Dazwischen liegen auf einer Strecke von 300 Kilometern lose aneinandergereiht fünf Gebiete, die teils ineinander übergehen, teils durch mehr oder weniger breite Zonen ohne Weinbau voneinander getrennt sind.

Von Nord nach Süd heißen die Gebiete:
Chablis, im Departement Yonne;
Côte d'Or, 120 Kilometer weiter südlich, im gleichnamigen Departement;
Chalonnais, südlich der Côte d'Or, im Departement Saône-et-Loire;
Mâconnais, ebenfalls im Departement Saône-et-Loire;
Beaujolais, hauptsächlich im Departement Rhône und zu einem kleinen Teil in Saône-et-Loire.

INFORMATIONSZENTRUM

Unterlagen und Informationen über das Burgund erhalten Weinfreunde u.a. vom Comité Interprofessionnel de la Côte d'Or et de l'Yonne pour les vins AOC de Bourgogne (CIB), Rue Henri Dunant, 21204 Beaune.

Die Rebsorten

Das Rebensortiment des Burgunds ist klein und übersichtlich. Für die große Mehrzahl der Weine sind nur vier Rebsorten gebräuchlich, zwei blaue und zwei weiße. Die blauen Sorten sind Pinot noir und Gamay; die weißen Chardonnay und Aligoté.

Der Pinot noir ist die Rebe der großen Rotweine der Côte d'Or und des Chalonnais. Von dieser sehr alten Rebsorte mit ihren kompakten Trauben werden verschiedene Varianten kultiviert. Davon liefert der Pinot noir fin, die Sorte mit den kleineren Früchten und dem relativ geringen Ertrag, einen schöneren Wein als die großbeerige Sorte.

Der Gamay ist eine weniger noble blaue Rebe als der Pinot noir. Im Beaujolais gedeiht er jedoch hervorragend, weshalb er dort die alles beherrschende Rebe ist. Korrekt heißt er Gamay noir à jus blanc. Damit wird eine besondere Varietät des Gamay bezeichnet. Neben diesem Gamay mit dem farbarmen Saft gibt es nämlich auch eine einfachere Version mit farbkräftigem Most, den Gamay teinturier. Dieser durfte noch bis 1970 in kleinen Mengen für roten Mâcon verwendet werden.

Bei einem Festdîner der Bruderschaft La Confrérie des Chevaliers du Tastevin singen Les Cadets de Bourgogne ihre fröhlichen Weinlieder.

Der weltberühmte Clos de Vougeot ist ein ummauerter, etwa 50 Hektar großer Rebgarten. Diese Grand-cru-Lage teilen sich Dutzende von Eigentümern.

Chaptalisierung

Das Wort Chaptalisierung erinnert an Jean Antoine Chaptal, Graf von Chanteloup (1756–1832). Der gelernte Chemiker Chaptal war ein Mann mit vielen Talenten. Er gründete in Frankreich die ersten chemischen Fabriken und war der geistige Vater der Handelskammern wie auch der ersten Gewerbeschule. Von 1800 bis 1804 war er Innenminister. Unter Chaptalisierung versteht man die an strenge Auflagen gebundene Hinzufügung von geringen Mengen Zucker zum Most. Im relativ weit nördlich gelegenen Burgund gibt es manchmal zuwenig Sonnenschein, was im Most zu einem niedrigen Zuckergehalt führt. Durch Chaptalisierung wird der Zuckergehalt und damit auch der Alkoholgehalt des Weins angehoben.

Auch außerhalb des Beaujolais ist Gamay noir à jus blanc im Burgund zu finden. Dieser wird dann meist als sehr einfacher Landwein der Appellation Bourgogne Grand Ordinaire verkauft. Daneben gibt es die Herkunftsbezeichnung Bourgogne Passe-tout-grains für einen Verschnitt aus zwei Dritteln Gamay und einem Drittel Pinot noir. Schließlich bildet der Gamay meist die Basis des roten Mâcon. Der Chardonnay (im Chablis Beaunois genannt) ist die einzige Rebe für die großen Weißweine. Häufig wird diese Rebe fälschlich Pinot-Chardonnay genannt, auch im Burgund. Eine Rebsorte mit diesem Namen gibt es jedoch nicht. Der Aligoté, ebenfalls eine alte Burgunderrebe, liefert einen recht einfachen, manchmal etwas säuerlichen, häufig aber auch saftigen Wein. Für moussierende Burgunder ist diese Rebe gut geeignet.

Weiter im Burgund vorkommende Rebsorten sind die weißen Pinot blanc, Pinot gris (mit dem damit verwandten Beurot), Sauvignon blanc, Sacy, Melon de Bourgogne und die blaue César und Tressot noir. Die meisten sind praktisch nur im Departement Yonne zu finden.

Die Weine

Burgunderweine sind im allgemeinen leicht von anderen, etwa jenen aus Bordeaux zu unterscheiden. Andere Mikroklimata, andere Bodenstrukturen, andere Trauben und teilweise andere Vinifikationsverfahren ergeben völlig andere Weine. Möglicherweise sind die roten Burgunder etwas weniger tieffarben, komplex und konzentriert als die besten Bordeaux. Dem steht gegenüber, daß die guten roten Burgunder einschmeichelnder sind. Zu Recht werden die Weine als üppig, rund, geschmeidig und aromatisch beschrieben. Die weißen Burgunder zählen sogar zu den größten trockenen Weißweinen der Welt.

Viele Herkunftsbezeichnungen

Mit etwa 40000 Hektar Rebfläche ist das Burgund gut halb so groß wie Bordeaux. Andererseits gibt es etwa 90 Herkunftsbezeichnungen, also erheblich mehr als in Bordeaux. Diese Appellationen gliedern sich in fünf Klassen.

Die von Reben umgebene alte Kirche von Gevrey-Chambertin.

An einem Winternachmittag werden bei Chassagne-Montrachet geschnittene Rebzweige verbrannt.

Kir

Der Chorherr Félix Kir (1876–1968) hat einem alten burgundischen Aperitif neues Leben eingehaucht. Dieser hieß Cassis au vin blanc *(Johannisbeerenlikör mit Weißwein), bekam aber dank seines Neuentdeckers bald den Namen Kir. Das Getränk besteht aus drei bis fünf Teilen trockenem Weißwein wie z.B. einem frischen Bourgogne Aligoté, dem ein Teil Likör hinzugefügt wird. Einen Kir Royal erhält man, wenn der Weißwein durch Schaumwein ersetzt wird.*

Gebietsweine. Dies sind Weine, die, von gewissen rechtlichen Beschränkungen abgesehen, im ganzen Gebiet erzeugt werden können. Bei den Rotweinen gibt es in der Reihenfolge zunehmender Güte Bourgogne Grand Ordinaire, Bourgogne Passe-tout-grains und Bourgogne. Vom ersteren und letzteren Typ gibt es auch Rosés. Bei den weißen Landweinen lautet die analoge Reihenfolge Bourgogne Grand Ordinaire, Bourgogne Aligoté und Bourgogne. Auch den Crémant de Bourgogne könnte man als Gebietswein betrachten. Dies ist ein Schaumwein, der wie Champagner durch eine zweite Flaschengärung entsteht und auch im übrigen nach strengen Vorschriften erzeugt wird. Die Qualität kann angenehm überraschen. Crémant de Bourgogne ist in der Regel ein Weißwein, doch gibt es auch kleine Mengen Rosé und sogar Rotwein.

Distriktsweine. Dies sind Burgunder, die nach einem bestimmten Distrikt oder Bezirk genannt sind. Beispiele hierfür sind Chablis, Côte de Beaune-Villages, roter Mâcon, Beaujolais.

Gemeindeweine. Hierbei handelt es sich um Weine aus einer einzigen Gemeinde, zum Teil auch einer kleinen Gruppe von Gemeinden. Zu dieser Kategorie gehören Weine wie Gevrey-Chambertin, Mercurey, Moulin-à-Vent.

Premiers crus. Der Begriff *premier cru* steht im Burgund für einige hundert Rebgärten, die besser sind als der Durchschnitt. Der Premier cru-Status einer Lage kann auf der Flasche in verschiedener Weise angegeben werden:
VOUGEOT-CLOS DE LA PERRIÈRE – die Buchstaben des Gemeindenamens und des Namens der Lage sind gleich groß;
VOUGEOT-CLOS DE LA PERRIÈRE Premier cru;
VOUGEOT Premier cru oder VOUGEOT 1er cru. In diesem Fall darf der Wein ein Verschnitt verschiedener Premiers crus aus Vougeot sein.

Grands crus. Dies sind die besten Rebgärten des Burgund. In der Côte d'Or gibt es hiervon dreißig. Diese Grands crus erscheinen ausschließlich mit dem Namen der jeweiligen Lage, denn diese hat eine eigene Herkunftsbezeichnung. Die Herkunftsgemeinde erscheint also nicht auf dem Etikett. Beispiele hierfür sind Clos de Vougeot und Chevalier-Montrachet. Manche Grands crus sind seit Jahrhunderten so berühmt, daß eine Reihe von Gemeinden in der Côte d'Or dem Namen des Orts den Namen einer Grand cru-Lage hinzugefügt hat. Deshalb gibt es in der Côte d'Or Doppelnamen wie Chambolle-Musigny, Vosne-Romanée und Aloxe-Corton. Nichteingeweihte kann die Etikettierung von Burgundern in die Irre führen. Es zeigt nämlich nicht, wie man meinen könnte, der längste Name den besten Wein an, sondern der kürzeste. Wenn auf dem Etikett Chambertin steht, hat man einen Grand cru vor sich, während Gevrey-Chambertin nur ein Gemeindewein ist. Auch in Chablis gibt es Grands crus, und zwar genau sieben an der Zahl, bei denen jedoch stets der Name Chablis angegeben ist.

Das Städtchen Chablis; im Hintergrund die Grand cru-Hänge.

Zersplitterte Rebgärten
Bis zur Französischen Revolution war Burgund das Land des Großgrundbesitzes. Danach kam es zur Zersplitterung. Das Land, das man dem Adel und dem Klerus genommen hatte, wurde unter die Bauern aufgeteilt. Danach wurden die ohnehin nicht großen Güter durch viele Erbteilungen noch kleiner. Große Güter mit Dutzenden aneinandergrenzender Lagen gibt es daher im Gegensatz zu Bordeaux im Burgund kaum. Die meisten Winzer haben kleine Parzellen, die über verschiedene Äcker verteilt sind. Burgundische Weinlagen, insbesondere an der Côte d'Or, haben nicht selten Dutzende von Eigentümern. Alle diese Winzer bearbeiten nun ihr Fleckchen Grund auf ihre eigene Weise und erzeugen hieraus ihren eigenen Wein, sofern sie nicht an eine Genossenschaft angeschlossen sind oder die Ernte an Handelshäuser liefern. Bei diesen Betrieben findet dann ein Verschnitt mit ähnlichen Weinen statt. Da es im Burgund sehr viele kleine Erzeuger gibt, für die es sich kaum lohnt, die bescheidene Ernte selbst zu verarbeiten, spielen *négociants-éleveurs* und *caves coopératives* eine große Rolle. Dennoch gibt es nicht wenige Winzer, die die eigene Ernte ganz oder zum größten Teil selbst verarbeiten, ausbauen und vermarkten. Weil nicht alle diese Besitzer in gleicher Weise arbeiten – oder ausgerüstet sind –, können Weine der gleichen Lage und des gleichen Jahrgangs je nach Domäne sehr unterschiedlich sein. Deshalb muß man Burgunderweine im Grunde zunächst nach Erzeuger und dann erst nach Jahrgang oder Weintyp auswählen. Bei nicht sorgfältig arbeitenden Winzern (oder Handelshäusern) kann sogar ein Grand cru enttäuschen, während bei einem sehr qualitätsbewußten Gut auch die preiswerteren Gebietsweine für angenehme Überraschungen sorgen können. Ein weiteres Auswahlkriterium könnte der Preis sein, doch ist es nicht selten so, daß mäßiger Burgunder genau so teuer ist wie guter.

PRÄMIERUNG

Zweimal jährlich führt die Weinbruderschaft der Côte d'Or, La Confrérie des Chevaliers du Tastevin, eine Prämierung durch. Die besten Weine werden bei dieser Tastevinage mit dem Prädikat tastevinė *ausgezeichnet. Die Erzeuger dürfen ihre Weine mit besonderen numerierten Etiketten verkaufen. Ähnliche Prämierungen gibt es im Chalonnais (Chantefûtage) und Beaujolais (Grumage).*

Die Kirche von Saint-Bris-le-Vineux, einem Ort in der Nähe von Chablis. Von hier kommen gute Weißweine wie zum Beispiel der Sauvignon de Saint-Bris.

Chablis

Daß das Chablis zum Weingebiet Burgund gehört, ist eher ein Zufall. Ende des 15. Jahrhunderts kam das Chablis nämlich zum Herzogtum Burgund. Es wäre indes logischer, das Chablis in die Nähe der Champagne zu rücken. Zum einen sind die Klimata beider Gebiete sehr ähnlich. Zum andern ist der Boden in der Champagne wie im Chablis stark kalkhaltig. Überdies liegt das Chablis den Champagner-Weingärten von Aube näher als jenen der Côte d'Or. Die Geschichte wollte es jedoch anders: das Chablis gehört zu Burgund, und die Weine sind still.

Der Chardonnay, die einzige zugelassene Rebe des Chablis, wird sowohl in der Champagne als auch in Burgund in großem Umfang angepflanzt.

Auch im Chablis, das seinen Namen einem recht verschlafenen Städtchen verdankt, hatten Mönche den Weinbau stimuliert. Hier waren es die Brüder der Abtei von Pontigny, die 15 Kilometer von Chablis entfernt liegt. Absatzprobleme gab es in Chablis nie; der Wein war in Paris sehr beliebt. Außerdem war der Transport nach Paris kein Problem; auf der Straße waren es knapp 20 Kilometer nach Auxerre, und von dort ging es über die Flüsse Yonne und Seine nach Paris. Da der Handel mit dem Wein florierte, stand in Chablis alles zum besten – ein Zustand, der bis in das 19. Jahrhundert anhielt. Dann brachen die Katastrophen herein: Mehltau und danach die Reblaus dezimierten die Rebgärten. Gleichzeitig überschwemmten billige Weine aus Frankreichs Süden Paris. Im vorigen Jahrhundert gab es im Departement Yonne noch 40 000 Hektar Rebgärten; nach dem Zweiten Weltkrieg waren es keine 1000 Hektar mehr.

In der Côte de Nuits gibt es eine Weinroute.

Wiedergeburt
Daß das Chablis in den sechziger Jahren wie ein Phoenix wiedererstand, ist besonders der Technik zu verdanken. Zunächst einmal wurden Traktoren eingeführt, durch die eine effizientere Bearbeitung der Rebgärten möglich wurde. Sehr viel wichtiger war aber die Einführung von Geräten, durch die späte Nachtfröste abgewehrt werden können. In Chablis ist die Nachtfrostgefahr nämlich sehr hoch, zumal im Frühjahr. Große Teile der Ernte können dabei innerhalb weniger Stunden strengen Frostes verloren gehen. Diese Gefahr bannt man heute erfolgreich mit Öl- und Gasöfen, mit Fackeln und Beregnung.

Dieses letztere Verfahren ist sehr funktionell, weil es rasch eingesetzt werden kann. Bei Frostgefahr wird über Pumpstationen und Rohrleitungen Wasser auf die Rebgärten gesprüht. Es gefriert auf den Rebstöcken, die so vor dem Frost geschützt werden. Das Verfahren stammt aus dem schweizerischen Wallis, wo es zum Schutz von Obstplantagen eingesetzt wird. Manchmal kann jedoch auch die Technik den Winzern in Chablis nicht mehr helfen. Im Jahre 1985 brach der Frost so plötzlich herein, daß die Geräte nicht mehr rechtzeitig eingesetzt werden konnten und schwere Verluste die Folge waren. Dennoch hat die bestockte Fläche wieder stark zugenommen und beläuft sich heute auf etwa 2000 Hektar. Auch der durchschnittliche Hektarertrag ist gestiegen.

Mineralisch
Es ist für die Weinfreunde ein Segen, daß sich das Chablis wieder erholt hat, denn der Wein ist einzigartig. Ein guter Chablis zeichnet sich durch eine bleiche Farbe mit Grünglanz und einen auffallend mineralischen, kühlen, ausgeprägt trockenen Geschmack mit Frucht und Saftigkeit aus . Seinen unverwechselbaren Charakter erhält der Chablis überwiegend aus dem stark kalkhaltigen Boden, der aus den Überresten unzähliger Schalentiere besteht, vor allem kleiner Austern. So nimmt es nicht wunder, daß Chablis gerade zu *fruits de mer* besonders gut paßt.

ROSÉ ALS RETTER

Der köstliche Rosé von Marsannay, ein Wein auf Pinot-noir-Basis, geht nicht auf eine Tradition zurück, sondern wurde von einem Winzer erzeugt, der sich mit diesem Rosé der zunehmenden Konkurrenz billiger französischer Weine erwehren wollte. Joseph Clair war es, der mit dem Jahrgang 1919 erstmals einen rosafarbenen Wein erzeugte. Andere Winzer taten es ihm bald nach, und heute gilt der Rosé von Marsannay als einer der besten Frankreichs.

Eine Pumpstation in Chablis. Sie fördert Wasser zu den Sprühanlagen, mit denen in den Rebgärten der Frost abgewehrt werden soll.

Blick über zwei Grands crus von Chablis: Grenouilles und Valmur.

Klassifikation
Das Chablis-Gebiet umfaßt 20 Gemeinden. Für deren Weine hat der Gesetzgeber vier Kategorien festgelegt: Chablis Grand cru, Chablis Premier cru, Chablis und Petit Chablis. Die Grands crus bestehen aus sieben Hanglagen am Serein. Sie heißen in alphabetischer Reihenfolge Blanchot, Bougros, Les Clos, Grenouilles, Les Preuses, Valmur und Vaudésier (einschließlich der Enklave Moutonne, deren Wein ebenfalls als Grand cru verkauft wird). Weine von diesen Rebgärten sind körperreicher und fester als die anderen Sorten Chablis und entfalten sich meist erst nach einigen Jahren der Reife.

Chablis Premier cru ist eine Herkunftsbezeichnung, die für etwa 30 Lagen gilt. Diese Weine haben ein etwas niedrigeres Niveau als Grands crus, können aber sehr köstlich sein. Es werden bei weitem nicht alle Lagenamen verwendet, da auch Sammelnamen gebraucht werden dürfen. In der Praxis erscheint nur etwa die Hälfte der Namen auf Etiketten:

Les Beauregards
Beauroy
Berdiot
Chaume de Talvat
Fourchaume
Les Fourneaux
Les Landes et Verjuts
Côte de Léchet
Monts de Milieu
Montée de Tonnerre
Montmain
Vaillon
Côte de Vaubarousse
Vaucoupin
Vaudevey
Vauligneau
Vosgros

Die Fläche der Premiers crus liegt bei 600 Hektar. Etwa doppelt so groß ist die Fläche der einfachen Chablis ohne Zusatz. Dies ist ein Wein, bei dem man sorgfältig auswählen muß, da seine Qualität sehr unterschiedlich sein kann. Schließlich gibt es noch Petit Chablis, bei dem die erzeugte Menge etwa ein Zehntel der Menge von Chablis beträgt. Dieser Wein ist ein angenehmer Durstlöscher, doch ist es oft schwierig, in ihm die für Chablis so typischen Eigenschaften zu entdecken.

Randgebiete
Rings um das Chablis-Gebiet werden noch andere Weine erzeugt, u.a. auch Rotweine. In den malerischen Dörfern Irancy und Coulanges-la-Vineuse ist Rotwein sogar die Spezialität. Diese Burgunder sind in Duft und Geschmack eigentlich immer an der leichten Seite; sie sind um so besser, je sonnenreicher und trockener der Jahrgang ist. Der größte Teil der Erzeugung wird in der Gegend selbst getrunken. Knapp 20 Kilometer südwestlich von Chablis liegt der Weiler Saint-Bris-le-Vineux, wo nicht aus dem üblichen Chardonnay, sondern aus dem Sauvignon Weißweine erzeugt werden. Letztere Rebe wird vor allem

CHAMBERTIN

Wie fürstlich der Wein des Grand cru Chambertin (auch hinsichtlich seines Preises) auch sein mag, so verdankt er seinen Namen doch einem einfachen, hart arbeitenden Bauern. Chambertin geht nämlich auf champ de Bertin, *Feld des Bertin, zurück.*

im Loire-Tal mit großem Erfolg angepflanzt. Der Sauvignon de Saint-Bris ist ein frischer, angenehmer Wein, der eine beachtliche Qualität erreichen kann. Rings um Saint-Bris-le-Vineux wird auch der Aligoté kultiviert, aus dem eine Reihe köstlicher Weine erzeugt werden. Auch Schaumweine gibt es in der Umgebung von Chablis. In der Stadt selbst haben einige Erzeugerfirmen ihren Sitz. Die Flaschen mit dem Crémant de Bourgogne werden teilweise in wunderschönen Kreidekellern gelagert, die einen Champagnererzeuger neidisch machen könnten.

Côte d'Or

Im gleichnamigen Departement ist Côte d'Or der Name eines 50 Kilometer langen Gebiets, das den Kern des Burgund ausmacht. Praktisch alle Rebgärten und Weinorte liegen an den Hängen westlich der N 74, die Dijon mit Chagny verbindet. Man könnte zunächst meinen, daß d'Or hier «golden» bedeutet. Wenn man einmal die goldgelbe Farbe des Weinlaubs im Herbst gesehen hat, ist dieser Gedanke nicht abwegig. Zudem ließe sich mit gutem Grund von «goldenen» Hängen sprechen, denn die Weine müssen teuer bezahlt werden. Dennoch ist eher anzunehmen, daß Or für *oriental*, östlich, steht, ein Hinweis auf die Lage der Rebgärten.

Zwei Teile

Die Côte d'Or ist zweigeteilt. Der nördliche Teil, die Côte de Nuits, endet in der Mitte zwischen Nuits-Saint-Georges und Beaune, einige Kilometer hinter Corgoloin. Ein Schild an der Straße gibt die Grenze zum südlichen Teil an, der Côte de Beaune. In der Côte de Nuits liegt der Schwerpunkt auf Rotwein; Weißweine gibt es hier nur sehr wenige. Die Côte de Beaune dagegen liefert alle großen Weißweine der Côte d'Or sowie viele gute Rotweine.

Côte de Nuits

Wer eine Weinstraße entlangfahren will, sollte sich Zeit nehmen. Wenn man von Dijon aus der D 122 nach Süden folgt, könnte man gleich in der Vorstadt Chenôve zum ersten Mal haltmachen. Die Stadt hat zwar die meisten Rebgärten verschlungen, aber an der engen, sanft ansteigenden Hauptstraße sind Gärkeller und aus dem 13. Jahrhundert stammende Keltern der Herzöge von Burgund zu besichtigen. Die Weine haben die Herkunftsbezeichnung Marsannay. Diese gilt auch für Burgunder von Marsannay-la-Côte, einem Ort, der für seinen trockenen Rosé aus dem Pinot noir berühmt ist. Auch der Ort Couchey darf diesen Wein erzeugen. Bei der nächsten Weingemeinde, Fixin, ist der Rosé von der Bildfläche verschwunden. Die kraftvollen Rotweine präsentieren sich als echte Burgunder. Sie sind tieffarben und sehr entwicklungsfähig. Erst nach Jahren entfaltet sich ihr volles Bukett. Renommierte Premiers crus sind Clos du Chapitre und Clos de la Perrière. Die Winzer können ihre Weine nach Wahl als Côte de Nuits-Villages oder unter dem Gemeindenamen verkaufen. Auch Fixin lohnt einen Aufenthalt. An Napoleon erinnern ein Bronzedenkmal und ein Museum, die beide in einem baumreichen Park gelegen sind. Außerdem lädt eine schöne Kirche zum Betrachten ein.

Im Parc Noiset in Fixin steht dieses Napoleon-Standbild, das François Rude geschaffen hat. Im gleichen Park befindet sich auch ein Nachbau des Hauses, in dem Napoleon seine letzten Tage auf St. Helena verbrachte.

Gevrey-Chambertin verfügt über die meiste Rebfläche aller Gemeinden in der Côte de Nuits und hat zudem wegen seiner Galerie von Grands crus einen großen Namen. Die bekanntesten sind Chambertin und Chambertin-Clos de Bèze, die aneinander grenzen. Weinkenner sind sich einig, daß im allgemeinen die Weine von Chambertin-Clos de Bèze eine Spur mehr Klasse haben als jene von Chambertin. Der Unterschied ist jedoch rein akademischer Art. Beide Lagen liefern einen großen Wein, der so köstlich und kostbar ist, daß man es als Privileg betrachten muß, wenn man einmal auch nur ein Glas davon zu kosten bekommt. Der Chambertin war Napoleons Lieblingswein. Leider hatte er die Unsitte, ihn mit Wasser zu mischen... Die übrigen Grands crus haben wie das ehemalige Dorf Gevrey den Namen Chambertin dem ihrigen hinzugefügt. Weitaus der größte Grand cru ist der Charmes-Chambertin (einschließlich Mazoyères-Chambertin). Der Größe nach folgen Mazis-Chambertin, Latricières-Chambertin, Chapelle-Chambertin, Griotte-Chambertin und Ruchottes-Chambertin. Von den nur zwanzig Premiers crus stehen einige qualitativ einem Grand cru kaum nach. Als Beispiel ist hier vor allem Le Clos Saint-

Blühende Obstbäume und knospende Reben auf der Domaine Dujac in Morey-Saint-Denis.

Die Lage Clos des Lambrays erhielt im Jahre 1981 Grand cru-Status. Bis auf wenige Aren gehört die gesamte Lage einem einzigen Eigentümer.

Jacques zu nennen. Der Gevrey-Chambertin kann enttäuschen, weil nicht wenige Winzer zuviel Wein aus ihren Rebgärten herausholen. Wie auch anderswo im Burgund, heißt es hier sorgfältig auswählen.

Während der Ort Gevrey-Chambertin ziemlich viele Besucher anzieht und auch über mehrere Hotels und Restaurants verfügt, geht es im Nachbarort Morey-Saint-Denis, der auch erheblich kleiner ist, etwas ruhiger zu. Die Weine verdienen allerdings alle Aufmerksamkeit. Im allgemeinen sind sie etwas weniger generös, kraftvoll und körperreich als jene aus Gevrey-Chambertin; dennoch besitzen sie eine robuste Struktur und eine charmante Persönlichkeit. Bordeaux-Trinker würden sie denjenigen von Saint-Julien zur Seite stellen. Die Grands crus von Morey-Saint-Denis sind Clos de la Roche, Clos de Tart (seit 1932 Alleinbesitz des Hauses Mommessin), Clos des Lambrays (die

Über einem Portal des Petit Château von Savigny-les-Beaune steht eingemeißelt: «Die Weine von Savigny sind nahrhaft, öffnen den Himmel und vertreiben Depressionen.»

jüngste Grand cru-Gemeinde des Burgund, seit 1981 in dieser Kategorie) und Bonnes Mares (zu einem kleinen Teil; die größere Parzelle liegt in Chambolle-Musigny).

Aus Seide und Spitzen

Wer jemals die Möglichkeit hatte, eine Reihe von Weinen der Côte de Nuits nebeneinander zu verkosten, weiß, wie wichtig der Charakter und die Art des Bodens für die Weine sind. In Chambolle-Musigny enthält der Boden kaum Lehm. Hier gibt Kalk den Ton an. Deshalb ist Chambolle-Musigny als äußerst verfeinerter Wein bekannt. Der allerbeste ist der Grand cru Musigny: Der Wein besitzt eine unverkennbare Grazie und herrliche Nuancen. Im Duft wetteifern Impressionen von Morgentau, Rosen und Veilchen in subtiler Weise miteinander. Wer diesen Wein trinkt, wird ohne weiteres jenem Franzosen beipflichten, der einmal sagte, der Wein sei «aus Seide und Spitzen». Die Weine von Bonnes Mares, der anderen Grand cru-Lage der Gemeinde, sind in ihrer Jugend etwas verhaltener und etwas voller als der vorgenannte.

Neben diesen unbestrittenen Größen gibt es in Chambolle-Musigny noch 23 Premiers crus. Auch für sie gilt, daß sich glücklich schätzen darf, wer sie jemals in sein Glas bekommt. Les Amoureuses und Les Charmes, die beiden größten Premiers crus, sind vielleicht die reizvollsten unter ihnen. Sie tragen ihren Namen zu Recht.

Vougeot

Daß Vougeot, ein Flecken mit knapp 200 Einwohnern, weltberühmt ist, verdankt es seiner einzigen Grand cru-Lage, dem Clos de Vougeot oder Clos Vougeot. Dieser 50 Hektar große ummauerte Rebgarten wurde im 12. Jahrhundert von den Mönchen von Cîteaux geschaffen. Heute teilen sich etwa 70 Winzer den Besitz. Das Château de Vougeot ist einige Jahrhunderte jünger. Früher war es ein Kloster; jetzt ist es Eigentum der *Confrérie des Chevaliers du Tastevin.* Diese Weinbruderschaft organisiert hier mehrmals jährlich beeindruckende Bankette und rauschende Feste. Daneben ist im Schloß ein Museum untergebracht, in dem u.a. uralte Weinpressen ausgestellt sind.

Eine große Zahl verschiedener Eigentümer von Clos de Vougeot bedeutet auch eine große Zahl verschiedener Weine. Je nach Erzeuger sind sie kraftvoll und körperreich oder aber qualitativ etwas weniger gut – und sogar enttäu-

SELTENER WEISSWEIN

In der Côte de Nuits wird in einigen Orten eine kleine Menge Weißwein erzeugt. Zu den interessantesten gehören der Monts Luisants von Morey-Saint-Denis, weißer Musigny, Clos Blanc de Vougeot und La Perrière von Nuits-Saint-Georges.

Detailansicht des Hôtel-Dieu in Beaune, eines ehemaligen Krankenhauses (heute Museum), das durch Stiftungen zu eigenen Weingärten kam.

HOSPICES DE NUITS

Nicht nur in Beaune haben die Krankenhäuser eigene Rebgärten, deren Ertrag versteigert wird, sondern auch in Nuits-Saint-Georges. Die Auktion findet am Palmsonntag statt, also fünf Monate nach der Auktion von Beaune. In Nuits-Saint-Georges wird erheblich weniger Wein versteigert, weil die Krankenhäuser von Beaune 58 Hektar besitzen, diejenigen von Nuits kaum 10 Hektar. Ein drittes Krankenhaus mit eigenen Rebgärten ist das von Beaujeu im Beaujolais (etwa 60 Hektar).

schend. Wenn es irgendwo berechtigt ist, dem Namen des Erzeugers mehr Gewicht beizumessen als dem der Lage, dann hier. Der Clos de Vougeot ist das Burgund im kleinen.

Vosne-Romanée

Burgunder-Freunde geraten ins Schwärmen, wenn sie den Namen Vosne-Romanée hören. Dieses etwa 600 Einwohner zählende Dorf bringt einige von Frankreichs großartigsten Rotweinen hervor. Auf einsamer Höhe, auch was den Preis betrifft, steht La Romanée-Conti. Dieser Grand cru zeichnet sich durch ein unvergleichliches Bukett aus, während im Mund ein breites Spektrum von Aromen dem Gaumen schmeichelt. Die gut 1,8 Hektar große Lage ist Alleinbesitz der Domaine de la Romanée-Conti. Das gleiche gilt für die vier- bis fünfmal größere Lage La Tâche, auf der ebenfalls ein exzellenter Burgunder erzeugt wird.

Weitere Grands crus sind Richebourg, Romanée Saint-Vivant, Grands Echézeaux, Echézeaux und La Romanée. Der letztgenannte Rebgarten ist mit seinen 83 Aren Frankreichs kleinste Appellation contrôlée. Der Grund von Grands Echézeaux und Echézeaux liegt eigentlich innerhalb der Gemeinde Flagey-Echézeaux, die jedoch auf der «falschen» Seite der Route Nationale liegt. Normalerweise werden diese beiden Grands crus deshalb zu jenen von Vosne-Romanée gezählt. Auch die Premiers crus und Gemeindeweine von Romanée sind häufig ein Fest für die Sinne.

Nuits-Saint-Georges

Der Ortschaft Nuits-Saint-Georges, der südlichsten größeren Gemeinde der Côte de Nuits, verdankt dieser Bezirk seinen Namen. Hier sind viele Handelshäuser niedergelassen. Grands crus gibt es in dem Städtchen nicht, doch wird dieser Mangel durch die große Zahl von Premiers crus mehr als wettgemacht. Die tieffarbenen Weine sind häufig robust und in ihrer Jugend etwas abweisend; sie müssen lange reifen. Das «Nuits» im Namen hat übrigens nichts mit «Nacht» zu tun, sondern ist vermutlich eine Verstümmelung von *noyers,* Nußbäumen, die es hier früher in großer Zahl gab.

Die übrigen Orte der Côte de Nuits, Comblanchien und Corgoloin, gehören zur Herkunftsbezeichnung Côte de Nuits-Villages. Dies gilt auch für die nördlicher gelegenen Gemeinden Brochon und Prissey, während Fixin wahlweise von dieser Appellation Gebrauch machen kann.

Der Weinort Pernand-Vergelesses ist von Weinbergen umgeben, unter denen sich der berühmte Hügel von Corton befindet.

In der burgundischen Hauptstadt Beaune gibt es eine Vielzahl von Sehenswürdigkeiten, darunter ein großartiges Weinmuseum und in einer Kirche eine Sammlung von Wandteppichen.

Rechts oben:
Kurz vor Beginn der Lese werden in einem Laden in Beaune verschiedene Lesegeräte zum Kauf angeboten.

Der Bart Des Kaisers

Der Corton-Hügel war früher ausschließlich mit blauen Reben bepflanzt. Karl der Große liebte die Corton-Weine, befleckte jedoch beim Trinken meist seinen grauen Bart. Dies ärgerte seine Frau so sehr, daß sie ständig Bemerkungen darüber machte, bis es Karl leid war und er den Befehl gab, den Hügel mit weißen Trauben zu bepflanzen. Weißweinflecken würden weniger auffallen. So soll der weiße Corton-Charlemagne entstanden sein.

Côte de Beaune

Die Côte de Beaune beginnt dort, wo die Côte de Nuits endet; einen Übergang gibt es nicht. Die Côte de Beaune ist etwas breiter als die Côte de Nuits, und die Hänge sind in der Regel weniger steil. Der breite Hügel von Corton mit seiner bewaldeten Kuppe markiert den Anfang der Côte de Beaune. Außer an der Nordseite beherrscht die Rebe die Hänge, und zwar bis zu einer Höhe von fast 400 Meter. Nahezu alle Weine dieser etwa 200 Hektar großen Lage haben Grand cru-Status: Corton Grand cru heißt der Rotwein – dies ist in der Côte de Beaune der einzige Grand cru-Rotwein – und Corton-Charlemagne der Weißwein. Die Corton-Hügel teilen sich drei Gemeinden.

Pernand-Vergelesses auf der anderen Seite des Hügels besitzt ein relativ kleines Stück von der Lage, das überwiegend Corton-Charlemagne liefert. Daneben gibt es auch Weine mit der Herkunftsbezeichnung Pernand-Vergelesses. Die Rotweine können recht reizvoll sein, aber zumeist sind es die Weißweine, die durch ihre Qualität überraschen. Auch das Dorf Ladoix-Serrigny hat Grund auf dem Corton-Hügel, u. a. eine Lage mit Grand cru-Status. Diese Gemeinde ist weniger bekannt, weil die Weine meist als Côte de Beaune-Villages und Aloxe-Corton Premier cru und nicht unter dem Namen Ladoix verkauft werden.

Aloxe-Corton verfügt, wie der Name des Hügels schon vermuten läßt, über den größten Teil des Hügels. Die meisten Rebgärten dieser Gemeinde gehören der Kategorie Grand cru an, die damit in der Côte de Beaune eine Sonderrolle einnimmt. Sowohl roter Corton (dem die Namen verschiedener Einzellagen wie z. B. Bressandes und Clos du Roi hinzugefügt werden dürfen) als auch weißer Corton-Charlemagne können fürstliche Weine sein, die den Mund in beeindruckender Weise füllen. Am nuanciertesten präsentiert sich in der Regel Corton-Charlemagne; dies ist einer der allerbesten Weißweine der Welt. Auch die Premiers crus von Aloxe-Corton sind Weine von Rang.

Gleich in der Nähe liegt in einem stillen Tal inmitten von Rebenhängen das Dorf Savigny-les-Beaune. Hier wird mehr Rotwein als Weißwein erzeugt. Die Weine können – auch hinsichtlich des Preises – sehr interessant sein.

Beaune

Wer sich für Beaune keine Zeit nimmt, versäumt etwas. Die Stadt hat mit ihrem romantischen Zentrum, den vielen Restaurants und den verführerischen Weingeschäften viel zu bieten. Beaune besitzt auch Rebgärten, und zwar flächenmäßig mehr als alle anderen Gemeinden der Côte de Beaune. Es befinden sich zwar keine Grands crus darunter, dafür aber knapp vierzig Premiers crus, und zwar u. a. Les Bressandes, Les Grèves, Les Cent Vignes, Les Marconnets und Les Theurons. Sie liefern überwiegend vorzügliche Rotweine, doch verdienen auch die Weißweine Aufmerksamkeit. Beaune ist vor allem wegen der jährlichen Wohltätigkeitsauktion bekannt, der größten der Welt, bei der die Weine der Hospices de Beaune, der Vereinigten Hospitäler des Orts, versteigert

Vor der Lese werden in Meursault Fässer gereinigt.

werden. Das älteste von ihnen ist das aus dem Jahre 1443 stammende berühmte Hôtel-Dieu, ein großartiges Beispiel burgundisch-flämischer Architektur. Der neue Wein von den eigenen Rebgärten, die die Hospitäler im Laufe der Jahrhunderte geschenkt bekamen, wird jeweils am dritten Sonntag im November zu schwindelerregenden Preisen versteigert. Die Auktion findet am zweiten von drei Festtagen statt, den *Trois Glorieuses.* Am Samstag davor wird im Château de Vougeot ein Essen gegeben, und am Montag wird im Château de Meursault die *paulée* abgehalten, ein ausgedehntes Mittagessen. Dafür bringt jeder Winzer einige Flaschen aus dem eigenen Keller mit. Die Anmeldungen zur Paulée übersteigen jedes Jahr bei weitem die Zahl der vorhandenen Plätze. Deshalb beschloß man, ein zweites, ähnliches Ereignis Anfang September abzuhalten, die *Banée de Meursault.* Am Tag darauf findet eine große Verkostung der lokalen Weine statt.

KRANKENSAAL

Im Hôtel-Dieu in Beaune, das heute Museum ist, stehen im großen Krankensaal auffallend breite Betten. Früher wurden die Patienten nämlich zu dritt in ein Bett gelegt, damit sie einander wärmen konnten. Es ist nicht bekannt, ob ihnen auch Burgunder verabreicht wurde.

Pommard und Volnay

Wie in Beaune ist in Pommard Premier cru der höchste Status, den jedoch etwa 25 Lagen besitzen. Den größten Namen hat Les Rugiens dank seines eisenhaltigen rötlichen Bodens. Die in aller Regel vierschrötigen, robusten Weine von Pommard passen hervorragend zu Wildgerichten. Das sehr kommerziell geführte Château de Pommard empfängt gerne Besucher, allerdings gegen Eintrittsgeld.

Zwischen Pommard und Volnay liegen nur wenige Kilometer, zwischen den Weinen aus den beiden Orten jedoch Welten: Muskelkraft weicht der Eleganz. Die Herzöge von Burgund hatten hier in Volnay ein Schloß, vielleicht auch der Weine wegen. Herrliche Premiers crus von Volnay sind u.a. Les Caillerets, Champans, Clos des Chênes und Le Clos des Ducs.

Das sich im Süden an Volnay anschließende Monthélie verdiente größere Bekanntheit. Das Qualität–Preisverhältnis ist hier noch sehr gut, während die Rotweine im Stil den Volnay verwandt sind.

Aus Auxey-Duresses kommt doppelt so viel Rotwein wie Weißwein. Dies ist eigentlich schade, denn die fruchtigen Weißweine haben mehr zu bieten als die Rotweine, die überwiegend als Côte de Beaune-Villages in den Handel gelangen.

Aus Saint-Romain, einem aus zwei Teilen bestehenden Dorf westlich von Auxey-Duresses, stammen leichte, geschmeidige Rot- und Weißweine. Die Weißweine sind vielleicht eine Spur besser als die Rotweine.

Ein renommiertes Weingut in Volnay, die Domaine de la Pousse d'Or.

Meursault

Man erkennt Meursault schon von weitem an seinem spitzen Kirchturm, dem höchsten der Côte d'Or. Er steht im Ortskern an demselben Platz, an dem sich auch das vorzüglich restaurierte Rathaus befindet. An vielen der Häuser in den gewundenen Straßen und Gassen hängen Werbeschilder von Winzern; man lebt vom und für den Wein, der hier überwiegend weiß ist. Ein klassischer

Der Montrachet ist der berühmteste und teuerste weiße Burgunder. Der Rebgarten liegt in Puligny-Montrachet und Chassagne-Montrachet.

Meursault zeichnet sich durch eine goldgelbe Farbe mit einer Spur Grün, einen Duft, in dem die Aromen von gerösteten Mandeln, Butter und reifen Früchten miteinander wetteifern, einen breiten, milden, ebenfalls fast butterigen Geschmack und einen Abgang aus, in dem man häufig etwas von getoastetem Brot entdecken kann. Die besten Meursault kommen von Premier cru-Lagen wie Les Perrières, Les Genevrières, Les Charmes, Les Poruzots, La Goutte d'Or und Les Bouchères. Der rote Meursault wird unter dem Gemeindenamen Blagny verkauft (nach einem Weiler an der Grenze zu Puligny-Montrachet) oder als Volnay-Santenots. Die Qualität ist sehr uneinheitlich.

Puligny-Montrachet
Das im Grunde eher langweilige Puligny-Montrachet ist ein Mekka der Weinfreunde: In diesem Ort liegt die Hälfte von Montrachet, der berühmtesten Lage für trockenen Weißwein. Daneben rühmt sich die Gemeinde noch anderer Grands crus wie z.B. Chevalier-Montrachet, Bienvenues-Bâtard-Montrachet und des größten Teils von Bâtard-Montrachet. Die Weine von diesen Lagen sind manchmal nicht weit von der Klasse des Montrachet entfernt. Le Montrachet selbst ist ein fürstlicher, immer kraftvoller, fast betäubender weißer Burgunder. Im vorigen Jahrhundert schrieb Alexandre Dumas, daß man diesen Wein «kniend mit entblößtem Haupt» trinken müsse. Es versteht sich von selbst, daß Le Montrachet und die anderen Grands crus extrem teure Weine sind. Man kann sich damit trösten, daß auch die Premiers crus und sogar Gemeindeweine aus Puligny-Montrachet überaus köstlich schmecken können.

In den Straßen von Meursault trifft man auf die Werbeschilder zahlreicher Weinfirmen.

Chassagne-Montrachet
Während es in Puligny-Montrachet fast keinen Rotwein gibt, wird in Chassagne-Montrachet vor allem dieser Weintyp erzeugt. Vor allem die roten Premiers crus können sehr angenehm sein, doch stehen sie eindeutig im Schatten der Weißweine. Die Spitze bilden drei Grands crus: Le Montrachet, Bâtard-Montrachet (beide mindestens zur Hälfte in Puligny-Montrachet gelegen) und Criots-Bâtard-Montrachet. Auch die weißen Premiers crus können durch ihren komplexen Geschmack fesseln und entzücken. In einem Tal westlich von Chassagne-Montrachet liegt der Ort Saint-Aubin (und der Weiler Gamay). Vor allem der weiße Saint-Aubin verdient Aufmerksamkeit. Es kann ein ansprechender, recht üppiger Wein zu einem vernünftigen Preis sein. Der rote Saint-

Die südlichsten Rebgärten der Côte d'Or sind diejenigen der drei Gemeinden von Maranges.

Aubin hat etwas weniger Niveau, ist aber ebenfalls ein angenehmer Begleiter zum Essen.

Santenay
Schon die Römer kamen gerne nach Santenay. Die warmen Quellen an diesem Ort galten als heilkräftig, besonders für Gicht. Auch heute noch ist Santenay Kurort, zugleich aber eine Weingemeinde – der südlichste große Name der Côte de Beaune. Die meisten Weine sind Rotweine und recht unkompliziert: ehrliche, ordentliche, feste, nicht sehr einschmeichelnde Tropfen, die lange reifen müssen und können. Von den rareren Weißweinen besitzt z. B. Les Gravières eine beachtliche Qualität. Drei weniger bekannte Gemeinden, die angenehme, recht leichte Weine erzeugen, schließen die Reihe: Cheilly-les-Maranges (größter Erzeuger), Dezize-Les-Maranges und Sampigny-les-Maranges. Diese letzten Gemeinden des Weingebiets Côte d'Or liegen nicht mehr im Departement Côte d'Or, sondern in Saône-et-Loire. Schließlich darf nicht unerwähnt bleiben, daß im hügeligen Hinterland parallel zur Côte d'Or ebenfalls Wein erzeugt wird. Dieser trägt die Herkunftsbezeichnungen Bourgogne Hautes-Côtes de Nuits und Bourgogne Hautes-Côtes de Beaune. Qualitativ machen diese Appellationen immer mehr von sich reden, während ihr Preis noch erschwinglich ist. Weine von den Hautes-Côtes sind eine Entdekkung wert.

Chalonnais

Wo die Côte d'Or endet, beginnt – wenn man nach Süden fährt – das Chalonnais, auch Côte Chalonnaise genannt. Der Name des Gebiets geht auf die Stadt Chalon-sur-Saône zurück. Anders als in der Côte d'Or hat die Rebe hier nicht die Alleinherrschaft; vielmehr wechseln Wälder, Äcker, Rebgärten und Weiden miteinander ab. Von den Rebgärten kommen sehr unterschiedliche Weine: fünf Weine mit Gemeindeappellation, Landweine und Schaumweine.

Die nördlichste kleinste Gemeindeappellation ist Bourgogne Aligoté Bouzeron. Der Boden bei Bouzeron ist stark kalkhaltig, das Mikroklima mild. Dies sind die Bedingungen, die dem Aligoté – hier seit jeher die wichtigste Rebe – am meisten zusagen.

Auch in Rully, dem nächsten Ort mit einer Gemeindeappellation, liegt der Schwerpunkt in qualitativer Hinsicht auf Weißwein. Diese saftigen Weine

VIELFÄLTIGER MONTRACHET

Die vermutlich größte Degustation von Montrachet, die jemals stattfand, wurde im Frühjahr 1987 in dem niederländischen Sterne-Restaurant Inter Scaldes durchgeführt. Es gelang dem Weinschriftsteller Gert Crum, einem ausgewählten Kreis von Teilnehmern nicht weniger als 15 verschiedene Montrachet sowohl von Gütern als auch von Handelshäusern zu verkosten zu geben. Die Weine zeigten auffallende Unterschiede.

Spätherbst: Die Trauben sind gelesen, und die Reben haben fast alle Blätter verloren.

zeichnet ein fruchtiger Duft mit einem Haselnußaroma aus. Die Rotweine bieten ein sehr unterschiedliches Bild; das Spektrum reicht von rubinrot, intensiv fruchtig und fleischig bis fast zu mäßig und zu leicht. Daneben ist der Ort Rully auch ein Zentrum für die Erzeugung von Crémant de Bourgogne. Weine aus dem ganzen Chalonnais und sogar von der Côte d'Or werden hier zu Schaumweinen verarbeitet.

Mercurey, die bekannteste und größte Appellation des Chalonnais, ist das nächste Glied der Kette. Über 90 Prozent der Erzeugung sind hier Rotwein. Das Wenige an Weißwein kann meist mangels Rasse nicht überzeugen. Die Weinberge brauchen viel Sonne; die Weine sind eindeutig mit jenen der Côte de Beaune verwandt. Sie sind recht rustikal und unkompliziert; im Bukett entdeckt man Himbeeren und andere kleine Früchte.

Givry im Westen von Chalon-sur-Saône ist heute zu einem beliebten Wohnort für Menschen geworden, die in dieser Stadt arbeiten. Dadurch ist in den letzten Jahrzehnten viel Rebengrund überbaut worden. Von den besten Lagen kommt jedoch nach wie vor überwiegend Rotwein mit einem recht reservierten Charakter und einer festen Struktur. Im Mittelalter wurden Givry und Beaune in einem Atemzug genannt. Es ist heute noch der Stolz der Winzer, daß Heinrich IV. diesen Wein gerne trank. Montagny schließlich, die letzte Appellation des Chalonnais, liegt acht Kilometer weiter südlich. Die Herkunftsbezeichnung gilt nur für Weißwein und umfaßt nicht nur das Dorf Montagny, sondern auch die Gemeinden Buxy, Jully-les-Buxy und Saint-Vallerin. Der Chardonnay liefert von lehmhaltigen Kalkböden feste und doch verfeinerte Weine mit einem deutlich würzigen Abgang. Bei den Brüdern der Abtei von Cluny war Montagny sehr beliebt. Einer eigenartigen Bestimmung zufolge darf sich Montagny mit einem Alkoholgehalt von mindestens 11,5 Prozent Montagny Premier cru nennen.

Wie ein Schiffsbug ragt der Felsen von Solutré zwischen den Rebgärten des Bezirks Pouilly-Fuissé auf.

Mâconnais

Schon im 4. Jahrhundert nach Christus besang ein Dichter die Reben in der Gegend von Mâcon. Es dauerte jedoch noch fünf bis sechs Jahrhunderte, bis der Weinbau in dieser Gegend einige Bedeutung erlangte. Dabei spielte die im Jahre 910 gegründete Abtei von Cluny, das Mutterhaus der Benediktinermönche, eine wichtige Rolle. Durch die Arbeit der Mönche entstanden im Mâconnais zahlreiche romanische Kirchen, die vielfach noch gut erhalten sind.

Sowohl qualitativ als auch quantitativ spielen die Weißweine die Hauptrolle. Sie werden überwiegend als Mâcon-Villages oder Mâcon mit einem Gemeindenamen verkauft. Zur Gruppe Mâcon-Villages gehören etwa vierzig Orte. Die dortigen Böden sind überwiegend kalkhaltig, teilweise mit Lehm durchmischt. Die Hauptrolle unter den Erzeugern spielen die vielfach vorzüglich ausgestatteten Genossenschaften. Der am häufigsten erzeugte Rotwein ist Mâcon supérieur. Seine Grundlage ist meist der Gamay, die Rebe des Beaujolais. Dennoch ist Mâcon ein anderer Wein als ein roter Beaujolais: etwas robuster, weniger fruchtig und beschwingt. Es gibt allerdings Ausnahmen von der Regel: rote Mâcon, die einem Cru aus dem Beaujolais kaum nachstehen. Wie das Chalonnais ist auch das Mâconnais ein wichtiger Lieferant von Gebietsweinen, darunter roter und weißer Burgunder, Bourgogne Passe-tout-grains und Crémant de Bourgogne.

SOLUTRÉ

Der Fels von Solutré im Bezirk Pouilly-Fuissé wurde in der Urzeit für die Jagd benutzt. Am Fuße dieses Kalkfelsens fand man nämlich die Knochen von Zehntausenden von Pferden, die über die Felskante getrieben worden waren. In dem Ort Solutré ist auch ein kleines prähistorisches Museum eingerichtet.

Pouilly-Fuissé

Die schönsten Weine des Mâconnais kommen aus dem äußersten Süden. Dort liegen die drei Teilgebiete Pouilly-Fuissé, Pouilly-Vinzelles und Pouilly-Loché. Das größte und renommierteste ist Pouilly-Fuissé, was sich auch im Preis niederschlägt. Die Wiege des Pouilly-Fuissé sind vier Gemeinden bzw. Teile davon (Fuissé, Solutré, Vergisson, Chaintré), in denen zwei markante Felsen die Landschaft beherrschen: die von Solutré und Vergisson. Wie Schiffsbuge ragen sie inmitten eines grün wogenden Meers von Reben auf. Ein guter Pouilly-Fuissé zeichnet sich durch eine grüngoldene Farbe, einen Duft, der sowohl floral als auch fruchtig sein kann, und einen festen, nussigen Geschmack wiederum mit Früchten und einer Spur Vanille aus. Die Weine der viel kleineren Gebiete Pouilly-Vinzelles und Pouilly-Loché (dessen Erzeugung überwiegend als Pouilly-Vinzelles verkauft wird) sind etwas schlanker und weniger reich als die von Pouilly-Fuissé. Allerdings ist auch ihr Preis freundlicher.

Die Erzeugung von Pouilly-Vinzelles – eine preiswerte Alternative zu Pouilly-Fuissé – wird von einer zuverlässig arbeitenden Genossenschaft beherrscht.

Saint-Véran

Im Norden wie im Süden grenzt Pouilly-Fuissé an die Rebgärten von Saint-Véran. Mit der Schaffung dieser Herkunftsbezeichnung im Jahre 1971 wurden die Weine von acht Gemeinden aus der Anonymität gehoben. Einige von ihnen gehörten bis dahin zu Mâcon-Villages, andere erzeugten überwiegend weißen Beaujolais. Den – stets weißen – Saint-Véran könnte man als einen besseren Typ Mâcon-Villages oder eine einfachere Version von Pouilly-Fuissé betrachten. Nach langen mageren Jahren fand diese Appellation schließlich Anerkennung, und Saint-Véran steht heute auf der Weinkarte vieler besserer Restaurants. Leider haben mit der Anerkennung auch die Preise erheblich angezogen.

Beaujolais

Touristisch ist das Beaujolais, das Weingebiet, das südlich von Mâcon beginnt und nördlich von Lyon endet, die größte Attraktion des Burgund. Es besteht aus einer Kette grüner Hügel, lichtdurchfluteten Tälern und uralten Dörfern. Die Rebe herrscht hier uneingeschränkt; auf etwa 21 000 Hektar stehen hier mehr als die Hälfte aller burgundischen Rebstöcke. Zu Recht schrieb der französische Schriftsteller und Politiker Léon Daudet (1867–1942), daß Lyon von drei Flüssen durchströmt wird: der Rhône, der Saône und dem Beaujolais. Wenn es stimmt, daß man Dichter und Reben nur nach ihren besten Erzeugnissen beurteilen darf, dann ist jeder Kritik am Gamay noir à jus blanc der Boden entzogen. Nirgendwo sonst sind nämlich die Weine von dieser Rebe so charmant, so voller Geschmack und herzerfreuend. Im Norden des Beaujolais ist der Boden reich an Granit; hier findet der Gamay unvergleichliche Bedingungen. Dies ist der Grund, warum alle Crus dieses Gebiets im nördlichen Teil liegen und die vollständigsten und charaktervollsten Weine liefern. Der Süden dagegen erzeugt überwiegend einfachen Beaujolais. Eine Zwischenkategorie ist Beaujolais-Villages. Die Weine dieser Apellation kommen aus knapp vierzig Gemeinden und haben etwas mehr Kraft und Klasse als einfacher Beaujolais. Kommerziell am erfolgreichsten ist der Beaujolais Primeur. Etwa 40 Prozent der gesamten Beaujolais-Ernte werden unter diesem Etikett verkauft.

CLOCHEMERLE

Das Dorf Vaux-en-Beaujolais im mittleren Abschnitt des Bezirks hat für den in viele Sprachen übersetzten und sogar verfilmten Roman Clochemerle von Gabriel Chevallier Modell gestanden. Die Episoden des Romans lassen das Dorfleben in amüsanter Weise lebendig werden.

Eines der vielen Weindörfer im südlichen Beaujolais. Ein großer Teil des hier erzeugten Weins wird als Beaujolais Primeur verkauft.

Viel Beaujolais wird mit mobilen Abfüllstationen auf Flaschen abgezogen, wie zum Beispiel hier in Fleurie.

Der Beaujolais Primeur wird offiziell am dritten Donnerstag im November freigegeben. Der Wein hat dann die Gärung hinter sich *(macération carbonique,* wobei die Gärung in den noch unversehrten Früchten abläuft) und gefällt besonders durch sein ungewöhnlich fruchtiges Aroma. Wie alle Beaujolais trinkt man auch Beaujolais Primeur vorzugsweise kühl. Im Kommen ist auch weißer Beaujolais, der mit einem Saint-Véran oder einem besseren Mâcon-Villages vergleichbar ist.

Die zehn Crus

Die zehn Crus bilden die Elite des Beaujolais. Diese noblen zehn sind von Norden nach Süden: Saint-Amour, Juliénas, Chénas, Moulin-à-Vent, Fleurie, Chiroubles, Morgon, Régnié, Brouilly und Côte de Brouilly. Die Appellation gilt nur für Rotweine mit mindestens 10,5 Prozent Alkohol; wenn der Name der Lage auf dem Etikett angegeben ist, muß der Wein mindestens 11 Prozent Alkohol haben.

Saint-Amour bildet den Übergang vom Mâconnais zum Beaujolais und liefert einen charmanten, meist fruchtigen, aber nicht wirklich charaktervollen Wein. Seinen wunderschönen Namen verdankt dieser Cru einem römischen Soldaten, der sich hier verliebte und nach seiner Bekehrung zum Christentum ein Kloster gründete.

Auch der Name Juliénas, des nächsten Cru, erinnert an die Römer. Namenspatron des Orts Juliénas ist nämlich Julius Cäsar selbst. Der Wein ist tieffarben, fest und fruchtig. In der Regel kann er einige Jahre reifen.

Eichenwälder bedeckten früher fast das ganze Beaujolais. Daran erinnert der Name des nächsten Cru, Chénas (*chêne* bedeutet Eiche). Auf dem manganhaltigen Granitboden wächst ein fleischiger Wein, dessen Duft häufig an Früchte, Pfingstrosen und andere Blumen gemahnt. Das Herkunftsgebiet dieses Cru, des kleinsten der zehn, deckt sich nicht mit der Fläche der Gemeinde. Der größte Teil der Rebgärten liegt nämlich in La Chapelle de Guinchay.

Moulin-à-Vent, der nächste Cru, ist überhaupt nicht nach einem Dorf benannt. Namensgeber ist hier eine mindestens 300 Jahre alte, flügellose Kornmühle im Nordwesten von Romanèche-Thorin, die unter Denkmalschutz steht. Moulin-à-Vent gilt völlig unangefochten als der «König» der Crus. Es ist ein muskulöser, generöser Wein, der sich häufig erst nach zwei bis vier Jahren ganz entfaltet.

Die Medaillen prämierter Weine schmücken den Kellereingang eines Winzers in Villié-Morgon.

Informationsquelle

Im Beaujolais gibt es ein sehr aktives Informationszentrum, bei dem ausführliche Unterlagen erhältlich sind. Dies ist die Union Interprofessionnelle des Vins du Beaujolais (UIVB), 210, Boulevard Vermorel, 69400 Villefranche-sur-Saône.

Im Namen Fleurie, des nächsten Cru, klingt der Charakter des Weins an. Er ist elegant, lebendig und weiblich mit einem Duft von kleinen Früchten und Frühjahrsblumen.

Chiroubles, der nächste Cru, liegt 400 Meter hoch. Auf seinem Granitboden wächst der delikateste Beaujolais: weingewordene Grazie mit Veilchenduft. Älter als ein Jahr sollte Chiroubles nicht werden; man trinkt ihn in seiner frühesten Jugend.

Morgon wiederum ist ein festerer Cru. Von seinen Verwitterungsböden kommt ein tieffarbener Wein, dessen Duft – und darin unterscheidet er sich von allen anderen Beaujolais – nichts Blumiges hat. Sein Bukett wird von Früchten beherrscht: Aprikosen, Himbeeren und vor allem wilden Kirschen.

Brouilly, das größte Herkunftsgebiet, umfaßt Teile von sechs Gemeinden: Cercié, Charentay, Odenas, Quincié, Saint-Étienne-la-Varenne und Saint-Lager. Im allgemeinen sind die Weine gediegen, fest und fruchtig. Wegen der Vielzahl der Erzeuger und der unterschiedlichen Böden sind sie aber schwierig auf einen Nenner zu bringen.

Côte de Brouilly, mit 200 Hektar das zweitkleinste Herkunftsgebiet, kommt von den blaugrünen Hängen des 485 Meter hohen Brouilly, eines erloschenen Vulkans. Die Weine haben eine feste Farbe und häufig viel Alkohol, dabei aber einen delikaten Duft. Der Wein kann manchmal einen Burgunder ersetzen und gewinnt durch einige Jahre Flaschenlager.

Der jüngste Cru, der seit der Ernte 1988 besteht, ist Régnié aus der Gemeinde Régnié-Durette, die an die Crus Morgon und Brouilly grenzt. Der Wein ähnelt am ehesten dem von Brouilly.

Coteaux du Lyonnais

An der südlichen Grenze des Beaujolais beginnt das Gebiet Coteaux du Lyonnais, seit 1984 eine Appellation contrôlée. Einst standen hier viele Reben, doch ist das Weinbauareal heute eher klein. Das Gebiet entwickelt sich jedoch gut; Qualität und Quantität steigen ständig. Die Weine, die aus dem Gamay erzeugt werden, ähneln den Beaujolais.

Das imposanteste Weingut des Beaujolais-Cru Brouilly ist Château de la Chaize. Der Keller des Guts ist mit über hundert Metern der längste des ganzen Gebiets.

Jura

Die Wiedergeburt des Weingebiets Jura ist Henri Maire zu verdanken. Der gleichnamigen Weinfirma gehören in Arbois verschiedene Weingüter, darunter die Domaine du Sorbief.

Schönes Wandgemälde über dem Eingang zu einem Weinkeller in der Nähe von Arbois.

Arbois, etwa in der Mitte zwischen Beaune und Genf gelegen, ist das Zentrum des Weingebiets Jura im gleichnamigen Departement. Die römischen Amphoren, die in der Gegend gefunden wurden, weisen auf eine alte Weintradition hin. Das sehr zersplitterte Weinbaugebiet Côtes du Jura, das heute immerhin wieder 1500 Hektar umfaßt, erstreckt sich in einem 10 Kilometer breiten Streifen nördlich von Arbois bis südlich von Lons-le-Saunier. Wo die Rebe nicht wächst, gibt es im Jura auch keine anderen Kulturen, nur Höhenzüge, Weiden und Wälder. In der Gegend stehen einige ursprüngliche Rebsorten, die nur hier vorkommen. Der blaue Poulsard liefert einen delikaten, hellfarbenen Wein. Verschnitt mit Trousseau-Wein macht ihn kräftiger und farbintensiver. Die bemerkenswerteste Rebe ist der Savagnin, der mit dem elsässischen Gewürztraminer verwandt ist. Daß Burgund nicht weit ist, zeigen die übrigen Rebsorten: Pinot noir, Chardonnay (hier auch Melon d'Arbois oder Gamay blanc genannt) und in der Gegend von Arbois Pinot blanc.

Die Stadt Pasteurs

Die wichtigste Stadt des Jura ist Arbois. Hier hat der 1822 in Dôle geborene Louis Pasteur gelebt und gearbeitet. Über die Hälfte der Rebgärten liegen rings um Arbois an sanft abfallenden Hängen mit Kalk, Kies und etwas Lehm. Die bemerkenswerteste Spezialität des Jura ist der Vin jaune. Er reift sechs Jahre in Eichenfässern. Während dieser Zeit werden die Fässer niemals aufgefüllt. Wenn alles gut geht, bildet sich auf dem Wein eine schrumpelige Haut von Hefezellen, die offenbar mit der *flor de vino* verwandt ist, der der Sherry sein nußartiges Aroma verdankt. Diese Schicht schützt den Wein vor Oxidation, hält ihn lebendig und verleiht ihm ein spezielles Aroma. Nach der Abfüllung in eine besondere 62 cl-Flasche, den Clavelin, kann Vin jaune jahrzehntelang lagern. Der blaßgoldene, alkoholreiche Wein hat einen ganz eigenen Duft, der an nicht-verstärkten Sherry erinnert. Leider ist dieser Wein selten und sehr teuer. Eine besondere Sorte Vin jaune kommt aus Château-Chalon und trägt den Namen dieser Ortschaft. Das kleine, nur etwa 25 Hektar große Gebiet wird von dem befestigten Ort Château-Chalon beherrscht, der wie ein Adlernest hoch auf einem steilen Hügel thront. Sowohl einfacher Vin jaune als auch Château-Chalon schmecken hervorragend zu Gerichten, die mit diesem Wein zubereitet sind, sowie zu dem regionalen Käse (Gruyère de) Comté.

Der regionale Comté ist eine Käsesorte, die gut mit dem Vin jaune von Château-Chalon harmoniert.

Vin de Paille

Noch seltener als Vin jaune ist der Vin de Paille. Dieser wird aus blauen und weißen Trauben erzeugt und verdankt seinen Namen dem ursprünglichen Herstellungsverfahren, bei dem die Trauben auf Strohmatten *(pailles)* zum Trocknen ausgelegt wurden. Heute legt man sie in Kisten, die in gut belüftete Räume gestellt werden. Wenn die Trauben eingetrocknet sind, werden sie abgepreßt, worauf man sie lange gären läßt. Schließlich wird der Wein häufig noch im Faß ausgebaut. Das Ergebnis ist ein eigentümlicher, hellbrauner Wein mit einem Duft, der an Nüsse und Feigen erinnert, sowie einem feinsüßen, manchmal honigartigen Geschmack. Er weist mindestens 14,5 Prozent Alkohol auf und wird traditionell in halben Flaschen verkauft.

Hauptsächlich Weißwein

Nach Arbois ist Côtes du Jura, gemessen an der erzeugten Menge, die zweitgrößte Herkunftsbezeichnung. Die Weine gleichen jenen von Arbois sehr, sind vielleicht aber etwas leichter. Es wird überwiegend Weißwein erzeugt, und zwar meist aus Chardonnay und Savagnin; es kommen indes auch reinsortige Chardonnay vor. Das größte Weingut der Gegend, das Château d'Arlay, arbeitet mit 90 Prozent Chardonnay und 10 Prozent Savagnin. Die Bedeutung des Gebiets Côtes du Jura ist gestiegen, seit um 1970 eine umfassende Flurbereinigung durchgeführt wurde. Weil sich die Bearbeitung der Parzellen dadurch vereinfachte, wurde auch mehr Fläche bestockt. Eine Enklave in den Côtes du Jura ist L'Étoile. Dieses kleine Gebiet (drei Gemeinden, etwa 60 Hektar) liefert überwiegend angenehme Weißweine. Daneben wird auch ein perlender Étoile und, wie in den Côtes du Jura, etwas Vin jaune erzeugt.

Retter und Schirmherr

Einem Namen begegnet man hier auf Schritt und Tritt: Henri Maire. Dieses nach seinem Gründer genannte dynamische Handelshaus unternahm große Anstrengungen, um den fast vergessenen und verschwundenen Jura-Weinen zu neuem Ansehen zu verhelfen. Henri Maire hat seinen Sitz in Arbois und betreibt dort auch ein Probelokal und ein einfaches Restaurant. Ebenfalls in Arbois findet Anfang September die Fête du Biou statt. Die Winzer tragen dabei zu Ehren des lokalen Schutzheiligen Saint Juste eine riesige Traube zur Kirche.

PASTEURS REBGARTEN

In der Nähe von Arbois besaß Louis Pasteur einen eigenen Rebgarten. Mit den Trauben dieser Lage hat er im Jahre 1878 Gärexperimente durchgeführt. Der kleine Acker liefert noch heute Wein, und zwar von fünf Rebsorten. Er wird von Henri Maire erzeugt und nur zu besonderen Anlässen gereicht.

Alte Häuser im Zentrum von Arbois.

Savoyen

Die Weinhänge von Apremont liefern frische, reintönige Weißweine, in denen man die klare Bergluft schmeckt.

Wenn von Savoyen die Rede ist, denkt man in erster Linie an das Bergland der Departemente Savoie und Haute-Savoie. Als Weingebiet ist Savoyen größer, denn es umfaßt auch Teile der Departemente Ain und Isère. Und doch ist Savoyen im Hinblick auf die bestockte Fläche mit ganzen 1500 Hektar kein bedeutendes Weingebiet. Übersichtlich ist das Gebiet nicht, weil unter dem Namen Savoyen eine Reihe verstreut liegender kleiner Teilgebiete zusammengefaßt sind.

Die gebirgige Landschaft von Savoyen weist eine Vielzahl von Mikroklimata und unterschiedlichen Bodenarten auf, was in einer verhältnismäßig großen Zahl verschiedener Weine resultiert. Es sind meist trockene und frische, leichte und reintönige Weißweine; man meint manchmal die kühle, klare Bergluft zu schmecken.

Dank der Familie Mercier erwachte der Weinbau in Crépy zu neuem Leben.

Die Lage

Savoyen liegt südlich des Jura, eingerahmt von der Rhône, dem Genfer See und der italienischen Grenze. Die Römer hatten im heutigen Aix-les-Bains Heilbäder, und auch an vielen anderen Orten sind Reste der römischen Kultur zu finden. Savoyen ist eigentlich zu allen Jahreszeiten ein herrliches Feriengebiet. Im Winter kann man Skifahren, und zu den anderen Jahreszeiten lokken schäumende Bäche, große Seen, dunkle Wälder, grüne Hügel und Berge. Über den Flüssen und Seen liegen auf Hängen und Plateaus die Rebgärten der einzelnen Appellationen. Bei den Herkunftsbezeichnungen kann man vier Hauptgruppen unterscheiden: Vin de Savoie, Roussette de Savoie, Crépy und Seyssel.

Vin de Savoie

Die wichtigste Rebsorte dieser Appellation ist der Jacquère. Er gedeiht auf Kalk- und Kiesböden gleich gut. Dies merkt man auch an den Weinen: Sie sind am Gaumen knisternd trocken und erfrischend.

Weitere weiße Reben sind Aligoté, Altesse oder Roussette (die zur Zeit der Kreuzzüge von Zypern nach Frankreich gebracht wurde), Chardonnay, Chasselas, Grignet (der Savagnin aus dem Jura) sowie die Rhône-Reben Roussanne und Marsanne; die letztere heißt hier auch Bergeron.

Die blauen Reben sind Pinot noir, Gamay und Mondeuse noire. Vor allem aus der Mondeuse werden charakteristische, lebendige Rotweine mit viel Far-

Wer sich einen guten Überblick über das Weingebiet Savoyen verschaffen will, braucht nur der ausgeschilderten Weinroute zu folgen.

be und Tannin erzeugt. Sie sind die Antwort Savoyens auf Bordeaux. Die Herkunftsbezeichnung Vin de Savoie, die wichtigste des Gebiets, kann um den Namen eines der fünfzehn Crus ergänzt werden. Es handelt sich dabei überwiegend um Weißweine.

Zu den besseren Crus gehören Abymes und Apremont. Dies sind frische, sehr aromatische (nicht selten mit einem Hauch Geißblatt) und teilweise leicht perlende Durstlöscher. Man muß sie sehr jung trinken. Die Weine des Cru Ayze sind Schaum- oder Perlweine.

Der Cru Chautagne am Nordufer des Lac du Bourget liefert reizvolle Weißweine, die höchst angenehme Begleiter zu gebackenem Fisch sind. Berühmter noch ist der fruchtige rote Gamay de Chautagne.

Roussette de Savoie

Auch die Herkunftsbezeichnung Roussette de Savoie kann um den Namen eines Cru ergänzt werden. Die Appellation gilt nur für Stillweine. Diese können aromatisch, kräftig und harmonisch mit einem markanten Geschmack sein, der manchmal eine Spur Würzigkeit aufweist.

Crépy

Der Boden dieser kleinen Appellation ist kalkhaltig; der nahe Genfersee begünstigt den Weinbau.

Die Weine, ausschließlich aus Chasselas, können nach Weißdorn, Haselnuß und Feuerstein duften. Am Gaumen sind sie trocken und häufig leicht perlend. Wie die besseren Sorten Muscadet im Loiretal werden auch die besseren Crépy *sur lie* abgefüllt. Sie bilden eine köstliche Kombination mit Süßwasserfisch.

Seyssel

Die Rebgärten von Seyssel liegen unweit der Rhône und liefern ausschließlich Weißweine.

Die typischen Rebsorten sind Altesse und Molette. Die Altesse ist die einzige Rebe für den Stillwein. Dieser wird teilweise von einem verhaltenen Veilchenbukett geprägt. Für den Schaumwein ist der Altesse-Anteil stets auf 10 Prozent beschränkt. Der Rest ist in diesem Fall Molette, eine Rebe, die es nur hier gibt.

Bugey

Im Westen von Savoyen liegt Bugey, die Heimat des Gastronomen und Philosophen Brillat-Savarin. Auch hier wird ein ganzes Spektrum von Weinen erzeugt. Der beste Vin du Bugey ist der reinsortige Chardonnay. Der auffallendste ist der moussierende Rosé de Cerdon.

Rebgarten auf einem Hügel bei Culoz im Gebiet von Bugey.

Rhône

Überall im sonnigen Rhônetal gibt es Degustierlokale, wie etwa hier in Sainte-Cécile-les-Vignes.

In vielen Orten der Gruppe Côtes du Rhône-Villages spielen Genossenschaften eine wichtige Rolle. So auch hier in Rochegude.

Die Rhône ist nach der Loire mit 812 Kilometern der zweitlängste Fluß Frankreichs. Die ersten 290 Kilometer läuft sie unter der Bezeichnung Rotten und Rhone durch ihr Geburtsland Schweiz. In Frankreich wird sie dann zur Rhône, zu einem der mächtigsten Ströme dieses Landes. Außerdem ist die Rhône der größte europäische Fluß, der in das Mittelmeer mündet. Vermutlich waren die Ligurer, ein aus Afrika stammendes, über Spanien nach Europa eingewandertes Volk mit einer primitiven Landbaukultur, vor rund 3500 Jahren die ersten, die die Rhône als optimale Nord-Süd-Verbindung entdeckten. Ein steter Strom immer neuer Völker ist seither auf ihren Spuren gezogen, und auch heute wieder ist die A 7, die Autoroute du Soleil im Rhônetal, die Magistrale zu den Städten und Stränden Südfrankreichs. Als die Griechen um das Jahr 600 v. Chr. erstmals ihren Fuß auf den Boden des heutigen Frankreich setzten, gründeten sie dort, wo sie an Land gegangen waren, die Stadt Massalia. Aus dieser alten Kolonie ist eine bedeutende Hafenstadt geworden, das heutige Marseille, mit gut einer Million Einwohnern Frankreichs zweitgrößte Stadt. Als die Griechen hier landeten, hatten sie Rebstöcke dabei; sie waren es, die den Weinbau in das Rhônetal brachten. Sie pflanzten die Rebe das ganze Rhônetal hinauf überall dort, wo sie geeignete Böden vorfanden, bis hin zur heutigen Côte Rôtie im Norden.

Waren die Griechen die Weinbaupioniere, so waren es die Römer, die den Siegeszug der Rebe sicherstellten. Auch sonst haben die Römer das Gebiet stark geprägt. Wer heute durch das Rhônetal fährt, findet überall Erinnerungen an die Römerzeit. Man denke etwa an die Stadt Orange im Departement Vaucluse, die im 16. und 17. Jahrhundert zum Fürstentum Nassau gehörte. In dieser Stadt ist eine Reihe wichtiger Gebäude aus der Römerzeit erhalten geblieben, so der Triumphbogen, der in den Jahren 10 bis 25 erbaut wurde, und das etwas jüngere Amphitheater, das einschließlich der 100 Meter langen und 35 Meter hohen Arenamauer noch vorzüglich erhalten ist. Weiter findet man hier die Kapitolsruine, ein Museum und einen Tempel sowie eine römische Villa mit einem sehr schönen Mosaik. Im Gemeindemuseum werden Marmorstücke mit einer Flurkarte der römischen Kolonie aufbewahrt.

Nach dem Abzug der Römer ging der Weinbau zurück. Erst im 9. Jahrhundert erhielt er durch die Klöster und Kirchen neue Impulse. Die christliche Kirche förderte ja den Weinbau an vielen Orten, und dies gilt besonders für das Rhônetal. Von 1309 bis 1377 befand sich sogar der Heilige Stuhl in

Die Côte Rôtie im nördlichen Rhône-Gebiet besteht aus terrassierten Steillagen.

Avignon. Das päpstliche Exil trug sowohl zum Umfang als auch zur Qualität des Weinbaus stark bei. Nach dieser Zeit florierte der Weinbau an der Rhône jahrhundertelang.

Im letzten Viertel des vorigen Jahrhunderts löste jedoch die Reblaus dramatische Veränderungen aus. In vielen Gemeinden wurde damals mit minderwertigen Rebsorten (Hybriden) neu bestockt, was nicht ohne negative Folgen blieb. Mit Ausnahme einiger weniger Gebiete wie Hermitage, Châteauneuf-du-Pape und Tavel, die ihren guten Namen zu wahren wußten, konnte man aus dem Rhônetal kaum noch etwas Gutes erwarten. Dies blieb so bis nach dem Zweiten Weltkrieg. Seit den fünfziger Jahren wandte sich hier indes vieles zum Besseren. Gleichzeitig ermöglichte die Einführung des Traktors eine enorme Zunahme der bestockten Fläche.

Von den Winzern verfügen nur 2 Prozent über mehr als 5 Hektar Rebfläche; vier Fünftel von ihnen bearbeiten sogar weniger als 1 Hektar. Diese Zersplitterung erklärt die starke Stellung der Genossenschaften: Über 85 Prozent der Erzeugung sind Genossenschaftsweine. Diesen *coopératives* ist ein großer Teil der positiven Veränderungen in den letzten Jahrzehnten zu verdanken. Sie führten u.a. einen neuen Rebenmix (vor allem der Anteil der Grenache nahm zu), neue Vinifikationsverfahren (bekanntestes Beispiel: die *macération carbonique)* und ein erheblich verbessertes Absatzsystem ein. Auch andere Entwicklungen haben dazu beigetragen, daß das Rhônetal heute als eines der wichtigsten französischen Weinbaugebiete gilt. Es wird nicht nur viel Wein erzeugt, sondern auch ein breites Spektrum unterschiedlicher Sorten, und zwar auf allen Preisebenen.

Sechs Departemente

Wenn man das Gebiet der benachbarten Ardèche zur Rhône hinzurechnet, dann umfaßt das Weinbauareal heute über 60000 Hektar – gegenüber dem Beginn der fünfziger Jahre eine Steigerung auf fast das Vierfache. Während Bordeaux nach wie vor unangefochten an der Spitze steht, ist das Rhônetal inzwischen hinter dem Languedoc hinsichtlich der bestockten Fläche auf den dritten Rang vorgerückt. Die Rebgärten beginnen im Norden hinter Vienne und reichen im Süden bis hinter Avignon. Dies ist eine Entfernung von etwa 200 Kilometer. Das Weingebiet liegt in sechs Departementen: Rhône, Haute-Loire, Ardèche, Drôme, Gard und Vaucluse. Diese Namen sind teilweise auch die Namen von Nebenflüssen der Rhône. Von Westen her ergießen sich u.a. die Ardèche und der Gard in die Rhône, von Osten her die Isère, die Drôme

VIEL OBST

Zwischen Valence und Montélimar, einem Gebiet mit einem Übergangsklima, spielt der Obstbau eine sehr wesentliche Rolle. Aprikosen, Birnen, Pfirsiche und viele andere Sorten gedeihen hier hervorragend.

Überreste aus der Römerzeit in Vaison-la-Romaine.

und die Durance. Von der riesigen Weinbaufläche liegt nur ein kleiner Teil im nördlichen Rhônetal. Die Rebgärten der Departemente Rhône und Haute-Loire sind sehr klein. Auf ihrem Lauf nach Norden stößt die Rhône auf das Zentralmassiv, in das sie ihr Bett eingegraben hat. Die Rebstöcke stehen hier vielfach auf steilen, terrassierten Hängen mit einer nur wenige Zentimeter dikken Bodenschicht. Nach Süden zu wird das Tal weiter, und die Hügel werden flacher. Viele haben Plateau-Charakter. An manchen Stellen reichen die Rebgärten Dutzende von Kilometer in das Hinterland der sonnenverwöhnten südlichen Rhône hinein.

Daß die Bodenarten und die Klimabedingungen in einem so großen Gebiet wie der Rhône sehr unterschiedlich sind, versteht sich von selbst. Dementsprechend kann das Gebiet mit einer großen Vielfalt von Weinen aufwarten. Von der nördlichen Rhône kommen Rot- und Weißweine. Die mittlere und südliche Rhône liefert außer Rot- und Weißwein auch Rosé. Außerdem findet man süße *vins doux naturels* und weiße Schaumweine. Der Schwerpunkt liegt jedoch deutlich auf dem Rotwein, der etwa 95 Prozent der Erzeugung ausmacht.

Windgewalten

Die Rhône und ihre Nebenflüsse könnten ein Paradies sein – wenn der Wind nicht wäre. Im Frühjahr und Sommer bläst oft tagelang der Mistral, ein kräftiger nördlicher oder nordwestlicher Wind. Sein Name kommt von *maestral,* der Herr, der Meister. Diesen Namen trägt er zu Recht. Rastlos braust er mit zerstörerischer Kraft und Geschwindigkeiten bis zu hundert Stundenkilometern über das Land. Bei der Bepflanzung ihrer Rebgärten müssen die Winzer daher auch die Windrichtung berücksichtigen. Dichte Zypressenhecken um ihre Häuser und Äcker dämpfen die Gewalt des Windes. Wer hier seinen Urlaub verbringt, sollte auch im Sommer Jacke oder Weste mitbringen; wenn der Mistral einmal eingesetzt hat, kann es manchmal eine Woche dauern, bis seine Kraft erschöpft ist.

Gegen Ende des Sommers tritt ein anderer Wind auf, der Scirocco oder Siroco. Sein arabischer Name ist Charqui, sein marokkanischer Chergui. Dieser aus der Sahara kommende Südostwind ist in der Regel heiß und trocken. Gelegentlich bringt er jedoch auch Regenschauer mit.

BLOND UND BRAUN

Die Weine von der Côte Blonde und der Côte Brune, den besten Hängen der Côte Rôtie, werden häufig miteinander vermischt. Einige Erzeuger füllen sie jedoch getrennt ab. Wirklich köstlich (und kostbar) sind die Côtes Blondes von de Boisseyt, Albert Dervieux, Guigal, Vidal-Fleury u. a. Die kräftigeren Côtes Brunes von Albert Dervieux, Gentaz-Dervieux und Guigal sind ebenfalls Kostbarkeiten.

Die südliche Rhône wird von großen Plateaus mit Rebstöcken geprägt. In der Ferne sieht man die zackigen Konturen der Dentelles de Montmirail, zu deren Füßen Gigondas liegt.

Keller in Vacqueyras, einer Gemeinde, aus der Weine kommen, die zu den besten der Côtes du Rhône-Villages gehören.

Gebietsweine
Im Rhônegebiet gibt es einige allgemeine Appellationen. Unter die einfachste von ihnen, die aus dem Jahre 1937 stammende Herkunftsbezeichnung Côtes du Rhône, fällt das Gros der Weine, vor allem im südlichen Teil. Die für diese Herkunftsbezeichnung in Frage kommende Fläche hat im Laufe der Jahrzehnte enorm zugenommen. Auch der höchstzulässige Hektarertrag ist heute höher als bei der Schaffung der Herkunftsbezeichnung und beträgt 50 Hektoliter je Hektar.

Im Jahre 1953 erhielten vier Gemeinden der Côtes du Rhône das Recht, ihren Namen auf dem Etikett anzugeben. Eine der vier, nämlich Gigondas, hat inzwischen eine eigene Appellation contrôlée. Auf die im Jahre 1967 geschaffene Herkunftsbezeichnung Côtes du Rhône-Villages haben zur Zeit siebzehn Gemeinden Anspruch, die in drei Departementen liegen.

Der Ort Condrieu, aus dem ein sehr seltener weißer Rhônewein kommt. Die Weinterrassen sind deutlich zu erkennen.

Im Bezirk Côte Rôtie werden die Schößlinge des Syrah an vier Stangen erzogen.

Amerikanischer Vergleich

Thomas Jefferson, der spätere Präsident der Vereinigten Staaten, verglich den Weißwein von Rochegude mit den besten von Lissabon. Rochegude ist einer der Orte der Côtes du Rhône-Villages, der heute allerdings fast nur noch Rotwein erzeugt.

In Drôme: Rochegude, Rousset, Saint-Maurice-sur-Eygues, Saint-Pantaléon-les-Vignes und Vinsobres.

In Vaucluse: Beaumes-de-Venise, Cairanne, Rasteau, Roaix, Sablet, Ségueret, Valréas, Vacqueyras und Visan.

In Gard: Chusclan, Laudun und Saint-Gervais.

Zwei der Gemeinden in Vaucluse – Beaumes-de-Venise und Rasteau – bringen unter einer eigenen Herkunftsbezeichnung auch einen *vin doux naturel* auf den Markt.

Robert Jasmin, ein qualitätsbewußter Winzer der Côte Rôtie.

Strenge Vorschriften
Die Weine der Côtes du Rhône-Villages dürfen sowohl unter einem Gemeindenamen als auch unter der Gemeindeherkunftsbezeichnung angeboten werden. Das Gebiet der Côtes du Rhône-Villages umfaßt nur etwa ein Zehntel der Côtes du Rhône. Die Erzeugung unterliegt strengen Vorschriften. Der zulässige Hektarertrag ist niedriger, der Mindestalkoholgehalt höher, und für die Rebsorten gelten detaillierte Vorschriften. In verschiedenen *villages* sind Genossenschaften die führenden Erzeuger. Diese Betriebe verarbeiten zwar große Mengen Wein, doch ist dies nicht zum vornherein ein Nachteil für die Weinqualität. Die *cave coopérative* von Chusclan etwa ist hervorragend ausgestattet, arbeitet nach strengen Richtlinien und bringt eine Reihe vorbildlicher Weine auf den Markt. Auch die Genossenschaften von Visan und Vacqueyras (einer Gemeinde, in der die durchschnittliche Qualität ohnehin hoch ist) genießen einen guten Ruf. Ebenso erzeugen viele Privatgüter sehr ansprechende Côtes du Rhône-Villages. Es sind Weine darunter, die renommierteren Rhône-Appellationen kaum nachstehen.

Nördliche Rhône

Unweit von Lyon liegen am Westufer der Rhône die nördlichsten Rebgärten des Tals. Meist sind es steile Hanglagen, die im Terrassenbau kultiviert werden. Der Boden ist granithaltig und reich an Mineralen. Die Sonne kann die Süd- oder Südosthänge intensiv bescheinen, so daß die Trauben optimal reifen. Zudem staut sich hier die Sonnenwärme, weil das Rhônetal in diesem Bereich relativ schmal ist. Diesen Vorteilen steht auch ein Nachteil gegenüber: Die Weinberge sind praktisch nur von Hand und mit großem Aufwand zu bearbeiten.

Die einzige blaue Rebe in diesem Gebiet ist der Syrah. Nirgendwo sonst ergibt diese farbkräftige Sorte so prachtvolle Weine. Sie können verfeinert und kraftvoll zugleich sein mit viel Tannin und großer Duft- und Geschmacksintensität. Nicht selten mischen die Winzer ein wenig weiße Trauben zu den blauen, um dem Wein Milde und Geschmeidigkeit zu verleihen. Dies ist rechtlich zulässig. Der Anteil der weißen Trauben schwankt zwischen einigen wenigen und etwa fünfzehn Prozent. Die dafür verwendete weiße Rebsorte ist der Viognier, aus dem auch reinsortige Weine erzeugt werden. Die Rebe, liebevoll auch «goldener» Viognier genannt, wurde schon von den Römern angepflanzt, vielleicht auch von den Griechen. Sie ist sehr empfindlich und anfällig, weshalb der Ernteertrag sehr unregelmäßig ausfällt. So kann etwas zuviel Feuchtigkeit im zeitigen Frühjahr bereits das Ende der Pflanze bedeuten. Die nördliche Rhône ist eines der wenigen Gebiete in der Welt, wo der Viognier mit einigem Erfolg gedeiht.

Côte Rôtie
Etwa 7 Kilometer südlich von Vienne, einer bedeutenden Römersiedlung, beginnen die Weinberge der Côte Rôtie, wörtlich «gerösteter Hang». Sie liegen rings um Ampuis auf extrem steilen Hängen. Dieses Herkunftsgebiet trägt seinen Namen zu Recht. Die Côte Rôtie besteht aus zwei Großlagen, der Côte Brune und der Côte Blonde mit eisenhaltigem bzw. kalkhaltigem Boden. Der Farbunterschied der beiden Bodenarten ist so ausgeprägt, daß sich Legenden um diese Tatsachen ranken. So soll vor langer Zeit ein Vater seinen beiden Töchtern, einer Dunklen und einer Blonden, diesen Grund vererbt haben. Se non è vero, è ben trovato, sagen die Italiener: «Wenn es nicht wahr ist, so ist es zumindest gut erfunden.» Auch hier ergeben die unterschiedlichen Bodenarten verschiedene Weine. Der von dem eisenhaltigen Boden ist etwas fester und reservierter als der andere, der leichter, geschmeidiger und milder schmeckt. Allerdings hat man nicht oft Gelegenheit, die beiden Weine nebeneinander zu verkosten, da sie meist miteinander vermischt werden. Der Côte Rôtie gehört zu den größten Rotweinen der Rhône. Seit das Anbaugebiet Ende der sechziger Jahre um 20 Hektar auf einem Hochplateau erweitert wurde, erreicht die Qualität allerdings nicht mehr in allen Fällen höchstes Niveau. Einen klassischen Côte Rôtie kann man als einen aromatischen, delikaten und kraftvollen Wein mit hohem Tanningehalt beschreiben. Er muß mindestens sechs, nicht selten zehn Jahre reifen, bis sich sein herrliches Bukett von Waldveilchen und Himbeeren ganz entwickelt hat.

Der geschützte Rebgarten von Château Grillet besitzt eine eigene kontrollierte Herkunftsbezeichnung.

Condrieu
Wo das Gebiet der Côte Rôtie endet, beginnt Condrieu, ein Herkunftsgebiet, das noch viel kleiner ist. Die Topographie ist praktisch dieselbe wie in der Côte Rôtie: steile Hänge und Terrassenbau. Die Böden sind von etwas leichterer Struktur, und es wird nur Weißwein erzeugt. Dies ist das Reich des Viognier. Diese empfindliche Rebe gedeiht hier gut, zum Teil wegen des fast ständig wehenden Windes, der für eine gute Durchlüftung der Rebgärten sorgt, so daß die Stöcke gesund bleiben. Der Condrieu ist ein verfeinerter, fruchtiger Wein mit Veilchenduft. Der trockene, milde Wein hat einen hohen Alkoholgehalt, nicht selten 13 bis 14 Prozent, und will jung getrunken werden, zum Beispiel zu Flußkrebsen, Süß- und Salzwasserfisch, Geflügel und hellem Fleisch.

Château Grillet
Ein kleiner Teil des ohnehin kleinen Condrieu-Gebiets, eine Lage von nur 2,5 Hektar, hat das Recht auf eine eigene Herkunftsbezeichnung. Château Grillet, im Süden des Dorfs Vérin gelegen, ist die kleinste Appellation des Rhônetals. Das auf mittelalterlichen Fundamenten errichtete Château ist schon seit gut eineinhalb Jahrhunderten Eigentum der Familie Neyret-Gachet. Das Gut – Château wie Rebgärten – liegt auf steinigen Terrassen in einem natürlichen Amphitheater. Durch das besondere Mikroklima bleibt die Sonnenwärme lange gespeichert. Auch hier ist der Viognier die einzige Rebe. Er liefert hier im Gegensatz zu Condrieu einen Wein, dem fünf bis sechs Jahre Flaschenreife guttun. Der aromatische, elegante, würzige, trockene Wein zeichnet sich zunächst durch ein üppiges Blumenbukett aus; im Laufe der Zeit entwickeln sich dann Anklänge von Honig und Moschus. Château Grillet ist zu Fleisch ebenso köstlich wie zu Fisch. Der sehr teure, exklusive Wein kommt in einer braunen Schlegelflasche auf den Markt.

Mittlere Rhône

Langwieriger Bau

Im Auftrag von Papst Johannes XII. wurde nicht weniger als fünfzehn Jahre an dem «neuen» Schloß des heutigen Châteauneuf-du-Pape gebaut. Der Papst konnte sich seiner neuen Residenz nur ein Jahr erfreuen, bis er 1334 starb. Leider ist von dem Bau nur noch eine Ruine übrig.

Das Gebiet der Mittleren Rhône umfaßt die Gegend bis Montélimar. Es gibt hier Abschnitte, in denen intensiv Weinbau betrieben wird, aber es kann auch sein, daß man kilometerweit keinen Rebstock zu Gesicht bekommt. Erstmals findet man hier auch Rebgärten am Westufer des Tals, vor allem bei Tain-l'Hermitage. Der Syrah, der in der Côte Rôtie so faszinierende Weine liefert, fällt in der Mittleren Rhône unterschiedlicher aus. Auch hier ist diese Rebe die einzige Rotwein-Rebe. Bei den weißen Rebsorten spielen Roussanne und Marsanne die Hauptrolle. Der Roussanne reift spät und bringt ziemlich niedrige Erträge. Die Weine zeichnen sich indes durch Vitalität, Charakter und Finesse aus; zudem sind sie häufig sehr haltbar. Trotzdem wird der Roussanne allmählich vom Marsanne verdrängt, der mehr Wein liefert, wenn auch mit weniger Aroma, Rasse, Verfeinerung und Persönlichkeit. Im Tal der Drôme werden sowohl Clairette- als auch Muskatreben zu Schaumweinen verarbeitet.

Saint-Joseph
Der langgestreckte Bezirk Saint-Joseph folgt auf einer Länge von 55 Kilometer als schmales Band dem westlichen Rhône-Ufer. Anfangs galt die 1956 geschaffene Herkunftsbezeichnung für sechs Gemeinden, u.a. Tournon und Mauves. Zwischen diesen beiden Orten liegt der Weinberg, dem der Bezirk seinen Namen verdankt. Im Jahre 1969 wurde die Herkunftsbezeichnung Saint-Joseph auf 26 Orte ausgedehnt. Unter dieser Appellation erscheinen hauptsächlich Rotweine, aber es gibt auch eine weiße Version. Die besten Rotweine kommen von Steilhängen mit verwittertem Granit, doch stehen auch Reben auf flachem Gelände mit Lehm und Kalk. Dies bedeutet, daß nicht aller Saint-Joseph das gleiche Niveau hat; hinzu kommt noch der Effekt der unterschiedlichen Verfahren bei der Weinbereitung. In diesem Bezirk arbeiten einerseits gut ausgebildete Winzer mit modernen Geräten, andererseits weniger fachkundige Erzeuger mit veralteten Apparaturen. Es gibt recht grobe, sogar unangenehme Sorten Saint-Joseph, die in einem starken Kontrast zu den wirklich guten Weinen aus diesem Bezirk stehen. Weine der letzteren Kategorie haben eine gesunde rote Farbe, einen festen, aber nicht schweren Geschmack und eine angenehme Dosis Frucht (schwarze Johannisbeeren, Himbeeren, Erdbeeren). Wegen der unterschiedlichen Böden und Arbeitsweisen gibt es auch beim weißen Saint-Joseph erhebliche Unterschiede.

August Clape, der Nestor von Cornas.

Rechts oben:
Hoch auf dem Hermitage-Hügel steht eine kleine Kapelle. Tain-l'Hermitage zu Füßen des Felsens ist über Brücken mit Tournon verbunden.

Hermitage
Wie Bordeaux liegt auch das Weingebiet Hermitage auf dem 45. Breitengrad. Der mächtige Granitfelsen von Hermitage zwingt die Rhône, ihren Lauf zu ändern und nach Osten abzubiegen. Nach der Überlieferung geht der Name Hermitage auf einen Kreuzritter zurück, der im 13. Jahrhundert beschloß, die Fahrt ins Morgenland hier zu beenden und fortan als Eremit zu leben. Die kleine Kapelle, die heute dem Haus Paul Jaboulet Aîné gehört, soll noch von diesem Namensgeber stammen. Am Fuße des Felsens liegt die kleine Stadt Tain-l'Hermitage. Sie ist durch mehrere Brücken mit Tournon am anderen Ufer des Flusses verbunden. Die Hermitage-Weinberge liegen an der Südseite des Hügels, wo die Rebe ideale Bedingungen findet. Dies dürften auch die Phönizier gewußt haben, die hier vermutlich schon vor 2500 Jahren ihren lokalen Wein tranken. Der Granitboden sagt besonders dem Syrah zu, der auch da großartige Weine liefert. Von den 125 Hektar Rebfläche sind drei Viertel mit dieser Rebe bepflanzt. Wo der Boden mehr Sand und Lehm enthält, wachsen die weißen Reben Roussanne und Marsanne. Deren Trauben können zwei verschiedene Wege gehen. Entweder liefern sie den weißen Hermitage, oder sie kommen in den roten Hermitage, dem sie bis zu einem Anteil von 15 Prozent beigemischt werden dürfen.

Das Hermitage-Gebiet kann in keiner Weise erweitert werden. Die Winzer mögen dies bedauern; es ist aber eine Garantie für konstante Qualität. Hermitage ist eigentlich in jedem Jahr gelungen. Feuchte Witterung kann den Reben nicht viel anhaben; das Zuviel an Regen versickert schnell in den durchlässigen Böden, und bevor die Trauben faulen können, hat sie der Mistral schon wieder getrocknet. Roter Hermitage ist ein majestätischer Wein, tief rubinrot, funkelnd, verfeinert, ausladend, robust, alkohol- und tanninreich und sehr lange nachtönend. Der Wein muß lange reifen, möglichst einige Jahrzehnte. Selbst dann noch erweist sich die älteste Flasche häufig als die beste. Weißer Hermitage ist ebenfalls ein prachtvoller, komplexer Wein, auch wenn sein Säuregehalt niedrig ist. Er kann hervorragend altern, wird in der Regel aber jung getrunken.

Werbeschild in Crozes-Hermitage.

Crozes-Hermitage
Die Rebgärten von Crozes-Hermitage bilden die Umrahmung für jene von Hermitage. Zu einem geringen Teil liegen sie in einem kleinen Gebiet im Norden auf den Granithügeln beim Dorf Crozes-Hermitage. Der weitaus größere Teil von ihnen liegt östlich und südlich des Hermitage-Felsens. Vor allem dort wurde das Gebiet, das über 800 Hektar groß ist, stark erweitert. Viele Reben stehen auf flachem, sandigem Boden.

Die Reben und weitgehend auch die Erzeugungsbedingungen sind die gleichen wie beim Hermitage, doch erreichen auch die besten Weine nicht die Komplexität und Fülle eines Hermitage. Sie schmecken stets leichter und unkomplizierter als ihr aristokratischer großer Bruder. Dennoch verdienen die besseren Weine aus diesem Bezirk alle Aufmerksamkeit, nicht nur wegen ihrer guten Struktur und ihres fast generösen Geschmacks, sondern auch wegen des erfreulichen Verhältnisses zwischen Preis und Qualität.

Cornas

Die Rebgärten des Bezirks Cornas – wir befinden uns wieder am westlichen Rhône-Ufer, das hier ziemlich breit ist – schließen an die von Saint-Joseph an. Sie liegen in der Gemeinde Cornas etwa 6 Kilometer nordwestlich von Valence. Der Weinbau in Cornas entwickelte sich kurz nach dem der Côte Rôtie und von Hermitage. Der Name Cornas geht auf ein keltisches Wort zurück, das «versengte Erde» und damit etwas ähnliches bedeutet wie Côte Rôtie. Das Mikroklima von Cornas ist recht trocken und warm; die geschützten Rebgärten sind in Terrassen auf den letzten Ausläufern der Cevennen angelegt. Cornas ist nur ein kleiner Bezirk, aber der Wein kann eine außerordentliche Qualität erreichen und mindestens so gut sein wie derjenige der Côte Rôtie. Typisch für einen guten Cornas sind eine konzentrierte Farbe, ein markanter Duft, der häufig sowohl Frucht (kleine rote Beeren) als auch Bitterschokolade zu bieten hat, und ein fleischiger, extraktreicher Geschmack. In seiner Jugend ist er oft von herber Frische, die jedoch im Laufe der Jahre verschwindet. Für einen Cornas empfehlen sich mindestens drei bis fünf Jahre Flaschenruhe.

Saint-Péray

Mit Cornas klingen die Rotweine aus diesem Teil der Rhône in einem großen Finale aus. Die Rebgärten von Saint-Péray auf der anderen Seite von Valence, die sich im Süden an Cornas anschließen, haben eine ganz andere Struktur. Der Granitboden ist hier mit Kies und anderen Flußsedimenten bedeckt, so daß sich der Boden mehr für den Anbau von weißen als von blauen Reben eignet. Das wußten schon die Römer, die den Weißwein aus dieser Gegend in höchsten Tönen priesen. Saint-Péray ist ein kleiner Bezirk, der infolge des Baulandbedarfs der wachsenden Stadt Valence immer mehr schrumpft. Die Weine der Appellation, die ausschließlich vom Roussanne und Marsanne kommen, werden überwiegend nach der *méthode champenoise* zu Schaumwein verarbeitet. Qualitativ ist dieser Weintyp kaum ein Erfolg. Wegen seines geringen Säuregehalts mangelt es ihm häufig an der Frische, die moussierenden Wein so reizvoll machen kann. Stiller Saint-Péray hat mehr zu bieten und kann ordentlich bis gut sein. Sehr verfeinert ist auch dieser Wein nicht; die besseren Sorten sind indes durchaus ansprechend.

Der Name Cornas ist von Cornatico *oder* Cornatis *abgeleitet, zwei Namen, die im 9. Jahrhundert erstmals schriftlich erwähnt wurden. In diesem Ort lebt nur etwa ein Dutzend Menschen, und zwar ausschließlich vom Weinbau.*

Königliche Tafel

Bei Serves, einem Ort von Crozes-Hermitage, liegt in der Rhône ein großer flacher Felsen. Hier hat Ludwig XIII. im Jahre 1642 Rast gemacht, als er über den Fluß getragen wurde. Dabei wurde auch gegessen und Wein getrunken. Seither heißt der Felsen «La Table du Roi».

Café in Saint-Péray, einem Dorf, aus dem sowohl Schaumweine als auch weiße Stillweine kommen.

In der Stadt Die muten die Häuser schon provenzalisch an. Die Weine des Orts sind weiß und schäumend.

INSPIRIEREND

Richard Wagner ließ im Jahre 1877 hundert Flaschen Saint-Péray nach Bayreuth kommen. Vielleicht inspirierte ihn der Wein für seine Oper Parsifal, die er damals gerade komponierte.

Clairette de Die

Das Tal der Drôme, eines Nebenflusses der Rhône, ist ein attraktives Feriengebiet. Dies gilt insbesondere für die Gegend östlich von Crest, einer malerischen alten Stadt, wo das Tal schmal und lieblich, die Berge hoch und die Hänge bewaldet oder mit Ginster geschmückt sind. Die Römer wußten, warum sie sich hier niederließen. Schon zur Zeit von Kaiser Augustus stand die Stadt Die, die damals Dea Vocantiorum hieß. Plinius der Ältere, der einige Zeit als Prokurator in dieses Gebiet abgestellt war, beschreibt den Wein von Die als den besten natursüßen Wein des ganzen römischen Kaiserreichs. In Die erinnert noch viel an die römische Vergangenheit, und es wird, unter der Herkunftsbezeichnung Clairette de Die, immer noch Wein erzeugt. Es handelt sich um zwei Schaumweintypen, die sich hinsichtlich der verwendeten Reben wie auch des Erzeugungsverfahrens unterscheiden. Die in Frage kommenden Rebsorten sind Muscat à petits grains und Clairette.

Für das ältere Verfahren, die *méthode dioise,* müssen mindestens 50 Prozent Muskattrauben verwendet werden; in der Praxis liegt dieser Anteil meist bei 75 bis fast 100 Prozent. Der Wein wird abgefüllt, bevor er völlig durchgegoren ist. Die unterbrochene Gärung setzt sich in der Flasche fort, und die dabei entstehende Kohlensäure verhilft dem Wein zu seinen Bläschen. Auch nach Beendigung der Flaschengärung bleibt etwas Restsüße erhalten. Dieser Schaumwein des Typs «Tradition» ist herrlich fruchtig, mild und sehr reintönig: ein köstliches, vollkommen natürliches Erzeugnis.

Heute wird mehr Wein nach der *méthode champenoise* erzeugt. Für dieses Verfahren werden mindestens 75 Prozent Clairette verwendet. Hinsichtlich des Charakters wie auch der Qualität ergibt die Méthode champenoise einen etwas weniger interessanten Wein. Wie die Herkunftsbezeichnung schon sagt, ist die Stadt Die das Zentrum der Erzeugung. Hier hat auch eine große regionale Genossenschaft ihren Sitz.

Östlich von Die liegt der Bezirk Châtillon-en-Diois. Von hier kommen einfache Weißweine von Aligoté und Chardonnay sowie gewöhnliche Rotweine, die zu mindestens drei Vierteln aus Gamay erzeugt werden.

SÜSSER ABSCHLUSS

Süße Muskatweine wie Muscat de Beaumes-de-Venise sind eigentlich viel bessere Begleiter zu wirklich süßen Desserts als die dafür häufig verwendeten Sauternes. Die Weine haben außerdem den Vorteil, daß sie sich lange im Kühlschrank halten.

Südliche Rhône

Die südliche Rhône liefert bei weitem die größte Menge Wein. Dies hängt natürlich auch damit zusammen, daß das Tal der Rhône im Gegensatz zum Oberlauf hier sehr breit ist. Auch in anderer Beziehung gibt es erhebliche Unterschiede zwischen Nord und Süd. Steile Hänge gibt es hier nicht mehr, und an Stelle des Granitbodens findet man eher mineralarme, kalkhaltige Lehm- und Kiesböden. Auch das Klima ist anders; die Hügel von Donzère bilden diesbezüglich die Grenze. Es herrscht hier ein mehr mediterranes Klima mit trockenen, heißen Sommern. Die Niederschläge fallen periodisch. Auf Grund dieser ganz anderen Witterungsverhältnisse findet man auch ein anderes Rebensortiment. Bei den blauen Trauben spielt der Grenache mit etwa 70 Prozent eindeutig die Hauptrolle. Diese Rebe ist unempfindlich gegen Trockenheit und liefert hohe Erträge. Karge Böden sagen ihm zu; er ergibt fruchtige Weine mit reichlich Alkohol. Auf fetten Böden dagegen liefert er Weine ohne Charakter. Praktisch immer erweist es sich als vorteilhaft, Wein von anderen Reben hinzuzufügen. Dafür stehen Syrah, Cinsault und Mourvèdre zur Verfügung.

Coteaux du Tricastin
Der erste Bezirk der südlichen Rhône ist Coteaux du Tricastin hinter der Nougat-Stadt Montélimar. Das Gebiet liegt östlich des Flusses zwischen Donzère und dem 20 Kilometer südlich gelegenen Bollène. Aus diesem fast quadratischen Bezirk kommt heute eine große Menge Wein von durchweg guter Qualität. Dies war nicht immer so. Die ersten Reben pflanzten hier vermutlich die Römer. Bis weit in das 19. Jahrhundert hinein spielte der Weinbau eine wichtige Rolle, bis auch hier wie anderswo die Reblaus den Weinbau zum Erliegen brachte. Die meisten Winzer glaubten nicht mehr an eine Zukunft des Weinbaus und pflanzten Trüffeleichen. Deshalb ist das Gebiet heute noch ein bedeutender Lieferant von Trüffeln. Als in den sechziger Jahren französische Winzer aus Algerien nach Frankreich zurückkehrten, suchten sie Brachland, das sie mit Reben bepflanzen konnten – und fanden das Tricastin. Seither fand in diesem Gebiet eine dramatische Entwicklung des Weinbaus statt. Als die Rückwanderer hierher kamen, waren nicht einmal 400 Hektar bestockt; heute sind es bereits 1700 Hektar, und die bestockte Fläche nimmt weiter zu. Boden, Klima und Rebenmix ähneln sehr denjenigen der eigentlichen Côtes du Rhône. Für die Winzer ist es ein großer Nachteil, daß sie ihre ansprechenden Weine (über 90 Prozent Rotweine) nicht unter der Herkunftsbezeichnung Côtes du Rhône verkaufen dürfen. Daß den Weinen dieses Recht versagt ist, ist schwer zu verstehen, da sie sich von einem Côtes du Rhône kaum unterscheiden lassen. Sie sind höchstens eine Spur leichter; daneben zeichnen sie sich meist durch angenehme Geschmeidigkeit und etwas Frucht aus. Seit 1973 hat Coteaux du Tricastin AC-Status.

Verstärkte Weine
Wie bereits erwähnt, erzeugen zwei der Gemeinden aus der Gruppe der Côtes du Rhône-Villages auch einen *vin doux naturel,* einen mit Alkohol verstärkten süßen Dessertwein. Indem dem gärenden Most Alkohol hinzugefügt wird, steigt der Alkoholgehalt über 15 Prozent, so daß die Gärung zu einem Zeitpunkt abgebrochen wird, da noch nicht aller Zucker umgesetzt ist. Für diesen Wein werden in Beaumes-de-Venise ausschließlich Muskattrauben benutzt, Muscat à petits grains blanc und Muscat à petits grains rouge, die wegen der vorteilhaften Lage der Rebgärten perfekt reifen. Der Wein hat ein stiebendes Bukett, in dem unverkennbar Aprikosen und Pfirsiche vorhanden sind. Der *vin doux naturel* aus Rasteau ist ein Grenache-Wein mit einem Alkoholgehalt von 22 Prozent. Von diesem Wein gibt es eine bernsteinfarbene und eine rote Version. Die seltene zweite Variante ist die authentische und entsteht durch Vergärung des Mosts mit den Beerenschalen.

Weinchanson

Einigen berühmten französischen Weinen wurden Chansons gewidmet. Zu ihnen gehört La Romanée-Conti aus dem Burgund, aber auch der Rosé von Tavel. Das Lied heißt «Vive le vin de Tavel».

Rebstöcke im Spätherbst bei Gigondas.

Luftig bekleidete Damen zieren die Fassade von Château Raspail in Gigondas. Das Gut gehört der Familie (Gabriel) Meffre, einem der größten Rebengrundbesitzer von Frankreich.

Gigondas

Von Rasteau aus findet man Beaumes-de-Venise in südöstlicher Richtung. Zwischen diesen beiden Orten erstrecken sich die Rebgärten der Appellation Gigondas, die im Jahre 1971 vergeben wurde. Davor kamen die Weine 20 Jahre lang als Côtes du Rhône-Villages auf den Markt. Ein kleiner Teil der Erzeugung ist ein zu Kopf steigender Rosé; alles übrige ist Rotwein. Der Mindestalkoholgehalt ist 12,5 Prozent, der wegen des hohen Grenache-Anteils von 60 Prozent ohne weiteres erreicht wird. Die warmen, vollblütigen Weine sind gut strukturiert und kraftvoll: einen echten Gigondas kann man fast kauen. Die Rebsorten unterscheiden sich kaum von jenen des Châteauneuf-du-Pape, mit dem sich die besten Gigondas durchaus messen können.

Châteauneuf-du-Pape mit der mächtigen Mauer, die vom ehemaligen päpstlichen Schloß noch erhalten ist.

Sehr charakteristisch für die Rebgärten von Châteauneuf-du-Pape ist die dicke Schicht Steine. Diese speichern die Sonnenwärme für die häufig kühlen Nächte.

ALTE TRAUBENKERNE

Auch die Römer haben bei Tavel schon Wein erzeugt. So entdeckte man in der Nähe dieses Orts die Reste einer Römersiedlung mit einem Brunnen, in dem man viele Traubenkerne fand.

Châteauneuf-du-Pape

Châteauneuf-du-Pape, auf einem Plateau südlich der Stadt Orange und in dessen Umkreis gelegen, ist die älteste Herkunftsbezeichnung Frankreichs. Sie wurde Mitte Mai 1936 in das Verzeichnis der Appellations contrôlées eingetragen. Mehr noch als anderswo in Frankreich ist die Geschichte des Weinbaus hier mit der Geschichte der Kirche verbunden. Von 1309 bis 1377 war Avignon die Residenz von sieben Päpsten. Dies spielte für die Entwicklung des Weinbaus eine ganz besondere Rolle. Dennoch konnte sich der Wein erst Anfang des 18. Jahrhunderts als wichtigstes Landbauprodukt durchsetzen. Bis dahin lag der Schwerpunkt auf der Olivenölerzeugung und der Schafzucht. Der Châteauneuf-du-Pape wurde von Anfang an einer strengen Qualitätskontrolle

Die Schloßruine von Châteauneuf-du-Pape aus der Nähe. An dem Bau wurde im 14. Jahrhundert fünfzehn Jahre lang gearbeitet.

unterzogen. Aus dem Jahre 1717 gibt es eine Vorschrift, nach der nur Trauben aus dem Gemeindegebiet verarbeitet werden durften. Die im Jahre 1923 auf Betreiben von Baron Le Roy de Boiseaumarié (Eigentümer von Château Fortia) aufgestellten strengen Richtlinien bildeten die Grundlage für die heute noch gültigen Erzeugungsnormen. Der Boden enthält an vielen Stellen roten Lehm, der von einer dicken Schicht Steine bedeckt ist. Diese speichern tagsüber die Sonnenwärme, die sie nachts wieder abgeben, so daß die Trauben hervorragend reifen. An einigen anderen Stellen des gut 3000 Hektar großen Bezirks enthält der rote Lehm Kalkstein, Kies, Mergel und teilweise auch Sand. Für die Appellation sind dreizehn verschiedene Rebsorten zugelassen, acht blaue und fünf weiße. Die zulässigen blauen Reben sind Grenache, Syrah, Mourvèdre, Terret noir, Counoise, Muscardin, Vaccarèse und Cinsault. Von den weißen Rebsorten dürfen Clairette, Picpoul, Picardan, Roussanne und Bourboulenc angebaut werden. Die weißen Trauben werden teils für den Rotwein verwendet, teils liefern sie weißen Châteauneuf-du-Pape. Einige wenige Besitzungen wie z. B. die Domaine de Nalys haben das gesamte Sortiment der dreizehn Reben angepflanzt.

Dies ist aber die große Ausnahme; bei den meisten Winzern stehen nicht mehr als vier bis fünf verschiedene Rebsorten. Welche dies sind, ist von Gut zu Gut unterschiedlich. Aus kommerziellen Gründen ist der Grenache zur bei weitem wichtigsten Rebe geworden. Ein großer Teil des Leseguts wird heute nach dem Verfahren der *macération carbonique* verarbeitet. Auf dem Etikett ist über das angewandte Erzeugungsverfahren nichts angegeben, was manchmal zu unerwünschten Überraschungen führen kann. Weine, die nach dem Verfahren der Macération carbonique erzeugt werden, sind leichter (und fruchtiger) als der traditionelle Typ Châteauneuf-du-Pape; gleichzeitig ist der Wein geschmeidiger und früher trinkreif. Ein klassischer Châteauneuf-du-Pape dagegen ist ein purpurfarbener, voller, alkoholreicher Wein. Es ist, als ob die südfranzösische Sonne in diesem beeindruckenden, langlebigen Wein eingefangen wäre. Ein schöner Châteauneuf-du-Pape besitzt ein komplexes, abgestuftes Bukett, in dem je nach Bodenart, Rebenmix und Erzeuger rote Früchte, Haselnüsse, Anis, Lorbeer, Veilchen, Trüffeln, Pflaumen, Zimt und andere Gewürze oder Kräuter miteinander wetteifern. Dieser mächtige Wein fühlt sich wohl in Gesellschaft von dunklem Fleisch, Wild und Käse. Bevor es jedoch so weit ist, muß man Geduld haben; erst im Laufe der Jahre weicht die rohe Kraft einem samtenen Geschmack.

Nach den Vorschriften für das Herkunftsgebiet ist die Erzeugung von Rosé verboten. Es wird indes ein wenig Weißwein erzeugt. Diese Weißweine waren früher recht breit und plump. Dank neuer Vinifikationsverfahren sind sie heute fruchtig, aromatisch und frisch, aber immer noch hoch im Alkohol. Wie für die Rotweine beträgt der Mindestalkoholgehalt 12,5 Prozent.

Ein Teil des Châteauneuf-du-Pape erscheint in speziellen Flaschen, die am Hals das Wappen der Gemeinde mit den Schlüsseln tragen. Die Verwendung dieser Flasche, der *bouteille écussonnée,* ist jenen Winzern vorbehalten, die ihren Wein selbst abfüllen; in diesen Flaschen findet man in der Regel die beste Qualität.

Côtes du Ventoux

Der umfangreiche Bezirk Côtes du Ventoux liegt östlich der Rebgärten, die Côtes du Rhône liefern. Seit 1973 trägt er die Appellation contrôlée. Wie in den Coteaux du Tricastin haben Rückwanderer aus Afrika hier wichtige Impulse gegeben. In der fruchtbaren, sonnendurchfluteten Landschaft erhebt sich gewaltig das 1912 Meter hohe Massiv des Mont Ventoux. Die Weine der Côtes du Ventoux haben im allgemeinen etwas weniger Farbe und Kraft als die der Côtes du Rhône, doch gibt es Ausnahmen. Man kann hier Weine finden, die mit ihrer Würzigkeit, Festigkeit und der sonnendurchglühten Frucht in Duft und Geschmack bei einer Blindverkostung für einen sehr guten Côtes du Rhône gehalten würden. Die Weine aus diesem Gebiet sollten innerhalb von ein bis zwei Jahren nach ihrer Ernte getrunken werden. Sie stammen überwiegend von Genossenschaften.

Rings um das Massiv des Mont Ventoux erstreckt sich eine fruchtbare, sonnenverwöhnte Landschaft: das Herkunftsgebiet der Côtes du Ventoux.

Château de Ségriès, ein Weingut in Lirac.

Lirac

Am Westufer der Rhône liegen die Rebgärten des Bezirks Lirac, der knapp 500 Hektar in Lirac und drei anderen Gemeinden umfaßt. Die Herkunftsbezeichnung gilt für Rotwein, Weißwein und Rosé, wobei der Anteil der weißen Reben gering ist. Hin und wieder kann der Weißwein überraschend gut sein, aber es mangelt ihm meistens an Säure und Persönlichkeit. Qualitativ und quantitativ stehen Rotwein und Rosé deutlich im Vordergrund. Schon seit Jahrhunderten hat das Gebiet wegen seiner vorzüglichen hellroten Weine und seiner kraftvollen Rosés einen guten Namen. Die wichtigste blaue Rebe ist der Grenache mit einem Anteil von über 40 Prozent, doch tragen auch Cinsault und Mourvèdre ihren Teil zur Qualität bei. Die ausgeglichenen Rotweine reifen recht schnell. Die besten von ihnen sind einschmeichelnd und elegant und zeichnen sich durch ein angenehmes Bukett aus, in dem kleine rote Früchte und Pflaumen zum Vorschein kommen. Im Vergleich mit einem Gigondas oder einem Châteauneuf-du-Pape sind sie weniger körperreich. Das Preis-Qualität-Verhältnis ist noch günstig. Der charakteristische Rosé ähnelt sehr dem von Tavel, ist jedoch etwas feiner, delikater und weniger ausgeprägt.

Tavel

Südlich von Lirac beginnt Tavel, der bei weitem bekannteste Bereich des Westufers. Die etwa 850 Hektar liegen sowohl in der Gemeinde Tavel als auch in einigen Parzellen von Roquemaure. Die Herkunftsbezeichnung geht auf das Jahr 1936 zurück. Auf dem Dach der lokalen Genossenschaft wird stolz verkündet «Tavel 1er Rosé de France». In der Tat gilt vielen der Tavel als der erste Rosé Frankreichs, doch darf bezweifelt werden, ob dieser Ruf noch gerechtfertigt ist. Zu häufig mangelt es einem Tavel an Spritzigkeit und Verfeinerung. Auch die allerbesten Tavel beeindrucken kaum einmal, weil ihnen Tiefe und Nuancierung fehlen. Alkohol ist dagegen stets deutlich vorhanden. Aber auch wenn der Tavel überbewertet ist, bleibt er doch ein Wein mit Niveau. Jung getrunken – höchstens zwei bis drei Jahre nach der Ernte – ist er ein angenehmer Tafelbegleiter. Dies beweist in überzeugender Manier das hervorragende lokale Restaurant Auberge de Tavel.

Von Ginsterbüschen gesäumte Weinberge in den Côtes du Vivarais, einem Bezirk in der Ardèche.

UNHEILVOLLE PREMIERE

Die Reblaus, die Ende des vorigen Jahrhunderts praktisch alle europäischen Rebstöcke vernichtete, wurde zum erstenmal in Lirac gesichtet. Der Parasit wurde offensichtlich mit Rebstöcken eingeschleppt, die ein Winzer aus Amerika importiert hatte.

Ardèche
Ebenfalls am westlichen Rhône-Ufer liegen die Rebgärten von Ardèche im gleichnamigen Departement. Die dort erzeugten Weine gehören offiziell nicht zum Rhônegebiet, was eigentlich unverständlich ist. So liegen die Dörfer der Côtes du Vivarais, des am höchsten eingestuften Ardèche-Weins, näher an der Rhône als viele Rhône-Gemeinden am linken Ufer. Außerdem werden aus praktisch denselben Rebsorten Weine erzeugt, die jenen der Côtes du Rhône sehr ähnlich sind. Innerhalb der Herkunftsbezeichnung Côtes du Vivarais gibt es drei Crus, die man mit den Villages der Côtes du Rhône vergleichen könnte: Orgnac, Saint-Montant und Saint-Remèze. In mancher Hinsicht ist die Ardèche sogar fortschrittlicher als das Rhônegebiet. Eine progressive Gruppe von Genossenschaften hat nämlich in großem Umfang noble Rebsorten aus anderen Gebieten angepflanzt, aus denen sie außerordentlich gelungene Landweine erzeugt. Der Weißwein von der Burgunderrebe Chardonnay ist sogar so gut, daß ihn Louis Latour, eines der renommiertesten Burgunderhäuser, im Sortiment hat. Auch die Bordeauxrebe Cabernet-Sauvignon erbringt immer bessere Ergebnisse. Es gibt auch Privatdomänen, die *vin de pays* aus «importierten» Reben erzeugen. Viele Nordeuropäer kennen Ardèche wegen der Naturschönheiten; es verdient aber auch als Weingebiet immer mehr Beachtung.

Die in Frankreich einmalige Weinuniversität (Université du Vin) von Suze-la-Rousse.

Provence

Der Name Provence kommt von Provincia Romana. Hier gibt es noch unzählige Zeugnisse aus der Römerzeit. Diese hervorragend erhaltene Brücke steht in der Nähe von Bonnieux (Côtes du Lubéron).

Ohne Knoblauch ist die provenzalische Küche nicht denkbar.

Der Name Provence erinnert an die Zeit, als das Gebiet als *Provincia Romana* Teil des Römischen Reiches war. Historisch und geographisch umfaßt die Provence die heutigen Departemente Alpes de Haute-Provence, Alpes-Maritimes, Bouches-du-Rhône, Var und Vaucluse. Das Weingebiet Provence ist jedoch kleiner, weil ein Teil von Vaucluse üblicherweise zum Rhônegebiet gerechnet wird. In diesem Jahrhundert ist die Provence als Urlaubsgebiet sehr in Mode gekommen. Dies liegt nicht zuletzt an dem herrlichen Klima. Die Zahl der jährlichen Sonnenstunden ist hier doppelt so hoch wie in Nordfrankreich. Zudem wird ein großer Teil des Gebiets durch hoch aufragende Bergrücken vor dem kräftigen Nordwind Mistral geschützt. Selbst die Winter sind mild; die Durchschnittstemperatur im Januar beträgt in Nizza 8,3^0 C. Das klare provenzalische Licht läßt die Landschaft in besonders leuchtenden Farben erscheinen, und man versteht, warum so viele Maler hier Inspiration suchten und fanden. Die Kehrseite des warmen Klimas ist die gefürchtete Trockenheit. Die Niederschläge fallen als kräftige, aber nur kurze Regenschauer, und das Wasser versickert schnell im Boden. Deshalb kommt wasserwirtschaftlichen Maßnahmen hohe Priorität zu. Seit Jahrhunderten wird alles unternommen, um die Wasserversorgung zu verbessern. Diese Anstrengungen haben den Land- und Gartenbau stark gefördert. Das zwischen Durance und Coulon gelegene Cavaillon z.B. ist sehr bekannt für sein frühes Obst und Gemüse. Die gleichnamigen kleinen Melonen sind sogar berühmt. In Châteaurenard (Bouches-du-Rhône) gibt es einen großen Gemüsemarkt, der auch an Konservenfabriken liefert. Der Reisanbau in der Camargue deckt den gesamten französischen Reisbedarf. Zudem gibt es vor allem in der weiteren Umgebung von Grasse (Alpes-Maritimes) große Blumenfelder für die Parfümindustrie. Etwa dreißig Fabriken verarbeiten die in der Gegend gepflückten Blumen. Provenzalisches Olivenöl und eingemachtes Obst wird in die ganze Welt exportiert. Schließlich darf auch der Weinbau nicht vergessen werden, obwohl dafür das Bewässern keine Rolle spielt; das Befluten oder Besprengen von Rebgärten ist sogar gesetzlich verboten.

Die Traube ist nur eine der vielen Früchte der Provence. In Lubéron zum Beispiel wachsen auch köstliche Kirschen.

SCHAFKÄSE

In der Provence gibt es über eine Million Schafe. Deshalb gehört Schafkäse zu jeder Käseplatte. Auch Ziegenkäse ist häufig.

Kirchlein in Grimaud, einem der Weindörfer der Côtes de Provence.

Paradies auf Erden

In der Provence präsentiert sich die Natur in all ihrer Pracht. Die Côte d'Azur besteht aus Buchten, Sandstränden und felsigen Steilküsten, während das Hinterland eine dramatische Kulisse aus Bergen, Hügeln, Tälern, Plateaus und Schluchten bildet. Die Landschaft ist mit Wäldern, Sträuchern, Blumenwiesen und Kräuterstauden bedeckt und duftet nach den *herbes de Provence:* Thymian, Rosmarin, Lorbeer, Bohnenkraut und Basilikum. Im Küchenjargon bedeutet eine Zubereitung à la Provençale, daß reichlich Knoblauch und Petersilie verwendet werden. Leider ist es im Sommer nicht immer möglich, in Ruhe die Natur zu genießen, weil das Gebiet, besonders an der Küste, von Hunderttausenden von Urlaubern bevölkert ist. Die Strände sind überfüllt, und Verkehrsstaus sind an der Tagesordnung. Der Tourismus hat auch dazu geführt, daß bis weit ins Hinterland immer mehr Hänge mit Häusern und Appartements bebaut wurden. Eine andere negative Begleiterscheinung des Tourismus sind die Waldbrände, die jedes Jahr Tausende Hektar von Wäldern vernichten.

Côtes de Provence

Seit die Griechen um 600 v. Chr. die ersten Rebgärten anlegten, fühlt sich die Rebe hier zu Hause. Die Römer waren die ersten, die provenzalischen Wein exportierten. Im 13. und 14. Jahrhundert verschiffte die Provence ihren Wein u.a. auch nach England. Auch heute ist die Provence ein in jeder Hinsicht beeindruckendes Weingebiet. Sie liefert jährlich etwa 650 000 Hektoliter edlen Rebensafts in Form von Rosé, Rot- und Weißwein. Etwa die Hälfte stammt von Genossenschaften, der Rest kommt von Privatgütern. Das Gebiet umfaßt 85 Gemeinden. Davon liegen die meisten, nämlich 69, im Departement Var. Von den restlichen 16 liegen 15 in Bouches-du-Rhône und eines in Alpes-Maritimes. In Var ist der Weinbau hauptsächlich um das Massif des Maures konzentriert, das von Toulon aus in nordwestlicher Richtung der Küstenlinie folgt. Ein zweites Zentrum der Weinerzeugung findet man auf einem Kalkplateau ebenfalls in Var. Ein bekannter Ort in diesem Gebiet ist Draguignan. Mehrere Weinstraßen führen kreuz und quer durch das Gebiet.

Verlagerung auf Rotwein

Für Rosé und Rotwein sind die gleichen Rebsorten zugelassen. Der Gesetzgeber unterscheidet fünf primäre und acht sekundäre Typen. Davon ist allein der Tibouren in der Provence heimisch. Angeblich soll diese Sorte einige Zeit verschwunden gewesen sein, bis sie im vorigen Jahrhundert von einem Seemann aus Saint-Tropez namens Antiboul wieder eingeführt wurde. Der Tibouren ist eher empfindlich und braucht ein warmes, trockenes Klima. In der Provence wird er überwiegend zu Rosé verarbeitet, meist zusammen mit anderen Trauben, manchmal aber auch reinsortig, was einen würzigen, kraftvollen, charaktervollen Wein ergibt. Eine der Genossenschaften, die konsequent einen reinsortigen Tibouren erzeugt, ist die von Ramatuelle auf der Halbinsel von Saint-Tropez.

Im allgemeinen ist die Qualität des Côtes de Provence sehr ungleich; ein großer Teil der Erzeugung scheint für kritiklose Urlauber gemacht zu werden. Darunter hat der Ruf des Côtes de Provence gelitten. Dennoch gibt es sehr wohl auch gute provenzalische Rosés, Weine mit einem lebendigen, fruchtigen Geschmack.

Etwa 60 Prozent der Erzeugung von Côtes de Provence sind Rosé, doch ist dieser Anteil rückläufig, da immer mehr Winzer sich auf Rotweinerzeugung umstellen. Qualitativ hat sich der rote Côtes de Provence zu einem sehr interessanten Wein mit sehr günstigem Preis entwickelt. Dank einer verbesserten Keltertechnik, einer sorgfältigeren Bestockung (sogar der Cabernet-Sauvignon ist mittlerweile hier zu finden) und eines fachmännischen Ausbaus entstehen hier Rotweine, die auch den verwöhnten Weinfreund erstaunen können. Vor allem bei Privatgütern gab es in den letzten Jahrzehnten beim roten Côtes de Provence große Fortschritte, doch haben auch Genossenschaften mit diesem Typ immer mehr Erfolg. Für weiße Côtes de Provence sind vier Rebsorten zulässig. Auch dieser Weintyp hat an Klasse gewonnen, obwohl die Entwicklung weniger spektakulär als die des Rotweins verlief.

Château de Fonscolombe, ein renommiertes Gut im Bezirk Coteaux d'Aix-en-Provence.

CÉZANNE

Ein Maler, der in sehr persönlicher Weise die provenzalische Landschaft gestaltet hat, war Paul Cézanne. Er wurde 1889 in Aix-en-Provence geboren und arbeitete lange in dieser Region. Vor allem stellte er die Montagne Sainte-Victoire häufig dar. Gemälde von Cézanne sind in Aix-en-Provence ausgestellt; auch sein Atelier kann besucht werden.

Coteaux d'Aix-en-Provence

Im Jahre 122 v. Chr. gründete der römische Konsul Caius Sextius Calvinus bei den heißen Quellen etwa dreißig Kilometer nördlich des heutigen Marseille eine kleine Siedlung, *Aquae Sextiae,* Sextische Quellen. Unter Cäsar wurde diese Siedlung zu einer Kolonie ausgebaut. Die Bedeutung und der Wohlstand dieses Orts, des heutigen Aix-en-Provence, nahmen über Jahrhunderte immer mehr zu. So wurde die Stadt im 4. Jahrhundert Hauptstadt der Narbonensis Secunda. Die Herzöge von Anjou waren im Mittelalter gleichzeitig Grafen der Provence. Ende des 12. Jahrhunderts wurde Aix die Hauptstadt der Grafschaft Provence. Im Jahre 1409 gründete Ludwig II. von Anjou eine Universität, und König Ludwig XII. von Frankreich installierte dort im Jahre 1501 das Parlament der Provence.

Diese große Vergangenheit prägt auch noch das heutige Aix-en-Provence. Der von Platanen beschattete Cours Mirabeau, eine Prachtstraße mit breiten Gehwegen, Cafés, öffentlichen Gebäuden, Geschäften und Wohnhäusern, verläuft quer durch die Altstadt. Mitten auf dem Cours spendet ein römischer Brunnen immer warmes Wasser.

Die Rebgärten rings um diese großartige Stadt liefern jährlich etwa 125000 Hektoliter Weißwein, Rotwein und Rosé. Die Qualität der Weine wird ständig verbessert. Im Jahre 1972 erhielt der Bezirk den VDQS-Status, 1985 folgte die Anerkennung als Appellation contrôlée. Von den Weinen sind etwa zwei Drittel Rotweine von bemerkenswerter Klasse und Verfeinerung. Von den fünf zugelassenen blauen Reben ist die Bordeaux-Rebe Cabernet-Sauvignon die überraschendste.

Zu den westlichen Rebgärten dieses Bezirks gehört auch der Hügel, auf dem Les Baux-de-Provence liegt. Dort haben sieben Gemeinden das Recht auf die Herkunftsbezeichnung Coteaux d'Aix-en-Provence Les Baux.

An die Hunderttausenden von Touristen wird viel Wein verkauft, auch direkt vom Weingut.

Côtes du Lubéron

Nördlich der Coteaux d'Aix-en-Provence erhebt sich parallel zur Durance die Montagne du Lubéron. Die Felsschlucht von Lourmarin teilt die 65 Kilometer lange und bis 1100 Meter hohe Bergkette in zwei Teile, den Grand und Petit Lubéron. Das ganze mit Eichen- und Zedernwäldern bedeckte Massiv wurde zum Naturschutzgebiet erklärt. Zu seinen Füßen liefern insgesamt 2000 Hektar Rebfläche, die sich auf etwa 36 Gemeinden verteilen, geschmeidige Rotweine, Rosés und Weißweine, wobei erstere den größten Anteil stellen. Eine Gruppe von Genossenschaften mit glatten, problemlosen Weinen ohne viel Persönlichkeit beherrscht das Bild. Daneben gibt es auch einige Privatdomänen, die sich größtmögliche Qualität zum Ziel gesetzt haben. Bei ihnen findet man zum einen traditionelle, auf Holz ausgebaute Weine, zum anderen fruchtige, geschmeidige Sorten, die in ihrer Klasse kaum einem Cru aus dem Beaujolais nachstehen. Einige Domänen erzeugen auch ansprechende Weißweine.

Rebgarten in den Côtes du Lubéron.

Coteaux de Pierrevert

Die Coteaux de Pierrevert sind nur etwa ein Fünftel so groß wie die Côtes du Lubéron, an die sie im Nordosten anschließen. Dies ist sicher einer der Gründe, weshalb dieses Gebiet so gut wie unbekannt ist. Rund 40 Gemeinden haben das Recht, einen Coteaux de Pierrevert zu erzeugen, doch wird dieses Recht nur von sehr wenigen in Anspruch genommen. Es gibt Burgunderhäuser, die hier ihre Markenweine einkaufen und sie als Vins de table auf den Markt bringen. Normalerweise ist ein Coteaux de Pierrevert (Rotwein, Weißwein und Rosé) recht geschmeidig und leicht und wenig charaktervoll. Es gibt aber Winzer, die erhebliche Anstrengungen unternehmen, um die Weinqualität zu verbessern, so etwa durch Anpflanzung nobler Rebsorten wie Pinot noir, Cabernet-Sauvignon und Chardonnay.

Coteaux Varois

Bis gut zwei Jahrzehnte nach dem Zweiten Weltkrieg fanden die Coteaux Varois als Vin de pays problemlos Abnehmer. Wachsende Konkurrenz aus anderen Gebieten ließ die Nachfrage indes erheblich zurückgehen, so daß die Erzeuger neue Wege gehen mußten, um ihr Einkommen zu halten. Sie entschieden sich für Qualität, um über einen höheren Status ihrer Weine auch einen höheren Preis zu erzielen. Es dauerte allerdings zwanzig Jahre, bis sich ein konkreter Erfolg einstellte: 1985 wurden die Coteaux Varois in die VDQS-Kategorie aufgenommen, das Sprungbrett zur Appellation contrôlée. Allerdings wurde die Freude für manche dadurch getrübt, daß die Herkunftsbezeichnung nur für Rotwein und Rosé und nicht für Weißwein galt. Außerdem wurden bei weitem nicht alle antragstellenden Gemeinden zugelassen. Etwa ein Drittel genügte den Anforderungen nicht. Für Rotwein und Rosé von den Coteaux Varois sind fünf primäre Rebsorten zulässig. Als sekundäre Rebsorten wurden Cabernet-Sauvignon und der bereits erwähnte Tibouren zugelassen. Der Bezirk bildet eine Art Enklave in den Côtes de Provence und liefert Weine, die mit jenen der Côtes de Provence vergleichbar sind. Eine Vereinigung der beiden Bezirke wäre daher naheliegend.

Cassis

Der provenzalische Dichter Frédéric Mistral war im 19. Jahrhundert von Cassis ganz besonders angetan. Dies galt sowohl für den Ort Cassis als auch für den gleichnamigen Dessertwein, der dort bis zu dem verheerenden Auftreten der Reblaus erzeugt wurde. Eine zärtlich geliebte Frau hätte er nicht romantischer beschreiben können als diesen Muskatwein: süß wie der süßeste Honig, glänzend wie ein klarer Diamant, nach Heide, Rosmarin und Myrte duftend. Von diesem so lyrisch besungenen Wein ist nichts als die Erinnerung geblieben, doch können wir dem Dichter wenigstens noch in das romantische Fischerdorf folgen, wo im Hafen allerdings überwiegend Sportboote liegen. Als Weinbezirk hatte Cassis schon lange vor dem vorigen Jahrhundert einen hervorragenden Namen. Man weiß, daß die Mönche von Saint-Victor und die Kanoniker der Kathedrale von Marseille sich Ende des 12. Jahrhunderts um den Besitz der Reben stritten. Sie müssen also von ungewöhnlicher Güte gewesen sein. In einem noch erhaltenen Erlaß aus dem Jahre 1191 wurden sie den Kanonikern von Marseille zugesprochen. Sie bekamen «einen Rebgarten direkt am Meer, in der Nähe von Courton». Courton ist heute noch ein Viertel von Cassis.

Cassis liegt nicht weit von Marseille entfernt und lockt daher an Wochenenden viele Ausflügler aus der Stadt an. Immer mehr Marseillaner lassen sich hier auch auf Dauer nieder, wodurch der ohnehin geringe Weinbau in Gefahr gerät. Die aus dem Jahre 1936 stammende Herkunftsbezeichnung gilt für Weißwein, Rotwein und Rosé. Quantitativ und qualitativ steht Weißwein im Vordergrund. Auf ihn entfallen etwa zwei Drittel der Erzeugung von durchschnittlich 5000 Hektoliter, und er hat den Ruhm von Cassis begründet. Die Trauben können hervorragend reifen, weil die Rebgärten durch die umliegenden Hügel und Felsen geschützt sind. Der markanteste Fels ist das hohe Cap Canaille zwischen Cassis und La Ciotat. Die sonnenverwöhnten Reben stehen in der Regel auf kalkhaltigem Boden; es kommen aber auch Lehmböden vor. Für weißen Cassis sind fünf Rebsorten zugelassen. Mikroklima und Boden lassen einen vollen, kräftigen und doch frischen Wein entstehen, in dessen hellgoldener Farbe sich manchmal eine Spur Grün findet. Sein Duft tendiert zum Floralen. Cassis gelangt kaum über die nähere Umgebung hinaus. In den Restaurants von Marseille reicht man ihn häufig als vorzüglichen Begleiter zur

Eines der Restaurants in Cassis, wo der lokale Weißwein herrlich zu frischem Fisch oder zur Bouillabaisse schmeckt.

Bouillabaisse und zu Fischgerichten. Rotwein und Rosés aus Cassis sind ordentliche Weine, jedoch im Vergleich mit einem roten Côtes de Provence eher teuer.

Bandol
Östlich von Cassis, etwa auf halbem Wege nach Toulon, liegen die Rebgärten von Bandol, seit 1941 Appellation contrôlée. Im Bezirk sind etwa 2000 Hektar als Rebflächen ausgewiesen, wovon jedoch nur die Hälfte im Ertrag steht. Die Reben wachsen in Bandol selbst und in sieben anderen Gemeinden. Flache Plateaux und Hügel wechseln miteinander ab. Die Gegend ist für den Weinbau ideal. Es gibt hier die meisten Sonnenstunden der ganzen Côte d'Azur, im Frühjahr und Herbst ausreichend Niederschläge (mindestens 700 Millimeter pro Jahr) und genügend Wind, der die Trauben gesund hält und Fäulnis verhindert. Die Herkunftsbezeichnung gilt für Weißwein, Rosé und Rotwein. Die Jahresproduktion beläuft sich auf etwa 30000 Hektoliter, davon 60 Prozent Rotwein. Ein Viertel bis ein Drittel der Weine liefert die Genossenschaft.

Die wichtigste Rebe für roten Bandol ist der Mourvèdre, eine aus Spanien stammende Sorte mit hohen Ansprüchen, die hier optimal erfüllt sind. Der Wein ist granatrot und muß gesetzlich 18 Monate in großen Fudern reifen. Auf der Flasche kann sich roter Bandol noch jahrelang verbessern. Ein ausgereifter Bandol ist ein aromatischer Wein, in dessen Bukett man häufig Früchte (Maulbeeren, Kirschen), Lakritz, Eichenholz und Vanille wahrnimmt. Manchmal kann man sogar den zarten Duft von Waldveilchen erspüren. In seiner Art erinnert roter Bandol an rote Bordeaux aus dem Médoc oder Graves; dennoch hat er eine ganz eigene Persönlichkeit. Trotz seiner Vorzüge wäre der Bandol in diesem Jahrhundert beinahe verschwunden. Erst nach dem Zweiten Weltkrieg wurde die Erzeugung von Bandol wieder ernsthaft aufgenommen. Auf

Weinliebende Römer

Im Bezirk Côtes du Lubéron wurden viele Reste aus der Römerzeit gefunden. Einige von ihnen haben mit dem Weinbau zu tun, beispielsweise ein Flachrelief, das eine Barke mit zwei Weinfässern zeigt, und ein Sarkophag mit einer Bacchus-Darstellung.

Rosé entfällt etwa ein Drittel der Produktion. Es ist meist ein angenehmer, geschmeidiger Wein, wenn auch etwas weniger gelungen als der Rotwein. Weißer Bandol überzeugt nicht immer, weil es ihm häufig an Frische mangelt. Es gibt allerdings Ausnahmen von dieser Regel; einige Domänen haben einen erfrischenden weißen Bandol in ihrem Sortiment.

Bellet

Bellet, das ein Stadtteil von Nizza ist, erhielt im Jahre 1941 den AC-Status. 1947 freilich war dieser kleine Bezirk in den Alpes-Maritimes praktisch von der Landkarte verschwunden. Daß es diese AC noch gibt, ist den Eigentümern von Château de Crémat zu verdanken, der Familie Bagnis. Heute umfaßt der Bezirk noch knapp 50 Hektar Rebfläche. Theoretisch könnten 700 Hektar bestockt werden, doch ist es unwahrscheinlich, daß dies geschehen wird.

Die Rebgärten liegen auf terrassierten Steilhängen. Tagsüber weht eine frische Brise vom Meer durch die Reben, nachts der *tramontane* aus den Bergen. Das Mikroklima ist deshalb relativ kühl; die Lese findet meist im Oktober statt. Erzeugt wird in praktisch gleichen Anteilen Weißwein, Rosé und Rotwein. Alle drei Weine haben ihre Vorzüge. Der Rosé ist fruchtig, frisch und geschmeidig. Der Rotwein, der fast immer auf Holz ausgebaut wird, erfreut durch rote Früchte im Bukett. Der Weißwein, der als der beste gilt, wird aus der Rolle-Rebe erzeugt und gefällt durch die grünen Reflexe in der Farbe, einen eleganten, recht nuancierten Geschmack und eine angenehme Frische.

Palette

Palette, Appellation contrôlée seit 1948, ist die kleinste Herkunftsbezeichnung nicht nur der Provence, sondern von ganz Südfrankreich. Auf der Landkarte ist es ein Weiler östlich von Aix-en-Provence. Dort in der Nähe liegen auch die Rebgärten, allerdings nicht genau an dem Ort, von dem der Name stammt. Im ganzen Bezirk gibt es nur zwei Erzeuger, Château Simone und Domaine Crémade. Auf Château Simone, dem deutlich größeren Gut, werden distinguierte Rotweine, Weißweine und Rosés erzeugt. Besonders gefällt der Rotwein mit seinem mundfüllenden, nuancierten Geschmack, der lange nachtönt und sich meist erst nach fünf Jahren Reifung einstellt.

Der malerische Hafen von Cassis, in dem Fischerboote neben Sportbooten festgemacht sind.

FLASCHENMODELLE

Die meisten Weine der Côtes de Provence wurden in Amphorenflaschen auf den Markt gebracht. Immer mehr Erzeuger gehen jedoch auf Bordeaux-Flaschen über, um ihren Weinen ein seriöseres Äußeres zu geben.

Languedoc

Hügel, Rebgärten, Sonne und Stille – dies ist Cabrières, einer der Crus der Coteaux du Languedoc.

Das Languedoc ist auch ein wichtiges Obstbaugebiet. Hier werden Pfirsiche aus der Gegend angeboten.

Ganz im Süden Frankreichs liegt das Languedoc, ein riesiges Gebiet, das im Laufe seiner langen und nicht selten blutigen Geschichte viele Stämme und Völker erlebt hat, die entweder als Besetzer oder auf dem Durchzug nach Spanien hierher kamen. Das Languedoc ist auch das Land der Albigenser, des südfranzösischen und am straffsten organisierten Ablegers der mittelalterlichen Katharer. Die Katharer (von denen das Wort Ketzer abgeleitet ist) waren Repräsentanten der außerkirchlichen Armutsbewegung. Sie lebten streng asketisch und weltabgeschieden. Weder durch blutige Verfolgung noch durch Bekehrungsversuche gelang es, sie wieder in den Schoß der römisch-katholischen Kirche zurückzuführen. Im Rahmen der Kreuzzüge gegen die Albigenser wurde das Languedoc 1229 von der französischen Krone annektiert. Nur Montpellier, *Mons puellarum* (Mädchenberg) bei den Römern, blieb noch einige Zeit außerhalb der französischen Herrschaft. Im Jahre 1204 fiel die Stadt an das Haus Aragon; 1276 kam sie zu Mallorca. 1349 kaufte der französische König Philipp VI. die Stadt wieder zurück. Im 16. und 17. Jahrhundert war Montpellier eine Art Hugenottenrepublik.

Gebiet und Sprache

Bis zur Französischen Revolution war das Languedoc das Land südlich des Zentralmassivs und nördlich des Roussillon, eine Provinz, die weiter nach Norden und Westen reichte als das heutige Gebiet dieses Namens. Auch ein Teil des Zentralmassivs gehörte zu dieser alten Provinz, die in noch früheren Zeiten aquitanisch war.

Der Name Languedoc (langue d'oc = oc-Sprache) weist auf eine eigene Sprache hin. Auf dem Konzil von Tours wurde im Jahre 813 beschlossen, daß nicht mehr lateinisch, sondern in der Volkssprache – *lingua romana rustica* – gepredigt werden sollte. Bei diesem Beschluß ging das Konzil davon aus, daß es eine einheitliche Volkssprache gab. Dies war jedoch keineswegs so. Schon im 5. Jahrhundert hatte eine Spaltung eingesetzt zwischen der *langue d'oïl,* der Sprache derer, die *oïl,* später *oui* sagten, und der *langue d'oc* jener, die mit *oc* bejahten.

Innerhalb der beiden Sprachen gab es zahlreiche Dialekte. Einer davon, das Francien de la langue d'oïl (der Dialekt von Paris und der Ile de France), verdrängte im Laufe der Zeit die übrigen Dialekte. Wie der Name Languedoc erkennen läßt, spricht in dieser Gegend ein Teil der Bevölkerung noch immer

Der Pont du Gard war eine Wasserleitung der Römer, die von Uzès nach Nîmes führte, in die Hauptstadt des Weingebiets Costières du Gard.

Römische Überreste

In keiner anderen Stadt des Languedoc findet man so viele sehenswerte Reste aus der Römerzeit wie in Nîmes. Dazu gehören ein herrliches, noch stets benutztes Amphitheater und ein als Museum dienender einstiger Tempel, Maison Carrée genannt.

Okzitanisch, und zwar aus Überzeugung. In verschiedenen Städten und Dörfern sind die Namen der Gemeinden, Straßen, Wege und Plätze in Französisch und Okzitanisch angegeben. Man kann sogar sagen, daß die bodenständige Sprache das Gebiet erst zur Einheit macht. Verwaltungsmäßig gehören zum Languedoc die Departemente Aude, Gard, Hérault, Lozère und Pyrénées-Orientales. Das Weingebiet Languedoc ist aber kleiner und umfaßt nur Aude, Hérault und den größten Teil von Gard. Das Departement Pyrénées-Orientales gehört zum Weingebiet Roussillon.

Verbindender Kanal

Im allgemeinen kann man das Klima des Languedoc als mediterran bezeichnen, auch wenn die Sonne nicht überall gleich reichlich scheint. An vielen Stellen wird das Land vom Schlamm fruchtbar gemacht, den zahlreiche Flüsse und Bäche mitführen. Seit jeher ist die Gegend Landbaugebiet, wobei sehr lange der Schwerpunkt auf Getreide lag. Es gab zwar auch Rebgärten, die aber nur für den lokalen oder höchstens regionalen Bedarf dienten. Die Situation änderte sich, als im Jahre 1680 der Canal du Midi, auch Canal du Languedoc genannt, eröffnet wurde. Dieser 214 Kilometer lange südfranzösische Kanal stellt die Verbindung zwischen dem Mittelmeer und dem Atlantik her, worauf sein dritter Name, Canal des Deux Mers, hinweist. Heute ist er praktisch bedeutungslos. Er hat zu wenig Tiefe, und die 65 Schleusen, die passiert werden müssen, machen die Durchfahrt zu einer langwierigen Angelegenheit. Damals freilich bedeutete er die Erschließung des Midi. Der äußerste Süden des Landes erhielt eine Verbindung zu dichter besiedelten Gegenden, was sowohl den Weinbau als auch den Weinhandel stark stimulierte. Bei Sète mündet der Canal du Midi in das Mittelmeer, was diesem Ort einen großen Aufschwung brachte.

Früher kamen aus der Gegend zwei Typen Wein: Qualitätswein von Hängen (die häufig mit sehr alten Stöcken mit entsprechend niedrigem Ertrag bepflanzt waren) und Brennwein, der Rohstoff für die damals sehr bekannten Destillate des Languedoc, die *eaux-de-vie* war.

Diese Weindestillate dienten verschiedenen Zwecken. Ein großer Teil ging direkt in die Niederlande, ein anderer Teil nach Bordeaux. Dort wurde das Destillat den Weinen zugefügt, die nach Übersee gingen: vier bis fünf Liter Weindestillat auf eine *barrique,* ein 225 Liter-Faß. Diese Erhöhung des Alkoholgehalts verbesserte die Haltbarkeit der Weine.

Fast futuristisch anmutende Weinpressen in der Weinfirma Salins du Midi in Aigues-Mortes. Die Firma erzeugt überwiegend Vins de pays (u.a. die Marke Listel).

Immer mehr Landweine des Languedoc werden aus noblen Rebsorten von Bordeaux und Burgund erzeugt. Das hier abgebildete Mas de Daumas Gassac in Aniane erzeugt zum Beispiel einen vorzüglichen Wein überwiegend aus Cabernet-Sauvignon.

EIGENE FLASCHEN

Ein Teil der Languedoc-Weine wird in ein eigenes Flaschenmodell abgefüllt, die bouteille occitane. *Diese hat einen tiefen, ausladenden Bauch und einen langen Hals. Daneben wird häufig auch die Bordeaux-Flasche verwendet. Dies mit gutem Grund, denn dieser Flaschentyp scheint ursprünglich aus dem Languedoc zu stammen, genauer aus dem Muskat-Ort Frontignan.*

Explosives Wachstum

Es handelte sich dabei um ungeheure Mengen, zumindest für die Begriffe jener Zeit. So wurden allein von Sète aus im Jahre 1791 200000 Hektoliter Eaux-de-vie verschifft. Wenn man weiß, daß für die Erzeugung von einem Liter Alkohol etwa neun Liter Wein erforderlich sind, kann man sich vorstellen, welche riesigen Flächen mit Reben bepflanzt gewesen sein müssen. Allerdings war die Nachfrage entsprechend groß. So waren z. B. auch die napoleonischen Heere große Abnehmer dieser Destillate. Um 1830 gab es im Departement Hérault einige hundert Brennereien. Mit dem Bau der ersten Eisenbahnen – im Jahre 1838 wurde die Strecke zwischen Sète und Montpellier eröffnet – verkürzten sich die Entfernungen. Es lohnte sich, die billigen Erzeugnisse der südfranzösischen Weinbaugebiete auf Schienen nach Paris zu transportieren. Und die Pariser kamen rasch auf den Geschmack: Bis zum Ende des Jahrhunderts stieg der Weinkonsum auf ein Vielfaches. Im Languedoc tat man alles, um die stetig wachsende Nachfrage befriedigen zu können. In den Ebenen wurden immer neue Reben angepflanzt, wobei das einzige Auswahlkriterium höchstmöglicher Ertrag war. Destillieren war nicht mehr nötig; der Wein wurde ohnehin verkauft. Daß die Qualität dieser Massenweine nicht überwältigend war, kann man sich denken.

Proteste

Auch im Languedoc fiel die Reblaus ein; nachdem man dieser Plage Herr geworden war, wurde das Gebiet wiederum Frankreichs Haupterzeugungsgebiet für einfache Tafelweine. Diese waren in der Regel so leicht, daß sie verstärkt werden mußten: zunächst mit Wein aus Algerien, später mit Weinen aus Italien oder Spanien. Der Absatz der billigen Midi-Weine war kein Problem, bis der französische Weinkonsum zurückging. Gleichzeitig nahm das Angebot an erschwinglichen, ordentlichen Weinen aus anderen Gegenden und Ländern zu. Die Folge waren große Überschüsse, auf die die Bauern zunächst mit heftigen Protestaktionen reagierten. An einer der Zufahrtsstraßen nach Narbonne erinnert ein Gedenkstein daran, daß dort ein Winzer im Jahre 1977 bei einer Demonstration ums Leben kam.

An den Sandstränden des Languedoc sind moderne Appartementsiedlungen entstanden, u. a. La Grande Motte mit seinen Wohnpyramiden.

Umdenken

Mit der Zeit erkannte man, daß es nur ein Möglichkeit gab, die Probleme zu lösen, nämlich die Erzeugung von Qualität statt Quantität. Daran wird nun schon seit Jahren hart gearbeitet. Pläne sind aber oft schneller erstellt, als sie in die Tat umgesetzt werden können. Zunächst muß ein Prozeß des Umdenkens ausgelöst werden, und dies dauert eine gewisse Zeit. Dann müssen minderwertige Rebgärten gerodet und bessere bepflanzt werden. Dies kostet Arbeit, Zeit und Geld. Ohne die unablässigen und intensiven Bemühungen vor allem der *Comités Interprofessionnels* von Coteaux du Languedoc, Corbières und Minervois wäre es sehr fraglich gewesen, ob das Vorhaben gelungen wäre.

La Clape, einer der Crus der Coteaux du Languedoc, ist eine teilweise öde Halbinsel bei Narbonne. Von hier kommen jedoch gute Rot- und Weißweine.

ALTES RENOMMEE

Verschiedene Weingemeinden des Languedoc hatten früher ein erheblich größeres Renommee als heute. So wurden die Weine der Coteaux de la Méjanelle im Jahre 1626 als «die generösesten Weine Frankreichs» beschrieben, und die von Saint-Georges-d'Orques wurden sogar in den Palast des russischen Zaren geschickt. Beide Orte gehören zu den Coteaux du Languedoc.

Die Weinfakultät der renommierten Universität von Montpellier – die auf das 13. Jahrhundert zurückgeht und damit eine der ältesten von Europa ist – stellt durch die Ausbildung von *viticulteurs* eine hohe fachliche Qualifikation bei der nächsten Generation von Winzern sicher. Auch der Staat wirkt mit, indem er u.a. Rodungsprämien zahlt. Dank der gemeinsamen Anstrengungen wurden in den Departementen Aude und Hérault seit 1976 bereits über 30000 Hektar Rebfläche gerodet, und dabei wird es nicht bleiben.

Goldene Zukunft

Auch heute noch ist für viele das Languedoc ein Gebiet, das ausschließlich *gros rouge* liefert, den einfachen Massenwein für jeden Tag. Allen Anstrengungen und Investitionen zum Trotz wird es deshalb noch einige Zeit dauern, bis man dieses Gebiet in einem Atemzug mit anderen, längst renommierten französischen Weingebieten nennen wird. Daß dies geschehen wird, steht allerdings außer Zweifel. Wo im Languedoc heute bereits die richtigen Rebsorten auf dem richtigen Boden im richtigen Mikroklima stehen, werden jetzt schon verblüffend gute Weine erzeugt, die sich qualitativ mit denen aus bekannteren Gebieten messen können – und bedeutend weniger kosten. Wenn man im Languedoc weiterhin konsequent auf Qualität setzt, winkt dem Gebiet eine goldene Zukunft. Es ist nicht ausgeschlossen, daß eine spätere Generation die Namen Corbières und Minervois mit ebensolcher Andacht aussprechen wird wie Médoc oder Saint-Émilion.

Die Reben

Wie konsequent man an der Qualitätsverbesserung arbeitet, zeigt sich vielleicht am deutlichsten an den angepflanzten Rebsorten. Bei den blauen Reben ist der Aramon endgültig auf dem Rückzug. Möglicherweise wird diese Rebsorte schon bald überhaupt keine Rolle mehr spielen. Die wichtigsten Rebsorten sind heute, in dieser Reihenfolge, Carignan, Cinsault und Grenache noir. Der Carignan, unbestritten die Nummer eins und hier seit etwa 1500 Jahren heimisch, eignet sich hervorragend für die Verarbeitung nach dem Verfahren der *macération carbonique.* Die besten Carignan-Weine kommen von armen, steinigen Böden. Diese Weine können durch Verschnitt mit anderen Weinen qualitativ noch verbessert werden. Auch der Anteil des Cinsault nimmt zu. Auf unfruchtbarem Boden liefert diese Rebe aromatische, fruchtige, verfeinerte Weine. Sie kann dem etwas derben Carignan Grazie und Geschmeidigkeit verleihen. Der Grenache noir ist eine zuckerreiche Rebe, die alkoholreiche, feste Weine ergibt. Außer den genannten Sorten werden im Languedoc immer häufiger auch «noble» Rebsorten angepflanzt. So hat man mit dem Cabernet-Sauvignon, der den Charakter der Weine des Médoc prägt, hervorragende Ergebnisse erzielt. Auch der Merlot, die typische Rebe von Saint-Émilion und Pomerol, hat hier spektakulär Einzug gehalten. Außerdem liefern Syrah (die Grundlage aller edlen Rotweine von der nördlichen Rhône) und der Mourvèdre (siehe Bandol im Kapitel Provence) gute Weine. Neben den blauen Sorten wendet man sich hier auch immer mehr den weißen Reben zu.

Aufstieg

Das neue Qualitätsbewußtsein trägt offensichtlich Früchte. Für die meisten Bezirke des Languedoc haben sich die Bemühungen in der Zuerkennung der Appellation contrôlée niedergeschlagen. Vor allem in den achtziger Jahren gab es einen Durchbruch, wie die Liste der höhergestuften Gebiete zeigt.

1982: Faugères, Saint-Chinian
1985: Coteaux du Languedoc, Corbières, Minervois
1986: Costières du Gard

Frappierend war vor allem der Aufstieg der Coteaux du Languedoc, des bei weitem größten Bezirks des Gebiets. Im Jahre 1980 VDQS, fünf Jahre später bereits die Einstufung in die höchste Klasse. Der Bezirk umfaßt 121 Gemeinden zwischen Narbonne (Aude) und Nîmes (Gard) mit einer bestockten Fläche von insgesamt 50000 Hektar. Diese Rebgärten dürften zu den ältesten Frankreichs gehören. Die interessantesten Weine kommen im allgemeinen von den Crus, ausgewählten Gemeinden oder Gruppen von Gemeinden. Auf dem Etikett darf der Name des betreffenden Cru angegeben werden. Etwa 80 Prozent aller Coteaux du Languedoc sind Crus.

Crus der Coteaux du Languedoc

Cabrières (Hérault). Bekannt für den bleichen Rosé, der ohne Pressung erzeugt wird. Auch der Rotwein ist häufig gut. Die Rebgärten liegen am Fuße des Pic de Vissous (Cevennen).

La Clape (Aude). Von den meernahen Kalksteinhügeln östlich von Narbonne kommen ein voller und gleichzeitig eleganter Rotwein, ein fester Rosé und ein köstlicher Weißwein.

Coteaux de la Méjanelle (Hérault). Die Rotweine sind in der Regel leicht und jung am besten. Es gibt aber auch kräftigere Sorten. Das Gebiet liegt südöstlich von Montpellier.

*Montpeyroux (*Hérault). Charakteristische, gut strukturierte Rotweine aus dem Norden des Languedoc.

Picpoul de Pinet (Hérault). Nur Weißwein, der frisch und knochentrocken ist. Es ist eine Art geschmeidigere Version des Gros Plant du Pays Nantais. Die Flachlagen befinden sich südlich von Pézenas.

Pic-Saint-Loup (Hérault). Leichte, fruchtige Rotweine, aber auch tieffarbene feste Sorten. Genannt nach dem Berg nördlich von Montpellier.

Quatourze (Aude). Ein Cru in der Nähe von Narbonne, der kräftig strukturierte Weine liefert.

Coteaux de Saint-Christol (Hérault). Hauptsächlich angenehme, mundfüllende Rotweine, recht leichte neben tieffarbenen, volleren Sorten. Dies ist der kleinste der Crus, zwischen Montpellier und Nîmes gelegen.

Saint-Georges-d'Orques (Hérault). Nordwestlich von Montpellier; kraftvolle, renommierte Rotweine.

Saint-Saturnin (Hérault). Lebendige Rotweine, daneben Rosés und Weißweine. Die seriöse Genossenschaft ist der einzige Erzeuger. Im Norden des Languedoc bei Montpeyroux.

Coteaux de Vérargues (Hérault). Überwiegend schlanke, fruchtige, feine Rotweine; daneben erfrischende Rosés. Die Rebgärten liegen bei Lunel zwischen Montpellier und Nîmes.

Saint-Chinian ist eines der landschaftlich reizvollsten Weingebiete. Es liegt unweit des Naturschutzgebietes des Haut-Languedoc.

Saint-Chinian und Faugères

Der gut 20000 Hektar große Bezirk Saint-Chinian grenzt im Osten an Faugères, im Westen an das Minervois. Von etwa der Hälfte aller Rebgärten kommt Coteaux du Languedoc. Die andere, bessere Hälfte – auf Böden mit schiefer- und kalkhaltigem Kies – liefert Saint-Chinian, einen sonnenverwöhnten, tieffarbenen und generösen Wein. Im vorigen Jahrhundert wurde dieser Wein in einigen Pariser Krankenhäusern den Rekonvaleszenten zur Stärkung verordnet. Die Gebiete Saint-Chinian und Faugères werden häufig in einem Atemzug genannt, weil sie zum einen aneinander grenzen und zum anderen auch hinsichtlich der Art wie auch des Umfangs der Erzeugung große Übereinstimmungen zeigen.

Clairette du Languedoc

Clairette du Languedoc, schon seit 1965 Appellation contrôlée, besteht einzig aus der weißen Traube Clairette, mit der gut 1200 Hektar Kalksteinböden bepflanzt sind. Einige Erzeuger, in erster Linie Château la Condamine Bertrand und Château Saint André, verstehen es, aus der Clairette einen köstlichen trokkenen Weißwein zu erzeugen. Der größte Teil der Erzeugung kommt jedoch von Genossenschaften und beeindruckt in der Regel nicht sonderlich. Der Bezirk liegt im Departement Hérault südlich von Clermont-l'Hérault und grenzt an Cabrières.

Gasthaus im Hügeldorf Cucugnan. Die Spezialität des Orts ist coq au vin, *der mit dem lokalen Rotwein zubereitet wird.*

Clairette de Bellegarde

In Gard gibt es östlich von Nîmes, einer sehenswerten Stadt, in der noch viele Bauwerke aus der Römerzeit erhalten sind, einen weiteren Bezirk für Weißwein von der Clairette: Clairette de Bellegarde. Dieses Gebiet ist mit 80 Hektar viel kleiner als das eben erwähnte. Etwa drei Viertel der Erzeugung von

Das ehemalige erzbischöfliche Palais von Narbonne. In dem Gebäude ist sowohl die Gemeindeverwaltung als auch ein Museum untergebracht.

trockenem Weißwein stammen von der Genossenschaft von Bellegarde. Einen qualitativ deutlich besseren, charmanten und aromatischen trockenen Clairette de Bellegarde, der teilweise *sur lie* abgefüllt wird, liefern die Privatgüter.

Costières du Gard
Aus insgesamt 24 Gemeinden südlich von Nîmes kommt überwiegend Rotwein unterschiedlicher Qualität mit der Herkunftsbezeichnung Costières du Gard. Der etwa 60 Kilometer lange und durchschnittlich 20 Kilometer breite Bezirk liefert außer uninteressanten Weinen in zunehmendem Maße auch gelungene Rotweine mit Farbe, Kraft und Charakter. Die Rosés können reintönig und erfrischend sein. Rotwein und Rosé werden erzeugt aus Carignan (zur Zeit höchstens 50 Prozent), Grenache, Syrah, Mourvèdre und - obwohl es nicht zulässig ist - Cabernet-Sauvignon. Überwiegend kies- und lehmhaltige Böden. Bei Gallician ist die Kiesschicht teilweise bis zu zehn Meter mächtig - ein idealer Untergrund für blaue Reben.

Corbières und Fitou
Corbières im Westen des Languedoc ist hier vielleicht der bedeutendste Bezirk. Anfänglich bestand fast die gesamte Bestockung mit blauen Trauben, die hier den größten Anteil ausmachen, aus Carignan. Auf guten Gütern erreicht diese Rebe heute jedoch höchstens noch 60 Prozent. Dieser Prozentsatz hat seinen Grund: Das *Comité Interprofessionnel des Vins de Fitou, Corbières et Minervois* empfahl nach umfassenden Versuchen, Carignan, Cinsault und Grenache getrennt zu vinifizieren und die Weine anschließend im Verhältnis von 60 Prozent Carignan, 10 Prozent Cinsault und 20 Prozent Grenache noir zu mischen. In Corbières wird heute aus dem Carignan viel Wein nach dem Verfahren der *macération carbonique* erzeugt, das hier erstaunlich gute Ergebnisse liefert. Im Gegensatz zum Beaujolais werden die Weine hier nicht nur fruchtiger, sondern auch besonders fest und damit für den Faßausbau geeigneter. Der Anteil von Rosé und Weißwein zusammen erreicht kaum 10 Prozent. Dabei sind einige der Weißweine, vor allem solche aus höheren Lagen, von köstlicher Qualität. Corbières ist ein weitläufiges Gebiet, in dem man in weiten Teilen noch absolute Ruhe finden kann. Die Landschaft ist mit ihren Hügeln, Plateaus und Tälern sehr abwechslungsreich. Die Häuser sehen von außen wenig interessant aus; wer jedoch die Ehre hat, ins Haus geladen zu werden, findet nicht selten eine überraschend stilvolle, aufwendige Innenausstattung.

Fitou steht dem Corbières sehr nahe und ist die älteste Appellation des Languedoc. Der aromatische, tieffarbene, kraftvolle Rotwein kommt aus zwei Enklaven in Corbières. Das Gesetz schreibt vor, daß Fitou mindestens neun Monate im Faß liegen muß. In der Regel ist der Wein erst nach vier bis fünf Jahren trinkreif.

Langer Karneval

Eines der bemerkenswertesten und längsten Volksfeste ist der Karneval von Limoux, der Hauptstadt des Blanquette de Limoux. Von Januar bis März findet jedes Wochenende ein fröhliches Treiben statt, wobei sich die Bevölkerung maskiert und der lokale Schaumwein reichlich fließt.

Kleines Denkmal in Minerve. Es erinnert an die Märtyrer, die hier 1210 ihr Leben ließen.

Minervois

Der Bezirk Minervois ist nach dem in seiner Mitte gelegenen Ort Minerve benannt. Auch hier hat man erkannt, daß sich das Streben nach Qualität lohnen kann. Das Minervois liegt genau nördlich von Corbières; die Grenze bildet das Tal des Aude. Beide Bezirke haben vieles gemeinsam, doch gibt es auch Unterschiede. Das Klima des Minervois ist trockener, die Landschaft in der Regel rauher und der Wein häufig etwas leichter. Die durchschnittliche Weinqualität nimmt beständig zu. Von unterschiedlichen Böden – felsig, kalkhaltig, lehmig und steinig – kommen viele gute bis sehr gute Weine sowohl von Privatgütern als auch von Genossenschaften. Der Name des Gebiets geht auf das keltische *men erba,* bewaldeter Felsen, zurück. Für einen Zusammenhang mit Minerva, der römischen Göttin der Weisheit und des Wissens, gibt es keine Belege. Die Minervois-Weine sollte man im Auge behalten, und zwar in erster Linie den Rotwein, aber auch das wenige, was an Rosé und Weißwein erzeugt wird.

Rings um Carcassonne

Noch nicht alle Bezirke sind in die Kategorie der Appellation contrôlée vorgestoßen. Außerhalb von Corbières und Minervois liegen zwei kleine Bezirke, die als VDQS eingestuft sind. Der eine sind die Côtes du Cabardès et de l'Orbiel (oder einfach Cabardès) westlich des Minervois und nördlich und nordöstlich der Stadt Carcassonne. Vierzehn Gemeinden liefern hier Rotwein und Rosé.

Der zweite Bezirk, die Côtes de la Malepère im Südwesten von Carcassonne, umfaßt fünfzehn Gemeinden mit einer bestockten Fläche von etwa 6500 Hektar und ist damit doppelt so groß wie Cabardès.

Blanquette de Limoux

Limoux, eine kleine Stadt im Departement Aude, rund 25 Kilometer von Carcassonne entfernt, nimmt im Languedoc eine besondere Position ein. Es gibt hier eine Kirche aus dem 12. und eine Brücke aus dem 14. Jahrhundert, ein Museum, alte Häuser; bekannt ist auch die *confiserie* wie z.B. Nougat und Türkischer Honig. Vor allem ist Limoux aber die Wiege des französischen Schaumweins. Der Blanquette de Limoux, seit 1981 Appellation contrôlée, soll der erste französische Schaumwein gewesen sein. Er kann aus 45 Gemeinden stammen. Die Rebgärten liegen zu beiden Seiten des Aude auf Kalkstein- und Kiesböden.

Der Wein verdankt seinen Namen der wichtigsten Rebe, dem Mauzac, der auch Blanquette genannt wird. Der letztere Name ist ein Hinweis auf die weiße Unterseite der Blätter. Da es dem Mauzac etwas an Säure mangelt, wird er von Chardonnay und Chenin blanc unterstützt. Diese beiden bringen außer Säure auch Aroma und Verfeinerung mit. Der Wein kommt wie Champagner durch eine zweite Gärung in der Flasche zu seiner Kohlensäure. Von der gut ausgestatteten Genossenschaft in Limoux kommen etwa vier Fünftel der Erzeugung.

Schaumwein wird in Limoux schon seit mindestens 450 Jahren hergestellt. Urkunden belegen, daß die Mönche von Saint-Hilaire schon im Jahre 1531 einen solchen Wein erzeugten. Dieser dürfte allerdings mit dem heutigen Blanquette de Limoux wenig gemein gehabt haben, da die *méthode champenoise* eine relativ junge Erfindung ist. Es gibt allerdings eine Version, die durchaus direkt auf die Mönche zurückgehen könnte, den heutigen Vin de Blanquette. Dieser wird nach der *méthode rurale* erzeugt, einem Verfahren, das dem für den Clairette de Die sehr ähnlich ist.

Außerdem kommt aus Limoux ein stiller Weißwein, der einfach Limoux heißt und früher Limoux Nature genannt wurde. Qualitativ bleibt er deutlich hinter dem Schaumwein zurück.

PLÄDOYER

Die Weinorganisationen der Coteaux du Languedoc plädieren nachdrücklich für die Zulassung weiterer Rebsorten für die Herkunftsbezeichnung. Vor allem Merlot und Cabernet-Sauvignon gedeihen in dieser Gegend hervorragend. Bis jetzt werden Weine aus diesen und anderen «Import»-Sorten zu Vins de pays deklassiert.

Muskatweine
Muskatweine gehören schon seit Jahrtausenden zu den flüssigen Juwelen des Languedoc. So äußerte sich schon Plinius der Jüngere höchst lobend über den Muskatwein von Frontignan, und am Hofe Ludwigs XIV. wurde dieser Wein als Dessertwein gereicht.

In Hérault gibt es vier Herkunftsbezeichnungen für Muskatweine. Die alphabetische Reihenfolge dieser Herkunftsgebiete deckt sich mit der chronologischen Reihenfolge, in der den einzelnen Bezirken die offizielle Anerkennung erteilt wurde:

Muscat de Frontignan (1936);
Muscat de Lunel (1943);
Muscat de Mireval (1959);
Muscat de Saint-Jean-de-Minervois (1972).

In allen Bezirken ist der Muscat à petits grains die einzige zugelassene Rebsorte. Die Gärung des Mosts wird unterbrochen, indem eine bestimmte Menge Weingeist hinzugefügt wird. Der Wein, der in die Kategorie der *vins doux naturels* fällt, bleibt süß, weil nicht aller Zucker vergären kann. Der Restzuckergehalt muß mindestens 125 Gramm je Liter betragen, der Mindestalkoholgehalt 15 Prozent. Insgesamt acht Gemeinden aus dem Languedoc liefern jährlich etwa ein Viertel aller verstärkten Muskatweine, die in Frankreich gerne als Aperitif getrunken werden. Sie sind aber auch vorzügliche Dessertweine. Die vier genannten Gemeinden ähneln einander sehr, doch gibt es auch kleine Unterschiede. Die älteste und bekannteste ist Frontignan; die Muskatweine von dort zeichnen sich durch beständige Qualität aus. Lunel, ein Städtchen mit 13500 Einwohnern, nennt sich La Cité de Muscat – mit einigem Recht, denn der Muscat de Lunel ist ein Produkt mit Finesse. Der Muskatwein von Mireval ist besonders reich an Alkohol wie auch an Zucker. Der jüngste der Reihe, Muscat de Saint-Jean-de-Minervois, kann manchmal auffallend reich und nuanciert sein.

In allen vier Bezirken ist die Erzeugung fest in der Hand von Genossenschaften, doch gibt es auch Muskatweine von Privatgütern.

Appetitanregende Schilder in Frontignan, wo schon seit Menschengedenken Muskatwein erzeugt wird.

Landweine
Das Languedoc ist das Gebiet der Landweine; in etwa 60 Bezirken wird dieser Weintyp erzeugt. Die Unterschiede zwischen den zahlreichen *vins de pays* sind groß, z.B. was die Erzeugungsmenge betrifft. Die Erntemengen können zwischen 1000 und 800000 Hektoliter pro Jahr schwanken. Auch hinsichtlich der Qualität gibt es Unterschiede. Das Gros dieser Weine ist einfach, aber es gibt auch hervorragende Flaschen von AC-Niveau. Dies hängt zum Teil mit dem französischen Weingesetz zusammen. Die Richtlinien für Landweine sind nämlich viel lockerer als die für Weine mit einer Appellation contrôlée, zumal was die Rebsorten betrifft. So dürfen für Landweine Rebsorten verwendet werden, die nicht in der Gegend heimisch sind. Deshalb können im Languedoc vorzügliche Vins de pays z.B. aus den bereits erwähnten Bordeaux-Reben Cabernet-Sauvignon und Merlot erzeugt werden. Selbst der weiße Chardonnay aus dem Burgund ist hier in geringem Umfang angepflanzt. Man kann annehmen, daß die Zahl qualitativ hochwertiger Vins de pays rasch zunehmen und damit auch das Languedoc als Lieferant von Qualitätsweinen immer interessanter werden wird.

BEINAME

Wegen der offenbar unbegrenzten Möglichkeiten auf dem Gebiet des Weins wird das Languedoc in der Weinwelt häufig «das Kalifornien Frankreichs» genannt.

Roussillon

Die Landschaft der Côtes du Roussillon-Villages ist ein Webmuster aus vielen Brauntönen.

Das Roussillon ist ein historisches Gebiet, dessen Grenzen sich in etwa mit jenen des heutigen Departements Pyrénées-Orientales (4341 Quadratkilometer) decken. Der Name des Gebiets geht auf die ehemalige Hauptstadt zurück. Das Roussillon, das südlichste Weingebiet des französischen Festlands, blickt auf eine bewegte Geschichte zurück. Dies hat mit der Lage des Gebiets an der Grenze zwischen dem heutigen Spanien und Frankreich am Rande der Pyrenäen zu tun. Mehr noch als das Languedoc war Roussillon Durchgangsgebiet zwischen der Iberischen Halbinsel und dem übrigen Europa. In der Nähe des Dorfs Tautavel wurden die Überreste von Menschen entdeckt, die dort vor 500000 Jahren lebten. Wein tranken sie sicher noch nicht – die Rebe wurde erst von den Griechen hierher gebracht.

Zankapfel

Als Grenzgebiet war Roussillon immer wieder Zankapfel zwischen den Nationen. Fast 400 Jahre lang gehörte Roussillon zum Königreich Mallorca. Dadurch ist das Gebiet deutlich und nachhaltig spanisch geprägt. Der Dialekt des Roussillon ist das Katalanische. Die Menschen aus dieser Gegend haben keinerlei Verständigungsschwierigkeiten mit den Bewohnern des spanischen Katalonien. Die Kultur und die Traditionen von Roussillon sind auch heute noch teilweise mehr spanisch als französisch. Dennoch gehört das Gebiet schon seit 1642 zu Frankreich.

Palmen in Perpignan, der Hauptstadt des Roussillon.

Perpignan

Die Hauptstadt des Departements Pyrénées-Orientales ist Perpignan, eine geschäftige Stadt mit gut 100000 Einwohnern. Sie liegt am Têt, einem 120 Kilometer langen Fluß, der am Fuße des Pic Carlitte entspringt und hinter Perpignan in das Mittelmeer mündet. Perpignan ist eine außerordentlich fesselnde Stadt, die von der Zitadelle aus dem 16. und 17. Jahrhundert beherrscht wird. In ihrem Innern befindet sich der ehemalige Palast der Könige von Mallorca.

Im Roussillon gedeihen außer Reben auch eine Vielzahl anderer Früchte, zum Beispiel Erdbeeren, Aprikosen, Äpfel, Kirschen, Birnen und Pfirsiche. Dieses Obst wird teilweise in Perpignan selbst verkauft, teilweise wird es hier in Konservenfabriken und Brennereien verarbeitet.

Der größte Teil der Früchte kommt aus der Ebene von Perpignan. Dies ist

Die Rosés der Côtes du Roussillon können überraschend köstlich sein, speziell diejenigen aus Rasiguères. Hier wird einer von ihnen andächtig verkostet.

KUNSTCAFÉ

In dem Hafen- und Weinort Collioure gibt es ein Café und Hotel-Restaurant, Les Templiers, das voller Gemälde bekannter Maler hängt. Diese haben als junge Künstler in Collioure gearbeitet und ihre Rechnungen mit Gemälden und Zeichnungen bezahlt.

Ein alte Carignan-Rebe, die häufigste blaue Rebe des Roussillon.

ein fruchtbares Gebiet, Schwemmland der Flüsse Agly, Têt und Tech, das wie ein Amphitheater von Hügeln und Bergen umschlossen und beschützt wird.

Vielfalt der Böden und der Weine

Unter den Nutzpflanzen des Roussillon nimmt die Rebe einen besonderen Platz ein: Von der gesamten landwirtschaftlich nutzbaren Fläche sind etwa 40 Prozent mit Reben bestockt. Die Bodenstruktur ist vielfältig; man findet Lehm mit und ohne Kalk, kieshaltigen Sand, Schiefer, Mergel und Steine. Diese natürlichen Bodenunterschiede bieten die Grundlage für ein breites Spektrum von Weinen. Im Roussillon hat man diese Möglichkeit vollauf genutzt. Außer einer Vielfalt von Rotweinen von unterschiedlichem Niveau sowie auch Rosés und Weißweinen liefert das Gebiet viele *vins doux naturels.* Dieser Kategorie verdankt das Roussillon bis heute weitgehend seine Bekanntheit.

Die Geburt der Vins doux naturels

Bei den Chinesen war die Kunst des Destillierens schon sehr lange bekannt. Vor etwa 6000 Jahren bereiteten sie bereits *alaki,* eine Art Arrak (Branntwein aus Reis). 1500 Jahre später wandten die Phönizier das Prinzip der Destillation zur Trinkwassergewinnung an. Sie brachten Seewasser zum Verdampfen, fingen den aufsteigenden Wasserdampf in Schwämmen auf und drückten diese aus. Danach sollte es bis zum 8. Jahrhundert dauern, bis das Destillieren alkoholhaltiger Getränke in größerem Umfang eingeführt wurde. Vermutlich haben es die Kreuzfahrer von den Arabern gelernt. Einer der ersten, die in Europa über das Destillieren schrieben, war um das Jahr 1150 Magister Salernus von der medizinischen Fakultät der Universität Salerno. In dieser Zeit suchten die Gelehrten intensiv nach neun Arzneien; dabei arbeiteten sie oft mit Wein als Ausgangsstoff. Im 13. Jahrhundert war der aus Valencia stammende Arnaldus von Villanova, der vermutlich jüdischer Abkunft war, einer der wichtigsten Ärzte des Mittelalters. Er war Leibarzt mehrerer Kaiser, Könige und Päpste, und er muß einen großen Teil des damaligen Wissens beherrscht haben. Er lehrte an verschiedenen Orten, auch in Montpellier. Er beschäftigte sich mit alchemistischen Experimenten und führte viele neue Anschauungen und Techniken in die Heilkunde ein. Den Weinalkohol nannte er *aqua vitae* (Lebenswasser), weil dieses Destillat als sehr heilsam und lebensverlängernd galt. Es heißt, daß Villanova bei einem Experiment gärendem Most etwas *eau-de-vie* (Branntwein) hinzufügte, um die Auswirkung zu studieren. Es zeigte sich, daß die Gärung aufhörte und im Wein Restzucker erhalten blieb. Da Flaschen und Korken damals noch nicht erfunden waren, oxidierte unbehandelter Wein schnell, besonders in einem warmen Klima. Dank des Verfahrens von Villanova bekamen die Weine mehr Alkohol und Zucker und wurden gleichzeitig haltbarer. Dies war die Geburtsstunde der Vins doux naturels.

Rivesaltes und Maury

Verstärkte Aperitif- und Dessertweine werden im Roussillon in drei Versionen hergestellt. In diesem Zusammenhang müssen speziell drei Orte genannt werden: Rivesaltes, Maury und Banyuls.

Rivesaltes ist das Gebiet, das in Frankreich den meisten Vin doux naturel liefert; er kommt aus 86 der 118 Gemeinden, die auch Côtes du Roussillon liefern. Für die Rotweine wird der Grenache noir verwendet, für Weißwein oder *vin doré* Grenache blanc, Grenache gris und/oder Maccabeu. Der beste Vin doux naturel von Rivesaltes ist jedoch der Muscat de Rivesaltes, der ausschließlich aus Muskattrauben erzeugt wird. Als Dessertwein ist er ein köstlicher Begleiter zu Früchten, süßen Nachspeisen und Blauschimmelkäse.

Aus Maury, einem kleinen Gebiet 25 Kilometer weiter westlich, kommt ein roter Vin doux naturel, der mindestens zur Hälfte aus Grenache noir besteht.

Banyuls und Collioure

Banyuls ist ein Fall für sich. Vier Gemeinden an der felsigen Südküste Frankreichs – Collioure, Port Vendres, Banyuls-sur-Mer und Cerbère – bilden zusammen das Herkunftsgebiet des Vin doux naturel Banyuls. Die wichtigste Rebe ist der Grenache noir. Die Reben stehen in diesem Bezirk vielfach auf Terrassen an steilen Schieferhängen, die nur mit einer dünnen Schicht Erde bedeckt sind. Von den beiden wichtigsten Typen, Banyuls und Banyuls Grand Cru, ist der zweite der reifste und beste. Während eines Teils der langen Lagerzeit im Faß bleibt dieser Wein im Freien, wodurch Oxidation eintritt. Aus diesem Grund erinnern manche Typen des Banyuls Grand Cru sehr an eine Kombination von Madeira und Port. Außer der normalen süßen Version gibt es auch eine trockenere Variante Banyuls Grand Cru, die *dry* oder *sec* heißt. Vollkommen trocken ist dieser verstärkte Wein jedoch nicht; eine gewisse Süße ist im Geschmack stets vorhanden. Wegen seiner markanten Persönlichkeit nimmt der Banyuls unter den französischen Vins doux naturels einen besonderen Platz ein. Er ist außerdem einer der ganz wenigen Dessertweine, die vorzüglich zu Nachspeisen mit Schokolade schmecken.

Nicht aller Wein aus dem Banyuls-Gebiet wird zu Vin doux naturel verarbeitet. Es gibt auch einen nicht verstärkten Rotwein, der aber nur in geringen Mengen erzeugt wird. Dies ist der Collioure, der mindestens neun Monate auf Holz liegen muß. Sein Geschmack ist rund und ansprechend, ohne besonders fein oder nuanciert zu sein. Im Jahre 1971 wurde Collioure der Status einer Appellation contrôlée zuerkannt.

Entscheidung für Qualität

Sowohl in bezug auf die Vins doux naturels als auch auf «normale» Weine entschied man sich im Roussillon schon Anfang der sechziger Jahre konsequent für Qualität – weit früher als im Languedoc. Unter der Führung einiger junger und tatkräftiger Winzer und Weinfirmen wurden flache, überproduktive Rebgärten gerodet und neue in günstigen Hanglagen angelegt. Auch der Verbesserung der Weinbereitung und der Kelteranlagen widmete man große Aufmerksamkeit. Der Lohn der Mühen und finanziellen Aufwendungen war eine beachtliche Verbesserung der durchschnittlichen Weinqualität. Aus diesem Grund wurde nach den Vins doux naturels auch den unverstärkten Gebietsweinen die Appellation contrôlée zuerkannt. So entstanden im Jahre 1977 die Herkunftsbezeichnungen Côtes du Roussillon und Côtes du Roussillon-Villages.

Felsiger Rebenhang in Banyuls. Indem das Wasser in Kanäle geleitet wird, vermeidet man, daß der Boden zu Tal gespült wird.

Côtes du Roussillon

Die Appellation Côtes du Roussillon umfaßt 118 Gemeinden und liefert überwiegend Rotweine. Daneben wird etwas Rosé erzeugt, und bei dem kleinen Anteil trockener Weißweine ist eine leichte Zunahme zu verzeichnen. Für Rotwein und Rosé ist festgelegt, daß mindestens drei Rebsorten für den Wein verwendet werden müssen, wobei der Anteil des Carignan höchstens 70 Prozent betragen darf. Eine typische Eigenschaft des roten Côtes du Roussillon ist seine Geschmeidigkeit. Die Kraft der Sonne verleiht dem Wein gleichzeitig eine robuste Konstitution und eine gesunde, feste Farbe. Je nach dem Boden, den verwendeten Rebsorten, der Vinifikation und dem Ausbauverfahren lassen sich in den Weinen verschiedene fesselnde Aromen feststellen. Weißer Côtes du Roussillon ist dann am besten, wenn der Wein nach modernem Verfahren bei niedriger Temperatur vergoren wurde, so daß die Frucht des Maccabeu mit einem guten Säureanteil im Wein erhalten bleibt.

Das trutzige Latour-de-France war früher ein befestigter Grenzort. Heute ist es vor allem wegen seiner guten Rotweine bekannt.

Berge und Strände

Nicht nur Wein-, sondern auch Sportfreunde kommen hier auf ihre Kosten. Die Entfernung zwischen den hohen Berggipfeln und dem Strand ist so gering, daß man zu bestimmten Zeiten vormittags im Schnee und nachmittags auf dem Wasser skifahren kann.

Côtes du Roussillon-Villages
Von den Gemeinden der Côtes du Roussillon haben 25 das Recht auf die etwas höhere Herkunftsbezeichnung Côtes du Roussillon-Villages. Diese Orte liegen sämtlich im Norden des Têt-Tals. Der höchstzulässige Hektarertrag liegt um 10 Prozent niedriger, der Alkoholgehalt ein halbes Prozent höher. Qualitativ haben die Villages noch etwas mehr zu bieten als die übrigen Gemeinden. Die Struktur der Weine ist noch etwas fester, und Duft und Geschmack sind meist etwas komplexer. Auch Roussillon-Villages ist überwiegend Rotwein. Zwei Crus sind Caramany und Latour-de-France. Der Ort Rasiguères ist nicht nur wegen seines Rotweins, sondern besonders wegen seines hervorragenden Rosés bekannt.

Dynamische Genossenschaften
In der Weinwelt des Roussillon sind die *Vignerons Catalans* ein fester Begriff. Unter diesem Namen arbeitet eine Gruppe von rund 50 Genossenschaften. Die Genossenschaften spielen in diesem Gebiet ein große Rolle, da die Besitzungen überwiegend klein sind; die durchschnittliche Betriebsgröße liegt bei rund 6 Hektar. Die deutlichen Fortschritte, die in diesem Gebiet in den letzten Jahrzehnten zu verzeichnen waren, sind hauptsächlich den Vignerons Catalans zu verdanken. Sie experimentieren nach wie vor mit Rebsorten und neuen Vinifikationstechniken. Bei den weißen Rebsorten scheinen sich hier Chardonnay, Malvoisie und Marsanne einen festen Platz zu sichern. Von den neueren Vinifikationstechniken erwies sich vor allem die *macération carbonique* als für dieses Gebiet geeignet. Außerdem beschäftigte man sich auch mit dem Ausbau des Weins. Einige Genossenschaften bauen heute bereits einen Teil ihrer Rotweine auf Holz aus. Wenn es den Vignerons Catalans gelingt, ihren Qualitätskurs beizubehalten, wird man aus dem Weingebiet Roussillon noch viel Erfreuliches hören.

Ein Spezialität von Roussillon ist die Cargolade, gesalzene und gepfefferte Schnecken, die über der Glut von Rebenzweigen gebacken werden. Man ißt sie mit aiolli, *Knoblauchmayonnaise.*

Korsika

Der Hafen von Bastia, der zweitgrößten Stadt Korsikas nach Ajaccio. In diesen beiden Orten wohnt über ein Drittel der Inselbevölkerung.

Mit einer Länge von 185 Kilometer und einer größten Breite von 85 Kilometer gehört Korsika zu den beeindruckendsten Inseln des Mittelmeers. Rund zwanzig Berggipfel ragen über 2000 Meter hoch auf. Wegen seiner strategischen Lage war Korsika zu allen Zeiten Streitobjekt zwischen den Mächtigen. Die ersten Herren waren in grauer Vorzeit die Ligurer. Nach ihnen kamen die Karthager, dann die Römer, danach die Vandalen. Nach 533 brach die Zeit eines ständigen Wechsels an: Einmal gehörte die Insel den Ostgoten, dann wieder den Byzantinern. Im 9. Jahrhundert wurde Korsika islamischer Besitz, bis es gegen Ende des 11. Jahrhunderts Papst Gregor VII. als Souverän anerkannte. Damit begann eine lange italienische Phase. Papst Urban II. übertrug Pisa die Herrschaft über die Insel. 1347 wurde Korsika Eigentum von Genua, zu dem es bis in das 18. Jahrhundert gehörte. Unter den Genuesen kam es auf Korsika erstmals zu Unabhängigkeitsbestrebungen. Auf Bitten Genuas stellte Frankreich die Ordnung wieder her, womit jedoch gleichzeitig auch das Ende der genuesischen Herrschaft besiegelt war. 1769 wurde die Insel französisches Herrschaftsgebiet. Im gleichen Jahr wurde am 15. August in der Hauptstadt Ajaccio Napoleon geboren. Dort steht heute noch sein Geburtshaus, in dem ein Museum eingerichtet ist. Politisch besteht Korsika aus den beiden Departementen Corse-du-Sud und Haute-Corse. Im übrigen wirkt die Insel eher italienisch als französisch. Die Namen der Bewohner und Städte, der Häuser und Kirchen, der Straßen und Gebäude, das Essen und die Traditionen und auch die Weinreben sind noch immer sehr italienisch. Auch der auf der Insel gesprochene Dialekt, der in der Schule gelehrt wird, steht dem Italienischen näher als dem Französischen.

KEINE EILE

Auf Korsika gibt es keine Autobahnen, und die vorhandenen Straßen sind kurvenreich. Wer die Insel mit dem Auto bereist, muß sich auf eine Durchschnittsgeschwindigkeit von kaum 30 Stundenkilometern einstellen. Eile ist hier unmöglich.

Wiedergeburt

Unter den Genuesen war die Insel nicht mehr als eine Kolonie. Aus kommerziellen Gründen förderten die Genueser den Weinbau ebenso wie die Anpflanzung von Obst und anderen Kulturen. Im Jahre 1572 erging ein Erlaß an die Bewohner, daß jede Familie vier Rebstöcke pflanzen mußte.

Erst als die Franzosen Herren der Insel waren, setzte eine kräftige Entwicklung des Weinbaus ein. Sie fand auch hier ein abruptes Ende, als die Reblaus alle Weingärten vernichtete und der Bevölkerung die Existenzgrundlage raubte. Noch Anfang der sechziger Jahre war die Produktion so gering, daß damit gerade die Hälfte des Eigenbedarfs der Insel gedeckt werden konnte. Neue Im-

In der Genossenschaft von Aléria wird der Tresterkuchen aus einer großen Weinpresse geschoben.

pulse erhielt der Weinbau, als die Franzosen Algerien verlassen mußten und ein Teil der Rückwanderer sich auf der *Ile de Beauté* niederließ. Sie brachten ihre Arbeitskraft, Erfahrung, ihre Kenntnisse und ihr Geld mit. So kam es vor allem auf der östlichen Ebene zu einer stürmischen Entwicklung des Weinbaus, so daß der Wein in weniger als einem Jahrzehnt zum wichtigsten Agrarprodukt Korsikas wurde. Anfänglich spielte die Quantität gegenüber der Qualität kaum eine Rolle. Der größte Teil des Weins wurde als *vin de table* zur Verstärkung zu leichter Weine in den französischen Süden verschifft. Ein kleiner Teil war der etwas bessere *vin de pays,* während der Anteil der Weine mit Appellation contrôlée ganze drei Prozent ausmachte.

Qualitätsverbesserung

Gegen Ende der sechziger Jahre zeigen sich erste Ansätze zu einer Qualitätsverbesserung: mit Patrimonio wurde 1968 die erste geschützte Herkunftsbezeichnung geschaffen. Von den etwa vierzig lokalen Rebsorten spielen die beiden blauen Reben Nielluccio und Sciacarello und der weiße Vermentino (oder Malvoisie de Corse) eine Hauptrolle. Wenn der Nielluccio nicht mit dem italienischen Sangiovese identisch ist – worüber sich die Gelehrten noch streiten –, dann sind sie zumindest miteinander verwandt. Er liefert hier reintönige, gut strukturierte, volle Weine. Der spätreifende Sciacarello ist nicht besonders farbintensiv oder körperreich, verleiht indes Würze, Duft, Säuren und «Stoff». Diese beiden blauen Reben ergänzen sich vorzüglich. Aus dem Vermentino, der unbestrittenen Nummer eins der weißen Reben, werden etwa drei Viertel der Weißweine mit Appellation contrôlée erzeugt. Bei zeitiger Lese erhält man Weine mit schöner Säure und einem Aroma von reifer Frucht, während bei später Lese die Weine zuviel Alkohol und zu wenig Frische aufweisen. Der Zeitpunkt der Lese muß also sehr sorgfältig bestimmt werden.

Auch heute noch ist der größte Teil der Erzeugung Korsikas Massenwein, doch ist sein Anteil zurückgegangen, da ein Drittel der Rebgärten gerodet wurden. Immer mehr profiliert sich Korsika als Lieferant sehr ordentlicher und praktisch immer charaktervoller Weine, die mehr als lokale Bekanntheit verdienten. Bisher wird nur sehr wenig korsischer Qualitätswein exportiert, weil der größte Teil der Ernte von der Bevölkerung selbst und den zahllosen Touristen getrunken wird.

WALDREICH

Der Name Korsika geht auf die Phönizier zurück, die die Insel «Korsai» tauften, was «mit Wäldern bedeckt» heißt. Noch immer ist Korsika reich an Wäldern, vor allem im Landesinnern.

Auf der großen östlichen Ebene von Korsika wird überwiegend maschinell gelesen.

Die alte Festungsstadt Sartène im Südwesten liegt im Zentrum eines Gebiets, aus dem hauptsächlich Rotweine und Rosés kommen.

Sieben Bezirke

Die allgemeine Herkunftsbezeichnung für korsischen Wein ist Vin de Corse. Dies können Rotweine, Rosés und Weißweine sein. Das Gros wird auf den weitläufigen östlichen Ebenen erzeugt, wo der Weinbau bis hin zur Lese stark mechanisiert ist. Sieben Bezirke haben das Recht, ihren Namen der Bezeichnung Vin de Corse hinzuzufügen, nämlich Calvi, Coteaux d'Ajaccio, Coteaux du Cap Corse, Figari, Patrimonio, Porto-Vecchio und Sartène.

Calvi. Dies ist der größte der sieben Bezirke. Das Gebiet heißt La Balagne. Der Boden ist stark kieshaltig. Die Rotweine sind sehr ansprechend, der trokkene Weißwein ebenfalls. Der Rotwein ist gut lagerfähig.

Coteaux d'Ajaccio. Attraktiver Bezirk, in dem viel Sciacarello angepflanzt ist. Die Rotweine schmecken hier würzig und elegant zugleich.

Coteaux du Cap Corse. Aus dem nördlichen Teil Korsikas kommen trockene und fruchtige Weine von milder Frische. Sie zählen zu den besten der Insel. Außerdem werden hier üppige Muskatweine erzeugt, für die es noch keine geschützte Herkunftsbezeichnung gibt und die deshalb offiziell nur auf Korsika selbst verkauft werden dürfen.

Figari. In diesem südlichsten Bezirk gibt es zur Zeit erhebliche Probleme. Die lokale Genossenschaft setzt alles daran, um zu verhindern, daß Figari als Weingebiet und Wein verschwindet. Dies wäre in der Tat bedauerlich, denn der rote Figari ist höchst angenehm.

Patrimonio. Lange Zeit war die Spezialität dieses Bezirks trockener Rosé, und zwar deshalb, weil blaue und weiße Reben aufs Geratewohl durcheinander gepflanzt wurden. Heute liegt der Schwerpunkt auf dem Rotwein. Einige Weine von Patrimonio gelten wegen ihrer tiefen Farbe, ihrer lebendigen Art und ihren angenehmen Rundungen als die besten Rotweine der Insel. Auch Rosé wird nach wie vor erzeugt. Außerdem kommen aus dem Bezirk Muskatweine.

Porto-Vecchio. Nicht nur ein beliebter Ferienort, sondern auch ein Weinbezirk mit sehr guten aromatischen und harmonischen Rotweinen, Weißweinen und Rosés.

Sartène. Die gleichnamige alte Festungsstadt ist das Zentrum dieses Bezirks. Die hauptsächlich erzeugten Rotweine zeichnen sich durch eine feste Struktur und einen geschmeidigen Geschmack aus.

ENKLAVE

Fast aller korsischer Wein kommt von der Küste. Eine Ausnahme ist ein kleines Gebiet bei Ponte Leccia in Zentralkorsika. Die Weine, die von hier kommen, haben die Herkunftsbezeichnung Vins de Corse.

Rebgärten der Domaine de Torraccia im Bezirk Porto-Vecchio. Sie liefern Weißwein, Rotwein und Rosé.

Die Klassifikationen

Die Lage Clos Saint Jacques ist ein Premier cru in Gevrey-Chambertin. Von hier kommen rote Burgunder, die sich mit höher klassifizierten Grands crus messen können.

Direkt oder indirekt stehen alle französischen Klassifikationen in einem Zusammenhang mit dem Boden, auf dem die jeweiligen Weine erzeugt werden, d.h. mit einem natürlichen Faktor. Keine Klassifikation berücksichtigt jedoch den menschlichen Faktor, der mindestens ebenso wichtig ist. Wenn ein Winzer das Potential seines Bodens nicht nutzt, kann das Resultat enttäuschend sein, ein Wein, der nicht in diese Klassifikation gehört. Schon deshalb ist im Umgang mit den Klassifikationen Vorsicht geboten; eine absolute Qualitätsgarantie sind sie nicht. Außerdem sind einige Klassifikationen schon seit über einem Jahrhundert nicht mehr revidiert worden, was ihre Aussagekraft ebenfalls mindert. Teilweise enthalten sie Güter, die es gar nicht mehr gibt. Auch deshalb darf man einer Klassifikation niemals blind vertrauen.

Bordeaux

In keinem französischen Weingebiet gibt es so viele Klassifikationen wie in Bordeaux. Alle hier genannten sind gesetzlich anerkannt, ausgenommen diejenige der Crus bourgeois. Diese wurde vom Verband der «Bürger»-Châteaux selbst aufgestellt. Die gesetzliche Anerkennung wird jedoch mit Nachdruck angestrebt.

Médoc – Grands crus classés

Premiers grands crus classés
Lafite-Rothschild *Pauillac*
Latour *Pauillac*
Margaux *Margaux*
Mouton Rothschild *Pauillac*
Haut-Brion *Pessac (Graves)*

Deuxièmes grands crus classés
Rausan-Ségla *Margaux*
Rausan-Gassies *Margaux*
Léoville-Las Cases *Saint-Julien*
Léoville-Poyferré *Saint-Julien*
Léoville-Barton *Saint-Julien*
Durfort-Vivens *Margaux*
Gruaud-Larose *Saint-Julien*
Lascombes *Margaux*
Brane-Cantenac *Cantenac*
Pichon-Longueville Baron *Pauillac*
Pichon-Longueville Comtesse de Lalande *Pauillac*
Ducru-Beaucaillou *Saint-Julien*
Cos d'Estournel *Saint-Estèphe*
Montrose *Saint-Estèphe*

Troisièmes grands crus classés
Kirwan *Cantenac*
d'Issan *Cantenac*
Lagrange *Saint-Julien*
Langoa-Barton *Saint-Julien*
Giscours *Labarde*
Malescot-Saint-Exupéry *Margaux*
Cantenac-Brown *Cantenac*
Boyd-Cantenac *Cantenac*
Palmer *Cantenac*
La Lagune *Ludon*
Desmirail *Margaux*
Calon-Ségur *Saint-Estèphe*
Ferrière *Margaux*
Marquis d'Alesme Becker *Margaux*

Quatrièmes grands crus classés
Saint-Pierre *Saint-Julien*
Talbot *Saint-Julien*
Branaire-Ducru *Saint-Julien*
Duhart-Milon-Rothschild *Pauillac*
Pouget *Cantenac*
La Tour Carnet *Saint-Laurent*
Lafon-Rochet *Saint-Estèphe*
Beychevelle *Saint-Julien*
Prieuré-Lichine *Cantenac*
Marquis de Terme *Margaux*

Cinquièmes grands crus classés
Pontet-Canet *Pauillac*
Batailley *Pauillac*

Haut-Batailley *Pauillac*
Grand-Puy-Lacoste *Pauillac*
Grand-Puy Ducasse *Pauillac*
Lynch-Bages *Pauillac*
Lynch-Moussas *Pauillac*
Dauzac *Labarde*
Mouton Baron Philippe *Pauillac*
du Tertre *Arsac*
Haut-Bages Libéral *Pauillac*
Pédesclaux *Pauillac*
Belgrave *Saint-Laurent*
de Camensac *Saint-Laurent*
Cos Labory *Saint-Estèphe*
Clerc Milon *Pauillac*
Croizet-Bages *Pauillac*
Cantemerle *Macau*

Médoc – Crus bourgeois

Crus grands bourgeois exceptionnels
d'Agassac *Ludon*
Andron-Blanquet *Saint-Estèphe*
Beau-Site *Saint-Estèphe*
Capbern Gasqueton *Saint-Estèphe*
Caronne-Sainte-Gemme *Saint-Laurent*
Chasse-Spleen *Moulis*
Cissac *Cissac*
Citran *Avensan*
Le Crock *Saint-Estèphe*
Dutruch-Grand-Poujeaux *Moulis*
Fourcas-Dupré *Listrac*
Fourcas Hosten *Listrac*
du Glana *Saint-Julien*
Haut-Marbuzet *Saint-Estèphe*
de Marbuzet *Saint-Estèphe*
Meyney *Saint-Estèphe*
Phélan-Ségur *Saint-Estèphe*
Poujeaux *Moulis*

Crus grands bourgeois
Beaumont *Cussac*
Bel-Orme Tronquoy de Lal. *Saint-Seurin-de-Cadourne*
Brillette *Moulis*
La Cardonne *Blaignan*
Colombier-Monpelou *Pauillac*
Coufran *Saint-Seurin-de-Cadourne*
Coutelin-Merville *Saint-Estèphe*
Duplessis *Moulis*
La Fleur Milon *Pauillac*
Fontesteau *Saint-Sauveur*
Greysac *Bégadan*
Hanteillan *Cissac*
Lafon *Listrac*
de Lamarque *Lamarque*
Lamothe-Cissac *Cissac*
Larose-Trintaudon *Saint-Laurent*
Laujac *Bégadan*
Liversan *Saint-Sauveur*
Loudenne *Saint-Yzans-de-Médoc*
Mac-Carthy *Saint-Estèphe*
de Malleret *Le Pian*
Martinens *Margaux*
Le Meynieu *Vertheuil*
Morin *Saint-Estèphe*
Moulin à Vent *Moulis*
Les Ormes de Pez *Saint-Estèphe*
Les Ormes Sorbet *Couquèques*
Patache d'Aux *Bégadan*
Paveil de Luze *Soussans*
Peyrabon *Saint-Sauveur*
Pontoise-Cabarrus *Saint-Seurin-de-Cadourne*
Potensac *Potensac*
Reysson *Vertheuil*
Ségur *Parempuyre*
Sigognac *Saint-Yzans-de-Médoc*
Sociando-Mallet *Saint-Seurin-de-Cadourne*
du Taillan *Le Taillan*
La Tour de By *Bégadan*
Tour du Haut-Moulin *Cussac*
Tronquoy-Lalande *Saint-Estèphe*
Verdignan *Saint-Seurin-de-Cadourne*

Crus bourgeois
Aney *Cussac*
Anthonic *Moulis*
Arnauld *Arcins*
Balac *Saint-Laurent*
Beau-Site Haut-Vignoble *Saint-Estèphe*
La Bécade *Listrac*
Bellerive *Valeyrac*
Bellrose *Pauillac*
Bellevue *Valeyrac*
Les Bertins *Valeyrac*
Bonneau *Avensan*
Bonneau-Livran *Saint-Seurin-de-Cadourne*
le Bosq *Saint-Christoly*
le Bourdieu *Vertheuil*
Bournac *Civrac*
du Breuil *Cissac*
de la Bridane *Saint-Julien*
de By *Bégadan*
Cailloux de By *Bégadan*
Cap Léon Veyrin *Listrac*
du Cartillon *Lamarque*
Carcanieux *Queyrac*
Chambert-Marbuzet *Saint-Estèphe*
Charmail *Saint-Seurin-de-Cadourne*
La Clare *Bégadan*
Clarke *Listrac*
La Closerie-Grand-Poujeaux *Moulis*
De Conques *Couquèques*
Domaine de la Croix *Ordonnac*
David *Vensac*
Duplessis-Fabre *Moulis*
l'Estruelle *Saint-Yzans-de-Médoc*
Fonréaud *Listrac*
Fort de Vauban *Cussac*
Le France *Blaignan*
Gallais-Bellevue *Potensac*
La Gorre *Bégadan*
Goudy la Cardonne *Ordonnac*
Grand Moulin *Saint-Seurin-de-Cadourne*
Les Grands Chênes *Saint-Christoly*
La Gurgue *Margaux*
Lacombe de Noaillac *Jau-Dignac et Loirac*
Lagrave *Saint-Sauveur*
Lagorce *Blaignan*
Lieujan *Saint-Sauveur*
Haut-Bages Monpelou *Pauillac*
Haut-Canteloup *Couquèques*
Hauterive *Saint-Germain-d'Esteuil*
Haut-Garin *Prignac*
Haut-Logat *Cissac*
Haut-Maurac *Saint-Yzans-de-Médoc*
Hournabon *Prignac*
Hourtin-Ducasse *Saint-Sauveur*
de Labat *Saint-Laurent*
Lalande *Listrac*
Lalande d'Auvion *Blaignan*
Lamothe Bergeron *Cussac*
Landat *Cissac*
Larrivaux *Cissac*
Lartigue de Brochon *Saint-Seurin-de-Cadourne*
Lassalle *Potensac*
Lestage *Listrac*
Lestage-Simon *Saint-Seurin-de-Cadourne*
Liouner *Listrac*
MacCarthy Moula *Saint-Estèphe*
Magnol *Blanquefort*
Malescasse *Lamarque*
Malmaison *Listrac*
Marsac Seguineau *Soussans*
Maucaillou *Moulis*
Maucamps *Macau*
Mazails *Saint-Yzans-de-Médoc*
Les Moines *Couquèques*
Monbrison *Arsac*
du Monthil *Bégadan*
Moulin de Castillon *Saint-Christoly*
Moulin de Laborde *Listrac*
Moulin de la Roque *Bégadan*
Moulin de St. Vincent *Moulis*
Moulin Riche *Saint-Julien*
du Moulin Rouge *Cussac*
Moulis *Moulis*
Noaillac *Jau-Dignac et Loirac*
Panigon *Civrac*
Pey-Martin *Ordonnac*
Peyredon Lagravette *Listrac*
Pibran *Pauillac*
La Pirouette *Jau-Dignac et Loirac*
Le Plantey *Saint-Yzans-de-Médoc*
Plantey de la Croix *Saint-Seurin-de-Cadourne*
Pomys *Saint-Estèphe*
Preuillac *Lesparre*
Puy Castéra *Cissac*
Ramage la Batisse *Saint-Sauveur*
La Ribaud *Saint-Yzans-de-Médoc*
Domaine de la Ronceray *Saint-Estèphe*
La Roque de By *Bégadan*
La Rose Maréchale *Saint-Seurin-de-Cadourne*
Saint-Ahon *Caychac*
Saint-Aubin *Jau-Dignac et Loirac*

Saint-Bonnet *Saint-Christoly*
Saint-Estèphe *Saint-Estèphe*
Saint Paul *Saint-Seurin-de-Cadourne*
Saint-Roch *Saint-Estèphe*
Sémeillan *Listrac*
Sénéjac *Le Pian*
Senilhac *Saint-Seurin-de-Cadourne*
Sestignan *Jau-Dignac et Loirac*
Soudars *Saint-Seurin-de-Cadourne*
Tayac *Soussans*
Terrey-Gros-Cailloux *Saint-Julien*
La Tour Blanche *Saint-Christoly*
La Tour du Mirail *Cissac*
La Tour de Mons *Soussans*
Tour-du-Roc *Arcins*
des Tourelles *Blaignan*
La Tour Haut-Caussan *Blaignan*
La Tour St. Bonnet *Saint-Christoly*
La Tour St. Joseph *Cissac*
Tourteran *Saint-Saveur*
Troupian *Saint-Seurin-de-Cadourne*
Le Tuileries *Saint-Yzans-de-Médoc*
La Vallière *Saint-Christoly*
Vernous *Lesparre*
Vieux Château Landon *Bégadan*
Vieux Robin *Bégadan*

Graves

Crus classés (Rotwein)
Bouscaut *Cadaujac*
Haut Bailly *Léognan*
Domaine de Chevalier *Léognan*
Carbonnieux *Léognan*
de Fieuzal *Léognan*
Malartic-Lagravière *Léognan*
Olivier *Léognan*
La Tour Martillac *Martillac*
Smith Haut Lafitte *Martillac*
Haut-Brion *Pessac*
Pape Clément *Pessac*
La Mission Haut Brion *Talence*
La Tour Haut Brion *Talence*

Crus classés (Weißwein)
Bouscaut *Cadaujac*
Domaine de Chevalier *Léognan*
Carbonnieux *Léognan*
Malartic-Lagravière *Léognan*
Olivier *Léognan*
La Tour Martillac *Martillac*
Laville Haut Brion *Talence*
Couhins *Villenave-d'Ornon*

Sauternes

Grand premier cru classé
D'Yquem *Sauternes*

Premiers crus classés
La Tour Blanche *Bommes*
Lafaurie-Peyraguey *Bommes*
Clos Haut-Peyraguey *Bommes*
Rayne-Vigneau *Bommes*
Suduiraut *Preignac*
Coutet *Barsac*
Climens *Barsac*
Guiraud *Sauternes*
Rieussec *Fargues*
Sigalas Rabaud *Bommes*
Rabaud-Promis *Bommes*

Deuxièmes crus classés
Myrat (erloschen) *Barsac*
Doisy-Daëne *Barsac*
Doisy-Védrines *Barsac*
Doisy-Dubroca *Barsac*
d'Arche *Sauternes*
Filhot *Sauternes*
Broustet *Barsac*
Nairac *Barsac*
Caillou *Barsac*
Suau *Barsac*
de Malle *Preignac*
Romer du Hayot *Preignac*
Lamothe *Sauternes*
Lamothe Guignard *Sauternes*

Saint-Émilion

Premiers grands crus classés A
Ausone
Cheval Blanc

Premiers grands crus classés B
Beauséjour
Belair
Canon
Figeac
Clos Fourtet
La Gaffelière
Magdelaine
Pavie
Trotte Vieille

Grands crus classés
L'Angélus
L'Arrosée
Balestard-la-Tonnelle
Beau-Séjour Bécot
Bellevue
Bergat
Berliquet
Cadet-Piola
Canon-la-Gaffelière
Cap de Mourlin
Le Châtelet
Chauvin
La Clotte
La Clusière
Corbin
Corbin-Michotte
Le Couvent
Couvent des Jacobins
Croque-Michotte
Curé Bon-La Madeleine
Dassault
La Dominique
Faurie de Souchard
Fonplégade
Fonroque
Franc-Mayne
Grand Barrail-Lamarzelle Figeac
Grand-Corbin
Grand-Corbin-Despagne
Grand-Mayne
Grand-Pontet
Guadet-Saint-Julien
Haut-Corbin
Haut-Sarpe
Clos des Jacobins
Jean-Faure
Lamarzelle
Laniote
Larcis Ducasse
Larmande
Laroze
Clos la Madeleine
Matras
Mauvezin
Moulin du Cadet
Clos de l'Oratoire
Pavie Decesse
Pavie-Macquin
Pavillon-Cadet
Petit-Faurie-de-Soutard
Le Prieuré
Ripeau
Saint-Georges (Côte Pavie)
Clos Saint-Martin
Sansonnet
La Serre
Tertre Daugay
La Tour du Pin Figeac (Bélivier)
La Tour du Pin Figeac (A. Moueix)
La Tour Figeac
Trimoulet
Troplong-Mondot
Villemaurine
Yon-Figeac

Grands crus
Bei den übrigen Weinen wird der Grand-cru-Status jedes Jahr nach Prüfung neu verliehen.

Burgund

Für verschiedene Burgunder-Bezirke gibt es eine Klassifikation. Im Chablis und in der Côte d'Or werden bei den besseren Lagen Grands crus und Premiers crus unterschieden. Im Chalonnais gibt es einige Rebgärten mit dem Prädikat Premier cru. Im Beaujolais werden dagegen nur einige Gemeinden oder Gruppen von Gemeinden als Crus hervorgehoben.

Chablis

Grands crus
Blanchots
Bougros
Les Clos
Grenouilles
Les Preuses
Valmur
Vaudésir (einschließlich der Enklave La Moutonne)

Premiers crus

Wenn in einer Gruppe mehr als ein Name angegeben ist, dürfen alle Weine unter dem erstgenannten Namen verkauft werden.

Les Beauregards, Côte de Cuissy
Beauroy, Tresmes, Côte de Savant, Berdiot
Chaume de Talvat
Fourchaume, Vaupulent, Côte de Fontenay, l'Homme Mort, Vaulorent
Les Fourneaux, Morein, Côte des Prés-Girots
Côte de Jouan
Côte de Léchet
Côte de Vaubarousse
Montée de Tonnerre, Chapelot, Pied-d'Aloup, Côte de Bréchain
Monts de Milieu
Montmains, Forêts, Butteaux
Vaillons, Châtains, Séché, Beugnons, Les Lys, Mélinots, Roncières, Les Epinottes
Vaucoupin
Vauligneau
Vosgros, Vaugiraut

Côte d'Or

Grands crus Côte de Nuits
In geographischer Reihenfolge von Nord nach Süd.

Chambertin
Chambertin-Clos de Bèze
Chapelle-Chambertin
Charmes-Chambertin
Griotte-Chambertin
Latricières-Chambertin
Mazis-Chambertin
Mazoyères-Chambertin
Ruchottes-Chambertin
Clos Saint-Denis
Bonnes Mares
Clos de la Roche
Clos des Lambrays
Clos de Tart
Musigny
Clos de Vougeot
Echézeaux
Grands Echézeaux
Richebourg
La Romanée
La Romanée-Conti
Romanée-Saint-Vivant
La Tâche

Grands crus Côte de Beaune
Ebenfalls in geographischer Reihenfolge von Nord nach Süd.

Corton
Corton-Charlemagne
Charlemagne
Bâtard-Montrachet
Bienvenues-Bâtard-Montrachet
Chevalier-Montrachet
Criots-Bâtard-Montrachet
Montrachet

Premiers crus Côte de Nuits
Nach Gemeinden von Nord nach Süd geordnet.

Fixin
Clos du Chapitre
(Clos de) la Perrière
Clos Napoléon/Aux Cheusots
Les Hervelets
Les Arvelets
Les Meix-Bas

Gevrey-Chambertin
Les Varoilles
Clos Saint-Jacques
Aux Combottes
Cazetiers
Petits-Cazetiers
Combe-aux-Moines
Bel-Air
Estournelles
Lavaux
Champeaux
Poissenot
Issarts
Les Corbeaux
Les Gemeaux
Cherbaudes
La Perrière
Clos Prieur
Le Fonteny
Champonnets
Au Closeau
Craipillot
Petite-Chapelle
Clos du Chapitre
La Boissière
La Romanée
Ergots

Morey-Saint-Denis
Clos des Lambrays
Les Sorbés
Le Clos-Sorbés
Monts-Luisants
Les Ruchots
Les Millandes
Clos des Ormes
Clos-Bussière
Aux Charmes
Les Charrières
Côte Rôtie
Les Genevrières
Les Chaffots
Les Chénevery
Le Clos-Baulet
Les Blanchards
La Riotte
Le Village
Les Gruenchers
Les Façonnières
Aux Cheseaux

Chambolle-Musigny
Les Charmes
Les Amoureuses
Les Cras
Les Borniques
Les Combottes
Aux Combottes
Les Baudes
Les Plantes
Les Haut-Doix
Les Chatelots
Les Gruenchers
Les Fuées
Les Groseilles
Les Lavrottes
Les Noirots
Derrière-la-Grange
Les Sentiers
Les Fousselottes
Aux Beaux-Bruns
Aux Echanges
Les Carrières
Les Chabiots
Le Combe d'Orveau

Vougeot
Les Cras
Clos de la Perrière
Les Clos Blanc
Les Petits-Vougeots

Vosne-Romanée
La Grand'Rue (als Grand cru nominiert)
Aux Malconsorts
Les Beaumonts
Les Suchots
Les Gaudichots
Aux Brûlées
Les Chaumes
Les Reignots
Le Clos des Réas
Les Petits-Monts

Nuits-Saint-Georges
Les Saint-Georges
Les Vaucrains
La Perrière
Les Porrets
Les Pruliers
Les Hauts-Pruliers

Les Cailles
Aux Murgers
Aux Boudots
Aux Damodes
Les Chaboeufs
La Richemone
La Roncière
Les Procès
Rue-de-Chaux
Aux Cras
Aux Chaignots
Aux Thorey
Aux Vignes-Rondes
Les Vallerots
Aux Bousselots
Les Poulettes
Aux Crots
Les Vallerots
Aux Champs-Perdrix
Perrière-Noblet
Les Argillats
Aux Argillats
La Chaîne-Carteau

Prémeaux
Clos de la Maréchale
Clos des Corvées
Clos Arlots
Clos des Argillières
Clos des Grandes Vignes
Clos des Forêts
Aux Perdrix
Les Didiers
Les Corvées-Paget
Les Clos Saint-Marc

Premiers crus Côte de Beaune
Nach Gemeinden von Nord nach Süd geordnet.

Ladoix-Serrigny
La Corvée
La Micaude
Le Clou-d'Orge
Les Joyeuses
Bois-Roussot
Hautes-Mourottes
Basses-Mourottes
La Maréchaude
La Toppe-au-Vert
La Coutière
Basses-Mourettes
Les Grandes-Lolières
Les Petits-Lolières

Aloxe-Corton
Les Valozières
Les Meix
Les Chaillots
Les Fournières
Les Maréchaudes
Pauland
Les Vercots
Les Guérets

Pernand-Vergelesses
Les Vergelesses
Les Fichots
Creux-de-la-Net
Caradeux

Savigny-les-Beaune
Aux Vergelesses
Les Marconnets
Les Lavières
Aux Guettes
La Dominode
Aux Serpentières
Les Narbantons
Les Peuillets
Bataillière
Les Basses-Vergelesses
Aux Gravains
Les Talmettes
Les Charnières
Aux Fourneaux
Aux Clous
Les Hauts-Marconnets
Les Jarrons
Les Hauts-Jarrons
Redrescuts
Les Rouvrettes
Petits-Godeaux
Champ-Gevrey

Volnay
Les Caillerets
Caillerets-Dessus
Bousse d'Or
Clos des Ducs
Clos des Chênes
Champans
Les Chevret
Les Fremiets
Clos de la Barre
Les Angles
Pointe-d'Angles
Les Mitans
L'Ormeau
Taille-Pieds
Verseuil
Carelle-sous-la-Chapelle
Ronceret
Carelle-Dessous
Robardelle
Les Lurets
Les Aussy
Les Brouillards
Les Pitures-Dessus
Chanlin
Les Santenots
Les Petures
Village de Volnay

Monthélie
Les Champs-Fulliot
Les Duresses
Le Meix-Bataille
Sur Lavelle
Les Vignes-Rondes
Les Riottes
La Taupine
Les Clos Gauthey
Le Château Gaillard
Le Cas-Rougeot

Auxey-Duresses
Les Duresses
Les Bas-de-Duresses
Clos du Val
Reugne/La Chapelle
Les Grands-Champs
Les Escusseaux
Les Bretterins/La Chapelle

Beaune
Les Grèves
Les Bressandes
Les Fèves
Les Marconnets
Le Clos des Mouches
Les Teurons
Clos du Roi
Clos des Ursules
Clos de l'Ecu
Les Cent-Vignes
Les Vignes-Franches
Les Epenottes
Champs-Pimont
Clos des Avaux
Les Avaux
Aux Coucherais
L'Orme
Genêt
Les Perrières
A l'Ecu
Les Toussaints
Sur-les-Grèves
Aux Cras
Le Clos de la Mousse
Les Chouacheux
Les Boucherottes
Les Aigrots
Pertuisots
Clos Landry
Les Reversées
Le Bas-des-Teurons
Les Seurey
La Mignotte
Montée-Rouge
Les Montrevenots
Les Tulivains
Belissand
Les Theurons

Pommard
Les Rugiens-Bas
Les Rugiens-Hauts
Les Grands Epenots
Les Petits-Epenots
Clos de la Commaraine
Les Arvelets
Les Argillières
Les Boucherottes
Les Chaponnières
Les Fremiets
Les Jarollières

Les Poutures
Les Clos Micot
Clos de Verger
Clos Blanc
Les Charmots
Les Pézerolles
Saussilles
Les Croix Noires
Les Bertins
La Refène
Derrière-Saint-Jean
La Platière
Les Chanlins-Bas
Les Combes-Dessus
La Chanière
Village

Meursault
Les Perrières
Les Charmes
Les Genevrières
Les Poruzots
Les Bouchères
La Goutte d'Or
Les Santenots
Les Santenots-du-Milieu
Les Caillerets
Les Petures
Les Cras
La Pièce sous le Bois (Blagny)
Sous-le-Dos-d'Ane (Blagny)
La Jennelotte (Blagny)

Puligny-Montrachet
Les Combettes
Le Cailleret
Les Pucelles
Les Folatières
Clavoillons
Le Champ-Canet
La Garenne
Les Referts
Les Chalumeaux
Hameau de Blagny
Sous-le-Puits

Chassagne-Montrachet
Clos Saint-Jean
Morgeot
Cailleret
Les Chevenottes
La Maltroye
La Boudriotte
Les Champs-Gain
Les Vergers
Les Macherelles
En Remilly
Dent-de-Chien
Vide-Bourse
Blanchot-Dessus
Les Brusolles
Bois-de-Chassagne
Le Grande-Montagne

Saint-Aubin
En Créot
Les Murgers-des-Dents-de-Chien
Les Frionnes
Le Charmois
Derrière-la-Tour
Bas-de-Vermarain
Les Champlots
Sur Gamay
La Chatenière
Les Combes
Village
Les Castets
Derrière-chez-Edouard
Le Puits
Sur-le-Sentier-du-Clou

Santenay
Les Gravières
La Comme
Clos de Tavannes
La Maladière
Clos Rousseau
Le Passe-Temps
Beaurepaire
Beauregard

Sampigny-les-Maranges
Les Maranges
Le Clos des Rois

Dezize-les-Maranges
Les Maranges

Cheilly-les-Maranges
Les Maranges
Les Plantes de Maranges
La Boutière

Chalonnais

Die Gemeinden sind in geographischer Reihenfolge von Nord nach Süd angegeben.
Alle Lagen sind Premiers crus.

Rully
Margotey
Grésigny
La Renarde
Préau
Vauvry
Mont-Palais
Les Pierres
La Bressande
Champ-Clou
Pillot
Cloux
Raclot
Raboursay
Ecloseaux
Marissou
La Fosse
Chapitre
Moulesne

Mercurey
Clos du Roi
Clos Voyens
Clos Marcilly
Clos des Fourneaux
Clos des Montaigus

Montagny
In dieser Gemeinde gibt es Premier cru-Weine, die ihren Status nicht wegen ihres Ursprungs, sondern wegen eines um ein halbes Prozent höheren Alkoholgehalts haben.

Beaujolais

Die Crus sind von Nord nach Süd angegeben.

Saint-Amour
Juliénas
Chénas
Moulin-à-Vent
Fleurie
Chiroubles
Morgon
Régnié-Durette
Brouilly
Côte de Brouilly

Elsaß

Im Elsaß gibt es derzeit 28 Lagen mit Grand cru-Status.

Lage ***Gemeinde***
Altenberg de Bergbieten *Bergbieten*
Altenberg de Bergheim *Bergheim*
Brand *Turckheim*
Bruderthal *Molsheim*
Eichberg *Eguisheim*
Florimont *Ingersheim*
Furstentum *Kientzheim und Sigolsheim*
Geisberg *Ribeauvillé*
Gloeckelberg *Rodern und Saint-Hippolyte*
Goldert *Gueberschwihr*
Hatschbourg *Hattstatt und Voegtlinshoffen*
Hengst *Wintzenheim*
Kanzlerberg *Bergheim*
Kastelberg *Andlau*
Kessler *Guebwiller*
Kirchberg de Barr *Barr*
Kirchberg de Ribeauvillé *Ribeauvillé*
Kitterlé *Guebwiller*
Moenchberg *Andlau und Eichhoffen*
Ollwiller *Wuenheim*
Rangen *Thann und Vieux-Thann*
Rosacker *Hunawihr*
Saering *Guebwiller*
Schlossberg *Kaysersberg und Kientzheim*
Sommerberg *Niedermorschwihr und Katzenthal*
Sonnenglanz *Beblenheim*

Spiegel *Bertholtz und Guebwiller*
Wiebelsberg *Andlau*

Champagne

In diesem Gebiet sind die Rebgärten nach der Qualität der Böden klassifiziert. Die Einstufung ist in Prozent angegeben, auf deren Grundlage die Traubenpreise festgelegt werden. Orte mit 100%-Qualität haben Grand-cru-Status. Orte mit weniger guten Böden und einer Einstufung zwischen 99 bis 90% gelten als Premiers crus.

Grands crus (100%)
Ambonnay
Avize
Ay
Beaumont-sur-Vesle
Bouzy
Chouilly (weiße Trauben)
Cramant
Louvois
Mailly-Champagne
Le Mesnil-sur-Oger
Oger
Oiry
Puisieulx
Sillery
Tours-sur-Marne (blaue Trauben)
Verzenay
Vesle

Premiers crus 99%
Mareuil-sur-Ay
Tauxières

Premiers crus 95%
Bergères-les-Vertus (weiße Trauben)
Billy-le-Grand
Bissueil
Chouilly (blaue Trauben)
Cuis (weiße Trauben)
Dizy
Grauves (weiße Trauben)
Trépail
Vaudemanges
Vertus
Villeneuve-Renville
Villers-Marmery
Voipreux

Premiers crus 94%
Chigny-les-Roses
Ludes
Montbré
Rilly-la-Montagne
Taissy
Trois Puits

Premiers crus 93%
Avenay
Champillon
Cumières
Hautvillers
Mutigny

Premiers crus 90%
Bergères-les-Vertus (blaue Trauben)
Bezannes
Chamery
Coligny (weiße Trauben)
Cuis (blaue Trauben)
Ecueil
Etréchy (weiße Trauben)
Grauves (blaue Trauben)
Jouy-les-Reims
Les Mesnieux
Pargny-les-Reims
Pierry
Sacy
Tours-sur-Marne (blaue Trauben)
Villedommange
Villers-Allerand
Villers-aux-Noeuds

Provence

Für die Crus classés der Côtes de Provence wurde während des Zweiten Weltkriegs eine Liste geschaffen, um einen Überblick über die besseren Weine dieses Gebiets zu haben, das damals noch keinen AC-Status hatte. Diese Klassifikation hat heute nur noch wenig Aussagekraft. Sie enthält gute, aber auch sehr schwache Güter und solche, die nichts oder fast nichts mehr erzeugen.

Weingut ***Gemeinde***
Domaine de Mauvanne *Les Salins d'Hyères*
Domaine de la Source Sainte-Marguérite *La Londe-les-Maures*
Castel Roubine *Lorgues*
Domaine de l'Aumérade *Pierrefeu*
Domaine de la Clapière *Hyères*
Clos du Relars *Lorgues*
Domaine de Rimauresq *Pignans*
Château Sainte-Roseline *les Arcs-sur-Argens*
Château de Selle *Taradeau*
Clos Mireille *La Londe-les-Maures*
Château Saint-Martin *Taradeau*
Domaine de la Croix *La Croix-Valmer*
Domaine de Saint-Maur *Cogolin*
Clos Cibonne *Le Pradet*
Domaine du Galoupet *La Londe-les-Maures*
Domaine de Bregançon *Bormes-les-Mimosa*
Château Minuty *Gassin*
Domaine du Noyer *Bormes-les-Mimosa*
Domaine du Jas d'Esclans *La Motte*

Köstliche Flaschen Sauternes deuxième cru classé im Keller des Château Doisy-Daëne.

Register